La grande évasion

au temps du bagne de Nouvelle-Calédonie

EXTRAITS CHOISIS

ISBN version imprimée : 979-10-219-0331-9.

ISBN versions numériques : 979-10-219-0332-6.

La grande évasion

au temps du bagne
de Nouvelle-Calédonie

Extraits choisis

Édition comparée de textes de

Achille Ballière,

établis et présentés par

Michel Soulard et Alain Brianchon

Extraits de l'édition comparée de :

La déportation de 1871
Souvenirs d'un évadé de Nouméa
G. Charpentier et Cie. Éditeurs

11, Rue de Grenelle, Paris, 1889

Un voyage de circumnavigation
Histoire de la Déportation
par un des évadés de Nouméa
Illustration par G. Save

King, Londres, 1875

Relation de voyage d'un déporté,
De Saint-Martin-de-Ré
à la Nouvelle-Calédonie,
(transcription du manuscrit)

France – Nouvelle-Calédonie, 1873

Textes d'Achille Ballière, établis et présentés par
Michel Soulard et Alain Brianchon

M. Ballière. (Phot. Debrock.)

Portrait gravé de M. Achille BALLIÈRE,
extrait du journal *L'Illustration* n° 2951 (16 septembre 1899).

Signature Achille Ballière – Ballière 1875.

Communard

Édouard Achille Ballière, né en 1840, s'était impliqué assez tôt dans la politique, exerçant en 1863 la fonction de secrétaire des comités démocratiques du Calvados. Après un mariage malheureux, il avait, en 1870, quitté sa Normandie natale pour exercer à Paris sa profession d'architecte. Sous l'Empire, il s'était fait exempter du service militaire, mais après la défaite contre les Prussiens, il s'était engagé : «je fus de la Révolution du 4 septembre, je fus de la ligue antimonarchique, je haïssais les prêtres, causes de toutes les révolutions… »[1]. En octobre 1870, sous le gouvernement de la Défense nationale, il était garde au 173e bataillon et devenait rapidement adjudant, puis sous-officier payeur. À la fin du mois de mars 1871, ces fonctions étaient supprimées. Vers la mi-avril, après s'être présenté trois fois au ministère de la Guerre sous la Commune, au bureau des fortifications, il écrivait au ministre Cluseret. Dans sa lettre, il sollicitait un poste même comme simple soldat ou sapeur. Cluseret, suite à une entrevue et à l'examen d'une commission, l'avait nommé capitaine à l'état-major de Rossel. Il aurait, selon ses propres dires, été chargé de l'inspection des barricades. Dès le lendemain de l'entrée des troupes dans Paris (21 mai), il se serait caché et aurait été dénoncé. Le 18 juin, il était arrêté chez lui, à Paris.

Ballière a ensuite suivi le même parcours que beaucoup d'autres communards : cellule d'emprisonnement, préfecture de police, Orangerie, Satory, avant comparution et jugement à Sèvres par le

---

1 Ballière, Journal manuscrit, le 17 novembre 1873.
  Le 4 septembre 1870 est la proclamation au peuple français, à l'Hôtel de Ville de Paris, par laquelle la République est rétablie après le Second Empire, fondant ainsi la Troisième République. Ballière ne manque pas d'en fêter le souvenir, chaque 4 septembre.

10ᵉ Conseil de guerre, le 7 novembre 1871. Condamné à la peine de la déportation simple et à la dégradation civique, il a été dirigé sur le fort Boyard puis la prison de Saint-Martin-de-Ré. Son recours en grâce, après qu'il a été entendu par le 20ᵉ conseil de guerre, a été rejeté le 7 mai 1872. Dès lors, il était en attente de l'exil.

Après quelques tergiversations, les lieux de déportation avaient été désignés par la loi du 23 mars 1872 : la presqu'île Ducos pour la déportation en enceinte fortifiée et les îles des Pins et de Maré pour la déportation simple. Le premier convoi, celui de la *Danaë*, était arrivé à Nouméa le 29 septembre 1872. C'est sur le cinquième convoi qu'Achille Ballière a fait le voyage depuis Saint-Martin-de-Ré (1ᵉʳ janvier 1873) jusqu'à l'île des Pins (11 mai 1873) qu'il a quittée pour Nouméa (19 octobre). Et c'est le 19 mars 1874 qu'il a été l'un des acteurs de la plus fameuse des évasions.

Déporté et écrivain : plusieurs versions

Le nom Ballière, contrairement à celui de ses compagnons d'évasion – Rochefort, Grousset, Pain, Jourde –, est quasi absent des documents officiels de la Commune. Cependant, ses écrits donnent un précieux témoignage du sort réservé aux communards. Il a rapporté, dans trois ouvrages, à trois étapes de sa vie – le déporté, en 1873 ; l'évadé, en 1875 ; l'homme politique, en 1889 – l'aventure de son exil en Nouvelle-Calédonie. Le premier texte, journal manuscrit du voyage puis du séjour à l'île des Pins et à Nouméa, n'a pas été édité, mais a constitué le socle des deux publications suivantes.

Deux raisons au moins peuvent justifier le présent ouvrage : d'une part, le journal manuscrit (conservé au CAOM d'Aix-en-Provence et consultable en microfilm aux Archives de Nouvelle-Calédonie) – « De Saint-Martin-de-Ré à la Nouvelle-Calédonie » – recèle de nombreuses notations, informations ou même confidences omises dans les deux publications ; d'autre part, les deux éditions, celle de 1875 – *Un voyage de circumnavigation, Histoire de la déportation par un des évadés de Nouméa* – et celle de 1889 – *La Déportation de 1871, souvenirs d'un évadé de Nouméa* – sont difficiles à trouver. La première, publiée à Londres, puis Strasbourg, n'est pas présente à la Bibliothèque Nationale de France et la réédition aux USA, en fac-similé, est de qualité médiocre[2]. Un exemplaire original, de la collection Lucien Scheler,

____

2 *UMI books on demand*, distribué par Astrologos books, New York (2006).

a été déposé aux services des Archives de la Nouvelle-Calédonie. C'est un beau livre agrémenté de nombreuses illustrations[3], toutes reproduites dans les présentes pages.

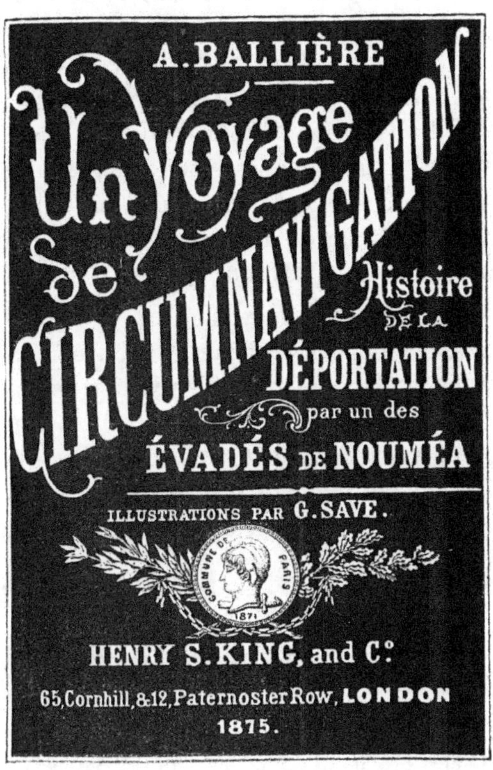

Enfin, est également rare la dernière version (1889, en deux exemplaires à la BNF), non illustrée, dans laquelle, quinze ans après les faits, l'auteur a pris le parti d'alléger son récit.

---

3   Dans cette édition de 1875, le nom de l'illustrateur, G. Save, bien visible sous le titre, n'apparaît que sur la couverture. En fait, ce sont les treize premières illustrations que réalisa Gaston Save pour cet ouvrage ; les deux dernières, celles qui concernent les plans du théâtre de Sydney, ont été reproduites d'après les lithographies de la société d'imprimerie Hubert et Haberer. Né en 1844 à Saint-Dié-des-Vosges, le jeune peintre Gaston Save avait suivi les cours de l'école des Beaux-Arts de Paris, mais son engagement dans la Commune de 1871 l'avait obligé à s'exiler, d'abord en Suisse, puis, en 1874, à Strasbourg alors allemande, afin d'échapper à la répression versaillaise. Ces deux hommes, aux convictions communes, présents dans un même lieu au même moment, ne pouvaient que collaborer !

Il existe en fait un quatrième récit de l'aventure de Ballière, celui qu'il a publié peu avant sa mort, en 1905[4] : *Les Aventures du marquis de Rochefort et de l'auteur, dans les prisons françaises, dans la presqu'île Ducos, durant l'évasion de Nouméa et pendant l'exil, avec suite en France.* Cette autobiographie est centrée sur la critique de Rochefort à l'égard duquel l'auteur, pour une grande part de sa vie, aura oscillé entre l'amitié et l'aversion. Dans ce livre, peu de place est donnée au voyage du déporté, aux séjours à l'île des Pins et à Nouméa, puisque Rochefort était alors absent du champ de vision de Ballière, bien que présent dans sa pensée. En revanche, cette dernière œuvre présente une nouvelle version de l'évasion et du séjour en Australie, dont nous avons relevé, en notes de bas de page, les passages qui donnent des compléments d'information.

On aurait pu penser que lors de son second séjour à Nouméa, de 1892 à 1894, Ballière, fondateur-rédacteur du journal *La Bataille*, aurait relaté ce qu'il avait vécu dans ces mêmes lieux vingt ans auparavant ; il n'y fait que quelques rares allusions. Pour le journaliste, surtout attentif à la situation économique et sociale de la Nouvelle-Calédonie, la perspective était évidemment tout autre que pour le déporté. Un article, à la fin de ce livre, résume l'œuvre de l'architecte municipal de Nouméa et surtout celle de l'homme de presse.

La présente édition : mode d'emploi

C'est en quelque sorte la démarche inverse de celle de Ballière que nous avons choisie : de l'œuvre élaborée au reportage écrit au jour le jour. Nous nous sommes appuyés sur le dernier état du texte (1889), reproduit ici sans repères, de sorte que, si l'on fait abstraction des mots et lignes en caractères sans empattement ou en Courier, on lit le texte de cette version de 1889. Nous avons, en effet, en complément de ce texte de 1889, rétabli quasiment tous les passages qui avaient été supprimés : ceux de 1875 figurent en gris et en caractères « Calibri » (sans empattement), tandis que ceux du journal manuscrit de 1873 figurent en caractères « Courier ». Le fait que l'auteur ait suivi de près son manuscrit, gardant la chronologie comme fil conducteur dans les deux œuvres publiées, rend possible ce processus. Le but est de saisir en une seule lecture les trois états du texte. Cet objectif ambitieux a fatalement entraîné certaines lourdeurs et redondances.

---

4 Pour ce livre non daté, 1905 est la date retenue par la BNF. La date de 1903 donnée par le P. O'Reilly n'est pas possible, et celle de 1904, donnée par divers auteurs, peu probable. En effet, dans ce livre (p. 32), l'auteur fait allusion à un événement du 4 novembre 1904 : la gifle, en pleine séance de la Chambre, du député Syveton au ministre de la Guerre. Nous retenons donc 1905.

Nous avons complété ces « trois voix en une » par des notes explicatives, mais brèves, qui concernent surtout divers condamnés cités au cours de l'ouvrage. Les informations ont été puisées en grande partie dans le livre de Roger Pérennès[5]. Si elles ont été relevées dans d'autres sources que cette dernière, nous le signalons. Les notes que nous avons rédigées sont précédées d'un astérisque. Celles qui sont extraites de l'œuvre de 1905 sont précédées de « Ballière 1905 ».

Le résultat de ces démarches est un texte volumineux (818 pages) qui a fait l'objet d'une édition particulière sous la mention « Texte intégral ».

De cet ensemble, la présente édition ne retient que le premier séjour de Ballière à Nouméa, ainsi que la narration de la célèbre évasion de Rochefort et de ses compagnons. Il n'a malheureusement pas été possible d'y inclure le récit, pourtant passionnant et largement inédit, de Ballière à l'île des Pins. Nous invitons l'historien et le lecteur curieux à se reporter à la version intégrale du texte pour le découvrir.

The Illustrated London News - n°544, décembre 1873.
Parade et maisons des déportés à l'île des Pins.

---

5   *Déportés et forçats de la Commune. De Belleville à Nouméa*, Ouest Éditions, Université Inter-Âges, Nantes, 1991.

Le calepin : première mouture, texte en partie inédit

Il nous est apparu essentiel, surtout, de publier les larges extraits encore inédits du journal. Il est, dès l'abord, émouvant de tenir en main ce document que la perte et la destruction ont épargné. Il était, à tout moment de cet exil du condamné, complice de ses observations, confident de ses souffrances et de ses colères. Dès la première page, le texte régulier est très serré ; avide d'écriture, l'auteur économise déjà l'espace. Avec une ardeur constante, du 1er janvier 1873 au 17 ou 20 décembre 1873, il aura rempli les 180 pages de son calepin. Le récit s'arrête peu de temps avant sa fameuse évasion (le 19 mars 1874) en compagnie de Rochefort et de ses autres compagnons. Un ou plusieurs cahiers supplémentaires, vraisemblablement égarés ou détruits par la suite, ont manifestement été utilisés pour continuer le récit. L'auteur signale dans l'édition de 1875 que, sur le bateau qui le ramenait en Europe, il a pris des « notes ». Ces dernières, abondantes et prolixes, probablement peu remaniées en raison de la hâte à faire connaître l'aventure depuis Londres, peuvent expliquer que cet ultime chapitre de la narration soit parfois soporifique. En revanche, pour l'édition de 1889, l'auteur a pris soin d'élaguer cette dernière partie de son livre, beaucoup plus encore que les précédentes.

L'histoire du calepin, dont tant de manipulations ont usé, maculé et écorné la couverture cartonnée et les pages, mérite d'être reconstituée. Il s'agit très probablement du « registre » que l'auteur déclare avoir acheté à une cantinière alors qu'il était déjà embarqué sur l'Orne[6].

Intérieur d'une cage de *l'Orne*. – Ballière 1875.

---

6   Les dimensions de ce carnet : 24 cm x 13,7 cm. Son prix indiqué à la première page : 1,75 F.

Commencé à Brest, à bord de ce navire, soigneusement rempli au fil des jours de la traversée, puis tout au long du séjour effectué à l'île des Pins et enfin au début de sa période nouméenne, il a accompagné son auteur lors de son évasion retentissante, a été promené en Australie, transporté en Angleterre, en Belgique et en Suisse. Après l'amnistie, Achille Ballière l'a rapporté en France, avant de le faire revenir avec lui, en homme libre cette fois, en Nouvelle-Calédonie (1892) pour le laisser enfin, lors de son départ précipité (1894), chez des amis sûrs à Nouméa[7].

Des années plus tard, le carnet a été sauvé de la destruction par le feu, comme l'indique le texte de la fiche bristol glissée dans ses pages : « Note à l'attention de Madame Pouliguen. Le manuscrit "Voyage de Saint-Martin-de-Ré à la Nouvelle- Calédonie" d'Achille Ballière que je remets aux archives de la FOM, m'a été donné par la famille Postal, de Nouméa, dont l'un des membres était mécanicien à bord des navires de la société Le Nickel. Ce manuscrit, m'a-t-on dit, se trouvait avec divers papiers et registres que la capitainerie du port de Nouméa destinait au feu. Sans autre renseignement. A été microfilmé en 1968 par l'université de Canberra et la Mitchell Library de Sydney. Signé : G[érard] Lacourrège. » Une mention manuscrite sur la première page du calepin « Retour à M. Postal Maurice » précise le prénom du « sauveur ». On ne sait si c'est Gérard Lacourrège, passionné de l'histoire de la Nouvelle-Calédonie et particulièrement de celle du bagne, ou quelqu'un d'autre qui a eu l'initiative de faire microfilmer le docu-

---

7   Ballière 1905 signale (p. 4) qu'il avait laissé [en 1894], « sous bonne garde » à Nouméa des documents à partir desquels il envisageait d'écrire une *Histoire de la Commune*. De toute évidence, son Journal manuscrit faisait partie de ces documents qu'il comptait bien récupérer et exploiter. Mais la mort le surprendrait bientôt.
Notons que le carnet n'est pas tout à fait complet : il manque au centre un feuillet qui correspond à quatre pages, numérotées de 102 à 105. Une communication avec la Mitchell Library (Sydney) nous a confirmé l'absence de ces pages centrales au moment de la création du microfilm. Elles correspondent à la suite de l'arrivée du convoi à Nouméa, au passage à l'île Ouen et enfin à l'arrivée à l'île des Pins. Heureusement, les deux livres de Ballière donnent des détails sur ces épisodes. L'auteur détenait encore ces feuillets manquants, à Londres en 1875, sinon, comment, par exemple, aurait-il pu signaler que le bateau qui l'amenait à l'île des Pins avec ses co-déportés avait mouillé le 10 mai (1873) à 5 h 26 du soir dans une petite rade située au pied du pic N'ga ? Comme la version de 1889 reprend celle de 1875, l'auteur a pu perdre le feuillet entre ces deux dates, à moins qu'il n'ait été égaré à Nouméa après 1894.

ment en Australie avant qu'il soit transmis aux archives d'outre-mer. Malheureusement, les descendants de Maurice Postal n'ont pas de réponse à cette question, et ils ignoraient l'existence de ce document et le beau geste de leur aïeul.

Fiche bristol de Gérard Lacourrège, glissée à la dernière page du calepin.
Photo M. S.

Le travail à deux pour décrypter le manuscrit a été exaltant, tant pour déchiffrer l'écriture que pour saisir la portée des propos de l'auteur. Si le sens général nous a très rarement échappé, il nous a parfois été impossible de lire certains mots tronqués ou indéchiffrables. Dans ces derniers cas, nous avons préféré laisser en lieu et place trois tirets pour chaque mot difficile à interpréter sans erreur possible. De même, il nous est parfois arrivé de maintenir certaines phrases ou mots dont le sens nous échappait. Nous avons alors opté pour un point d'interrogation [?] ou un [sic].

Évolutions

Au fil des pages du calepin, l'écriture de Ballière devient de plus en plus fluide, on sent le calme qui s'installe. Peu de hachures, moins de gribouillis et moins de surcharges irrégulières, tout devient plus lisible et les interlignes s'égalisent. L'âme s'apaise, se tempère et régule ses émotions fortes. L'esprit politique du fédéré reste cependant très présent et ne manque jamais de se manifester quand, par exemple, les inégalités ou injustices sont trop flagrantes. Mais grâce à cette énergie, il tient bon et espère toujours en un lendemain meilleur. Il retrouve l'espoir de la liberté, l'espoir du retour auprès des siens.

Pour sa première publication, celle de Londres 1875, encore sous le coup de sa captivité, le pamphlétaire exprime sa rancune avec animosité. Quatorze ans plus tard, pour la deuxième publication, la grâce accordée et le retour en France autorisé depuis longtemps, sa vindicte verbale contre les politiciens français et l'Église catholique se sera apaisée.

En 1892-1894, pour Ballière, présent à Nouméa, la Nouvelle-Calédonie n'est plus le lieu de l'exil, mais une colonie pour le développement de laquelle tous, et particulièrement la France, doivent œuvrer. Ce n'est plus sur sa situation personnelle que se concentre le journaliste, mais sur celle du pays où il a choisi de revenir.

À la fin de sa vie, dans son dernier livre, trente ans après les événements, l'auteur sera plus libre dans ses propos. De plus, il retrouvera parfois dans ses souvenirs des détails qu'il n'avait pas retenus dans ses écrits précédents.

Parfois des contradictions entre ces différentes versions ont imposé des disjonctions qui altèrent une lecture fluide du présent livre, mais peuvent rendre compte de l'évolution de la pensée de l'auteur ou de son état d'esprit à un moment donné.

Un journal salutaire : réconfort et ouverture au monde

Ce sont les circonstances qui ont conduit le déporté à faire au jour le jour le reportage des faits dont il était témoin. À la fin du XIXe siècle, le terme journal était encore peu employé pour ce genre d'écrit ; et, en effet, Ballière l'utilise uniquement dans le sens de publication périodique ; c'est par le mot notes qu'il désigne son activité journalière : « notes prises par jour », « notes quotidiennes », « prendre des notes ». Ce mot montre que l'ambition de l'auteur n'est pas, dans un premier temps, d'écrire une œuvre élaborée. Ce n'est que par la suite qu'il « mettra en ordre » ces notes, comme il en exprime parfois le projet au détour d'une phrase ou comme il le confie dans une lettre à ses parents durant son voyage de retour. L'édition présente montre que, dans ces mises en ordre (1875 et 1889), l'auteur a gardé le fil conducteur du déroulement temporel, se limitant à supprimer les redites et les passages qu'il considérait comme inutiles et à ajouter des remarques, d'ordre politique le plus souvent.

Il ne s'agit donc pas ici d'un journal intime, genre littéraire qui s'était développé depuis le début du XIXe siècle, de Maine de Biran à Amiel. Avant sa déportation, l'auteur n'avait pas commencé son journal et il ne l'a pas continué après. Cependant, cet écrit, que chaque jour enrichit régulièrement et dont les événements extérieurs font l'ossature, est surtout source de réconfort pour son auteur. Il émane d'un homme enfermé, d'un homme qui a perdu sa liberté. Dans un autre contexte et de nombreuses années après, la jeune Anne Frank, qui avait décidé de confier au « papier qui a plus de patience que les gens » ce qu'elle avait sur le cœur, se trouvait dans une situation comparable. L'expression écrite devient un moyen d'exister et de transcender son assujettissement. Le journal est une source de restructuration, de maintien de la force morale. Ces feuilles sont comme une sorte de double de l'auteur où, dans l'adversité, sont mises en forme les certitudes. L'écriture est le remède à l'enfermement ; ainsi sur le bateau où il est doublement prisonnier, Ballière la pratique-t-il abondamment : le lecteur est au plus près, non seulement des moindres événements qui se déroulent dans cet univers concentrationnaire, mais aussi des pensées de l'auteur souvent abattu.

L'acte d'écriture est en soi une consolation pour le déporté – « je souffre et je vais écrire pour me calmer », écrit-il – qui se libère de ses malheurs et de ses mauvaises pensées en les évacuant dans ses pages, véritable sanctuaire intime. Mais le calepin de l'architecte est aussi une manière de structurer le monde, de donner à ce qu'il vit et voit une cohérence. Il y a probablement peu – s'il y en a – de condamnés dans la situation de Ballière qui ont été soucieux comme lui de noter régulièrement, en même temps que les dates du voyage, les coordonnées géographiques (longitude et latitude) des lieux sillonnés. Ce souci des chiffres et des données statistiques apparaît dans toutes les circonstances du voyage : vitesse et direction du bateau, géographie physique, climat et population d'une île croisée…[8] C'est pour l'auteur, captif, non seulement une manière de satisfaire sa curiosité naturelle, mais aussi de dominer en quelque sorte la situation, de se distancier de l'environnement en le décrivant soigneusement[9].

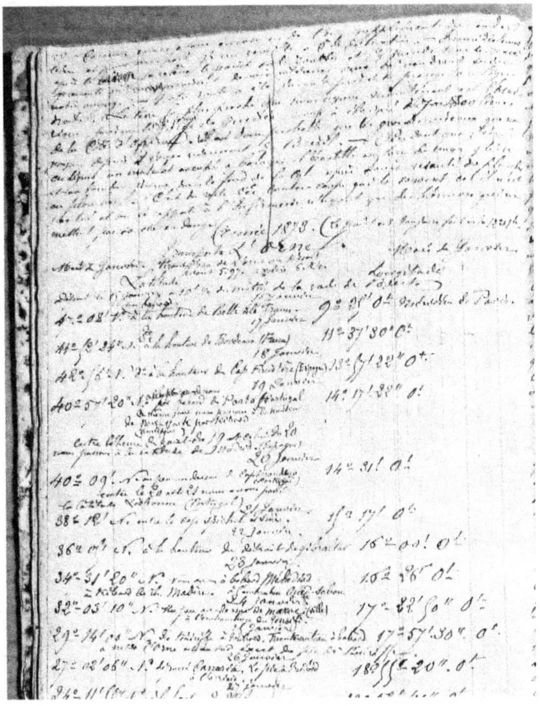

Manuscrit Ballière – Page 40.

8   Henri Messager, qui s'adresse à ses parents, a eu aussi ce souci : « J'ai demandé au commandant [Launay] de vouloir bien nous communiquer le point observé chaque jour. Il vient de nous l'envoyer ; de cette façon, je vais pouvoir vous marquer notre route sur la carte » (jeudi 28 août 1873). Plusieurs fois, le déporté revient sur cette question : « Je viens de tracer la route de la *Virginie*, jour après jour. » (11 septembre 1873) Mais l'édition des *Lettres de déportation 1871-1876*, Le Sycomore, Paris 1979, ne donne pas cette carte. Un autre déporté, Giffault, avait également ce souci du détail, mais il l'a exprimé par des dessins fins et précis, et notamment par des cartes des voyages aller et retour. On peut consulter ses œuvres au musée Balaguier de la Seyne-sur-Mer.

9   Attitude qui fait penser à celle, dans *Le Dernier Jour d'un condamné* (1829) de Victor Hugo, du prisonnier : il prend soin de décrire, avec exactitude, sa cellule (chapitre X et XI) : « Voici ce que c'est que mon cachot : Huit pieds carrés […] Une porte où le fer cache le bois. Je me trompe ; au centre de la porte, vers le haut, une ouverture de neuf pouces carrés, coupée d'une grille en croix, et que le guichetier peut fermer la nuit. »

Cet état d'esprit scientiste et encyclopédiste se retrouve aussi bien pour ce qu'il prévoit que pour ce qu'il voit : avant d'embarquer pour la Nouvelle-Calédonie, il s'est renseigné sur l'île ; avant même d'y parvenir, encore à bord de *l'Orne*, il cite dans son manuscrit la baie des Pêcheurs, la ferme de Yahoué, le port N'géa… Il éprouve la nécessité impérieuse de rendre compte de tout ce qui l'entoure et englobe la vie quotidienne, tant à terre que sur le bateau : à travers la narration de multiples anecdotes, il s'intéresse particulièrement aux relations entre les personnes qui appartiennent à des groupes sociaux définis : déportés, matelots, gardes-chiourme, officiers, surveillants… Il explique les comportements, interprète les faits dont il est témoin avec la sincérité, la certitude et la logique de ses idées de communard. L'inconfort, la nourriture défectueuse, la prison sont, pour le jeune homme, causes d'une souffrance sans doute moins vive que le tourment d'un avenir incertain. Combien de temps va durer cette épreuve ? Comment vont être occupés les jours à venir ? Quelle est, au-delà des « canards », la situation politique de la France ? La souffrance de ne pas savoir, à laquelle s'ajoute celle de ne pas recevoir le courrier tant attendu ne peut, pour l'exilé, être allégée que par l'écriture.

Un témoignage : pour le lecteur

Si l'auteur trouve, dans l'écriture, un refuge, une thérapie, un salut, il n'est pas lui-même le seul destinataire de son œuvre : le mot « lecteur » apparaît non seulement en 1875 et 1889, mais aussi dans le cahier manuscrit. En écrivant ses notes, Ballière pense déjà à l'ouvrage élaboré qui en naîtra. Il voue son écrit au témoignage, c'est pourquoi il s'applique à traiter avec netteté et exactitude tous les sujets qu'il aborde. Mais, incertain de mener à terme son entreprise, il met tout en œuvre pour être lu plus rapidement : à la date du 29 janvier 1873, il écrit : « Je travaille le plus activement à expédier le double de ces notes pour qu'elles parviennent à Rochefort, soit par l'entremise de ma famille qui l'adressera au *Rappel*, soit par des amis de Paris qui l'enverront à l'île de Ré. » On ne sait si l'auteur a été récompensé de son double travail d'écriture, si ces feuillets sont parvenus à Rochefort. Un peu plus tard (13 avril), il précise : « … je suis décidé à tout souffrir entre les mains de ces gens sans me plaindre, espérant avoir encore assez de force et de santé pour attendre des jours meilleurs et faire connaître à la France, à mes concitoyens, ce que l'on fait des déportés, de ceux qui, croyant à l'envahissement de la monarchie, avaient voulu la repousser. » L'objectif du militant Ballière est de dénoncer au plus vite les conditions de vie du déporté, et non, comme dans un journal intime, de se connaître ou de se faire connaître. Sans qu'il l'affirme à la manière de Victor Hugo, il se sent investi d'une mission et s'estime au-dessus de la mêlée : aristocrate intellectuel, il reste à distance des joueurs de cartes et des spectacles organisés sur le bateau (voir texte intégral). Solitude, sacrifice, austérité vont de pair avec cette mission qu'il se donne.

Ballière oublié

Cependant, sans se livrer à l'introspection, il laisse parfois place à ses propres préoccupations. Il accorde une grande importance à sa famille (ses parents, sa tante...) dont il souffre d'être séparé. Régulièrement, le plus souvent par petites touches, il évoque sa situation matrimoniale encore plus douloureuse : il est séparé de Jeanne, sa fille chérie âgée de cinq ans ; il juge que son mariage avec une femme sans cœur, devenue « mère sans le vouloir », est un échec. C'est là son rêve brisé, la blessure de sa vie. Dans ses œuvres publiées, il éludera cette question, conservant, même en 1889, cette réflexion de son manuscrit : « je m'efforcerai de me convaincre que ces derniers liens qui me rattachaient à la famille, à la patrie, à la vie, sont brisés. Je m'accoutumerai à cette pensée que ma fille est morte... pour moi ». Effectivement dans ses écrits ultérieurs, Ballière ne fait plus allusion à sa vie privée. Il ne parle plus de sa fille, ne signale ni son divorce (1884), ni son remariage, en 1900.

Aujourd'hui même, autant qu'il nous a été possible de le constater, Achille Ballière a laissé très peu de souvenirs dans sa Normandie natale. Il est à peine connu de certains des actuels descendants de la famille Ballière qui ignoraient tout de son œuvre écrite[10]. Il semble que celui qui – « fils, frère, neveu, cousin, et père » – avait rédigé en 1875 une préface vibrante pour sa famille, n'ait attiré sur lui, comme il le redoutait, que cette réflexion : « Qu'allait-il faire dans cette galère ? »

Cet oubli affecte tout autant l'homme public. Avec Bastien dont on sait peu de choses et qui n'a, semble-t-il, rien écrit, Ballière est celui des six évadés dont on parle le moins[11].

---

10 Il est vrai – nous avons pu le vérifier – que Ballière n'a eu aucun descendant direct : sa fille est décédée à l'âge de 13 ans, le 22 septembre 1881 et il n'a pas eu d'enfant de sa seconde épouse.

11 Dans *Chanson de l'évasion* du 3 avril 1874, sur l'air de *Mon père m'a donné un mari*, on peut lire : « Avec lui [Rochefort], Jourde, Pain et Grousset/ Et *deux autres*, /Du peuple apôtres/ Avec lui, Jourde, Pain et Grousset, /Hardis ont risqué le paquet ». Cité par Joël Dauphiné, *Henri Rochefort : Déportation et évasion d'un polémiste*, L'Harmattan, Paris, 2004a, p. 290-291.

Rochefort[12], le turbulent marquis, est très connu.

Henri de Rochefort – Ballière 1875.

12 ROCHEFORT Victor, Henri (marquis de Rochefort-Luçay) : matricule 760.
La notoriété de Rochefort était grande, même au-delà des limites de la France :
le capitaine australien du *P. C. E.* (*Peace Comfort Ease*, Bateau à bord duquel
Ballière et ses compagnons se sont évadés de Nouvelle-Calédonie) ainsi
qu'une famille française immigrée des environs de Newcastle disposaient
d'une photographie de lui. Pour Ballière, nous l'avons dit, ce fut le maître
dont il ne put jamais être le disciple comme il l'aurait voulu. Né en 1831 d'un
père de vieille noblesse et d'une mère roturière, il avait, durant son enfance et
sa jeunesse, côtoyé de célèbres gens de lettres. Il avait abandonné ses études
de médecine pour s'engager dans le journalisme, participant à de nombreux
journaux avant de fonder le sien, *La Lanterne*, en 1868. Après onze parutions,
il fut condamné par le Second Empire à une peine de prison, qu'il évita par un
exil volontaire. Revenu clandestinement en France, arrêté, emprisonné puis
libéré, engagé politique comme «révolutionnaire socialiste» sans cesser son
militantisme de journaliste, il continua jusqu'à la Commune qu'il soutint sans
y participer vraiment. Cependant, comme on lui reprochait d'avoir, dans son
journal, soutenu l'insurrection et encouragé le pillage de la maison de Thiers,
il fut condamné à la déportation en enceinte fortifiée. Envoyé en Nouvelle-
Calédonie dans le 7ᵉ convoi effectué par la *Virginie*, il s'évada le 20 mars
1874. En 1880, après l'amnistie, il revint en France où il fut acclamé. Il fonda
le journal *L'Intransigeant*, devint député (1885) et s'engagea pour le général
Boulanger, puis contre Dreyfus. Ces deux derniers engagements flétrirent son
image ; pourtant, ses obsèques, en 1913, attirèrent une foule de Parisiens et
furent honorées de personnalités, nationales et étrangères, de tous bords.

De même que Grousset[13], le collaborateur de Jules Verne. Jourde[14], l'incorruptible responsable des finances de la Commune, jouit d'une bonne réputation. Pain[15] retient l'attention par un destin mystérieux en

13 GROUSSET Paschal, Jean-François : matricule 96. Homme de lettres et journaliste, alors âgé de 29 ans. Condamné à la déportation en enceinte fortifiée par le 3ᵉ conseil de guerre, il arriva sur la *Guerrière*, dans le 2ᵉ convoi de déportés. Maxime Lisbonne l'a qualifié de « révolutionnaire de boudoir ». Une biographie récente retrace l'itinéraire de l'écrivain et donne son impressionnante bibliographie : Xavier Noël, *Paschal Grousset, De la Commune de Paris à la Chambre des députés, De Jules Verne à l'olympisme*, Les Impressions nouvelles, Paris, 2010. On lit sur la quatrième de couverture le bref résumé de sa vie : « Opposant au Second Empire, puis ministre des Affaires étrangères de la Commune de Paris en 1871, Paschal Grousset est emprisonné au fort Boyard et déporté en Nouvelle-Calédonie. En exil, il devient, pour le grand quotidien *Le Temps*, l'observateur averti de la vie en Angleterre. Traducteur de romans anglo-saxons, il fait connaître *L'Île au trésor* de R.-L. Stevenson. Sous le nom d'André Laurie, il entreprend pour l'éditeur Hetzel des romans sur les mondes éducatifs, remarquables par leur approche sensible et documentée. Ses récits d'aventures (dont certains signés… Jules Verne) en font l'un des pères de la science-fiction. Utopiste, il propose un laboratoire du feu central terrestre à l'Exposition universelle de 1900. Promoteur de l'éducation sportive pour tous, sous le nom de Philippe Daryl, il précède Pierre de Coubertin dans l'intention de ressusciter les Jeux olympiques.
À nouveau présent pour quinze ans sur la scène politique, il apporte ses idées dans les grands débats qui traversent la Troisième République et prend la défense de Dreyfus. »

14 JOURDE Francis ou François (1843-1893) : matricule 224. Ce jeune lettré pratiqua, avant 1871, divers métiers : clerc de notaire, comptable dans une banque, employé des Ponts et Chaussées, puis manœuvre dans des ateliers de construction. Membre du Comité central de la Commune, il occupa le poste de responsable des finances. Arrêté le 30 mai, il fut condamné par le 3ᵉ conseil de guerre, à la déportation simple, et arriva, en octobre 1872 (2ᵉ convoi), à l'île des Pins. Il quitta l'île en même temps que Ballière, pour aller travailler à Nouméa comme comptable (d'Higginson), puis caissier. Après l'évasion, parvenu à Londres, il se rendit en Alsace (allemande), comme Ballière, puis en Belgique et à nouveau à Londres. Il adhéra à l'Alliance socialiste républicaine, mais cessa ses activités politiques en 1881 quand ce parti fut démantelé. Il fut reconnu pour son intelligence, sa probité et sa générosité.

15 PAIN Olivier, Alphonse : matricule 116. Ce journaliste de 25 ans était célibataire, mais père d'un enfant naturel. Camarade de collège de Da Costa il avait obtenu un baccalauréat en sciences, puis avait poursuivi en faisant des études de droit. Remarqué par Paschal Grousset et Rochefort, il devint chef de cabinet de Grousset aux relations extérieures durant la Commune, avant d'être incorporé dans le 79ᵉ bataillon pour combattre sur les barricades.

Afrique. En fait, on peut supposer que dans l'histoire de la Commune, Ballière est resté un peu en retrait, de même que sur le bateau qui le conduisait en Nouvelle-Calédonie et que durant le séjour à l'île des Pins.

Un fait marquant vient couronner ces oublis et éliminer de l'histoire le personnage : le 4 mai 2006, un arrêté du préfet de la Seine ordonnait l'abandon de la sépulture de Ballière (cimetière parisien de Saint-Ouen).

Une face sombre : amertume et pessimisme

Le nom Ballière, après l'amnistie, n'est pas toujours cité en bonne part, principalement en raison de ses déboires en politique et plus encore de son engagement en faveur du général Boulanger, déçu qu'il était, comme un certain nombre de socialistes, de l'inefficacité de la république parlementaire. De plus, il n'est pas surprenant que les options nationalistes du général Boulanger l'aient séduit, comme elles avaient séduit Rochefort, son mentor. En effet, il croyait encore en 1873, malgré ses critiques constantes contre les versaillais et les cléricaux, au génie de la France qui, pensait-il, « portera encore longtemps le flambeau de la civilisation ». Il termine ainsi la lettre à sa famille (1875) : « … quand la France, redevenue virile, aura chassé les persécuteurs à outrance ». La vénération de sa patrie le conduit jusqu'à un certain chauvinisme : il exalte la modernité, l'organisation politique et sociale de la ville de Melbourne, mais n'y trouve ni le bon goût ni le

---

Arrêté en juillet 1871 à Rouen, alors qu'il voulait gagner l'Angleterre, il se retrouva à Satory et le 3e conseil de guerre le condamna à la déportation en enceinte fortifiée sur la presqu'île Ducos. Envoyé à Oléron, il fut embarqué sur la *Guerrière* pour rejoindre la Nouvelle-Calédonie.

Après son évasion spectaculaire, en compagnie de Ballière et des quatre autres évadés, il rejoignit l'Europe, résida à Schiltigheim, à Genève de 1874 à 1876, puis à Londres et Bruxelles. Par la suite, il suivit la campagne russo-turque, comme reporter, collabora au *Mot d'ordre*, à *La Marseillaise* et à *L'Intransigeant*. En 1884, représentant les journaux *Le Temps* et *Le Figaro*, pour couvrir la campagne anglaise au Soudan, il mourut dans des circonstances mal connues : *victime des fièvres ? fusillé le 18 avril 1885 par les Anglais qui auraient mis sa tête à prix ?* On lui doit au moins deux ouvrages importants : *Alphonse Humbert, l'élu de Javel*. Paris, Périnet - 1879 ; *Henri Rochefort. Paris, Nouméa, Genève*, Paris – 1879.

Sources : Pérennès, Maitron (Arch. Nat., BB 24/738, n° 1293. – Arch. Min. Guerre, 3e conseil. – Arch. PPo., listes d'exilés. – Arch. Gén. Roy. Belgique, 4e section, police des étrangers, n° 281 299. – *Le Figaro*, 17 août 1885 (art. de Sélikovitsch).

talent artistique que «la France, cette sœur aînée du Victoria», sans «les désordres commis par l'armée victorieuse ou ses agents, au nom de l'*ordre* et de la monarchie» aurait pu lui apporter.

Par ailleurs, son option pour la cause antidreyfusarde, donc antisémite – qui n'étonne guère de la part d'un écrivain vite hargneux contre toute «chapelle» – l'a aussi beaucoup desservi : dans son temps, car elle était contraire aux idées de la grande majorité de ses anciens compagnons ; et dans sa postérité, pour des raisons évidentes.

Aujourd'hui encore, Ballière souffre de cette mauvaise presse, comme le constate Joël Dauphiné qui écrit à son sujet : «personnage sévèrement et peut-être injustement jugé par un historien récent qui le qualifie de "médiocre", "mythomane", "aigri", "instable". »[16] La mise en cause de l'homme va donc au-delà de ses opinions politiques, elle concerne sa personnalité. Une telle charge est pour le moins excessive, même si on peut en comprendre certains aspects.

Le ressentiment, la plainte, qui peuvent lasser le lecteur, sont récurrents dans la narration[17]. Chaque nouvelle étape, entre le voyage en bateau, l'île des Pins, Nouméa, l'évasion en Australie, le séjour à Londres, marque une amélioration de la condition de Ballière et un rapprochement de la France. Pourtant, c'est toujours la tonalité pessimiste qui l'emporte. Ballière en est conscient, il écrit dans sa préface de 1875 : «… il peut y avoir un peu de colère, d'amertume parfois ; il faudrait peut-être mieux corriger tout cela, enlever les excroissances soulevées par la mauvaise humeur, produits de la douleur ; mais alors l'ouvrage [...] n'aurait plus cette première impression du choc reçu qui est la seule chose que j'aie voulu conserver… » La situation du déporté politique, qui est dirigé sur la terre d'exil, est bien différente de celle du transporté, condamné de droit commun. Leurs rapports au passé sont opposés. Le premier, coupé de ses raisons de vivre, éprouve une grande souffrance. Le second, éloigné du théâtre de sa ou de ses fautes, peut espérer une renaissance. Le déporté, arraché aux siens et à sa patrie à laquelle il s'est consacré, ne peut ni surmonter le poids des lourdes contraintes auxquelles il est soumis, ni entrevoir un avenir serein dans «la terre de l'expiation». Chaque passager dirigé, de gré ou de force, depuis la France jusqu'à la Nouvelle-Calédonie, a une perspective qui lui est propre, en fonction des circonstances de

____

16 Joël Dauphiné, *ibidem*, p. 228 : «Il s'agit de Bertrand Joly dans son précieux *Dictionnaire biographique et géographique du nationalisme français (1880-1900)*, Champion, 1998. » (p. 46-48).

17 Notamment dans la version intégrale du texte.

son voyage. Le P. Lambert, qui fera aussi un séjour à l'île des Pins, de 1875 à 1900, a également écrit – à l'âge de 33 ans, comme Ballière – le journal détaillé de son voyage. La tonalité des écrits du jeune missionnaire est évidemment tout autre. Il a choisi de passer le reste de sa vie dans ce pays, c'est un sacrifice, une expiation volontaire, d'une autre nature que celle infligée à Ballière. Ainsi écrit-il, à bord, le 27 juin 1855 : « Que cette terre vers laquelle je cours avec tant de joie ne soit pas comme celle que je quitte, témoin de mes infidélités, de mes négligences, que je ne travaille plus à perdre mon âme, mais à la sauver en travaillant à sauver l'âme de mes frères idolâtres que j'aime comme moi-même et plus que moi-même, puisqu'à votre exemple, mon sauveur et mon maître... ».

On pourrait, parmi beaucoup d'autres, citer encore le brillant ingénieur de 24 ans, Jules Garnier, partant plein d'enthousiasme explorer la Nouvelle-Calédonie... mais ce n'est ni en découvreur, ni en missionnaire, ni en touriste que Ballière débarque à l'île des Pins en s'exclamant : « Ce seraient sans cesse des cris de joie, si nous venions habiter cette île pour quelques semaines seulement. » Cette remarque prouve du moins qu'il est conscient que ce pays nouveau ne manque pas d'intérêt et son esprit d'encyclopédiste aime à en décrire la faune, la flore, les habitants, avant que ne revienne le refrain de ses souffrances et de son ressentiment. On n'en finirait pas si l'on relevait, dans ses propos, les marques de découragement, d'aigreur, de pessimisme. Il affirme envier le sort des bovins transportés par le navire et destinés à la nourriture des passagers. Il regrette à plusieurs reprises de ne pas s'être trouvé avec ses amis fusillés lors de l'insurrection.

Parmi les quatre qualificatifs retenus par B. Joly pour un portrait peu flatteur du déporté, au vu de son journal de 1873, le mot aigri peut donc paraître assez juste. Durant la détention à l'île des Pins, il n'y a guère que les narrations des nombreuses baignades bienfaisantes qui fassent taire un moment le concert de lamentations. La « prison agrandie » de Nouméa ne change guère le ton du journal. Ce ne sont que les excursions autour de Newcastle et de Sydney et surtout le séjour à Melbourne qui sont appréciés. Ce dernier est une vraie jubilation pour cet urbain qu'est Ballière ; mais à ce moment-là, il est seul, loin de ses compagnons d'évasion dont plusieurs l'ont déçu. Force est de reconnaître que dans la plupart des circonstances, l'amertume l'emporte pour un homme, malheureux déjà, depuis sa détention, de ne plus vivre son train de vie bourgeois et sa vie sociale intense, malheureux de sa situation familiale, malheureux de la situation politique de la France.

Quant aux trois autres qualificatifs, ils dévalorisent outrageusement le déporté. Il n'y a aucune raison de penser que Ballière est mythomane. S'il reconnaît lui-même qu'il s'est laissé aller parfois à l'excès – on le constate quand il affirme, par exemple, que «la déportation sur cette terre inculte, incultivable, est le plus grand crime qui ait jamais été connu. Il efface les massacres des huguenots, les dragonnades et il dépasse même la fusillade de 71» –, il fait preuve de scrupule sur la véracité de ses écrits tant dans son journal que dans ses livres. Non seulement s'applique-t-il à transcrire des données écrites rigoureuses – excepté quelques petites modifications quand il les retranscrit de mémoire – dans tous les domaines, mais encore veille-t-il à ne pas embellir lui-même la réalité : quand, par exemple, il raconte son voyage à Melbourne, il modère ainsi son enthousiasme : «…c'est pour me garder contre cette tendance au mensonge que j'ai voulu consigner ici les noms de mes narrateurs, pour ne jamais avoir la tentation de me laisser aller à commettre cette gloriole si souvent pratiquée par les voyageurs.» Il n'y a guère de raisons de mettre en doute les informations données sur les conditions de vie du déporté. L'historien Georges Pisier a, de son côté, certainement une responsabilité dans l'attribution à Ballière de cette étiquette de fabulateur. Il écrit à son sujet et au sujet de Jourde : «On n'en finirait pas de faire le florilège de leurs erreurs et de leurs outrances.»[18] Il leur oppose «le témoignage d'Alfred Julia» dont il reconnaît l'excès d'optimisme tout en louant les propos de repentir. Le récit[19] de ce déporté au parcours obscur, publié sous le nom de Julius Praetor, est pour le moins suspect. S'il peut y avoir quelques excès dans le récit de Ballière, ce sont dans les idées de l'auteur qu'on peut les trouver, mais non dans les descriptions des divers faits et événements. Le seul sujet, peut-être, sur lequel pourrait déraper la plume de Ballière, concerne les notations sur Rochefort, qui semble susceptible de lui faire perdre la tête. Il est révélateur que l'opposition au marquis oriente totalement son autobiographie, éditée l'année de sa

---

18 PISIER, Georges, *Les déportés de la Commune à l'île des Pins, 1872-1880*, Paris, *JSO*, 31, juin 1971.
Texte repris dans *Kounié ou l'île des Pins, essai de monographie historique (1967-71)*, SÉHNC, Nouméa, 1972/1985. Le terme «outrances» a été repris par Jean Baronnet et Jean Chalou : «Achille Ballière a-t-il, comme il le fait souvent, outré le témoignage de Gustave Springer…?», *Communards en Nouvelle-Calédonie, Histoire de la déportation*, Mercure de France, Paris, 1986, p. 386. Cependant dans leur ouvrage, les deux auteurs font un usage assez abondant du témoignage de Ballière !

19 JULIA, Alfred, (Pseudonyme, PRAETOR, Julius), *Souvenirs d'un déporté en Nouvelle-Calédonie*, Fayard, Paris, 1875.

mort[20]. Durant de multiples années et depuis la jeunesse, c'était plus l'admiration que l'aversion qui guidait Ballière menacé d'aveuglement aussi bien dans un cas que dans l'autre.

On peut comprendre que B. Joly emploie le terme «instable» en référence à l'engagement de Ballière dans le boulangisme qui paraît si opposé aux idéaux des communards. Pourtant, les idées du boulangisme étaient sans doute en germe dans la pensée de Ballière. Et surtout, c'est guidé par Rochefort qu'il s'est engagé dans ce parti. Or – nous venons de le rappeler – dans sa relation avec Rochefort, caractérisée par une persistante attraction-répulsion, Ballière a fait preuve d'instabilité.

Mais il faut voir l'origine de cette dernière beaucoup plus dans les louvoiements du fantasque marquis que dans la pensée stable de l'architecte. Certes, Ballière quittera la franc-maçonnerie en 1889, l'estimant «devenue un levier dans les mains des cosmopolites juifs et protestants»[21], mais il restera jusqu'à la fin de son ouvrage de 1905, c'est-à-dire jusqu'à la fin de sa vie, fidèle aux idées socialistes qu'il expose dans ses écrits antérieurs et particulièrement dans la «conclusion» – retranscrite à la fin du présent ouvrage – de la version de 1875 : sur l'instruction, sur les rapports de l'Église et de l'État, sur la défense nationale, sur la nécessité d'un remaniement du Code pénal, sur le mariage, le divorce et l'héritage, sur le suffrage universel; autant d'idées nouvelles qui finiront par s'imposer. Ballière reste et restera fidèle à une idéologie à la fois matérialiste et humaniste qui tient dans ces mots : raison/science, nature/droit/morale. De tout cela résultera la lumière, une fois disparu le «monstre clérical» et rétablie une bonne république. Plutôt qu'instable, Ballière a été malchanceux ou malheureux dans ses choix ou peut-être insuffisamment engagé. Il a presque toujours été perdant même aux côtés de ceux qui ont pu bénéficier d'une gloire éphémère : le marquis de Rochefort, le général Boulanger.

Enfin, le terme «médiocre» apparaît particulièrement sévère. Ballière n'a certes pas l'écriture caustique de Rochefort, ni celle aisée de Paschal Grousset. Les deux nouvelles qu'il écrit lors de son retour et qu'il publie dans l'édition de 1875 sont ennuyeuses, et on ne regrette guère qu'il n'ait pas fait paraître les deux romans annoncés dans ce même ouvrage. Il n'excelle pas dans les œuvres de fiction tandis que les récits de multiples épisodes, pendant le voyage en bateau notamment, ne manquent ni de verve ni d'humour, et surtout, sa culture étendue lui permet d'écrire même s'il n'a que peu de documents à

---

20 Ouvrage cité au début de cette introduction : «Ballière 1905».

21 Ballière 1905, p. 352-353.

sa disposition. Il cite de mémoire nombre d'écrits, politiques, religieux, poétiques… Il modifie parfois légèrement les textes, soit pour les adapter aux circonstances, soit parce que sa mémoire ne les lui rapporte pas très exactement.

Le lecteur ne peut manquer d'être impressionné par autant de connaissances dans de multiples domaines, qui dépassent largement l'architecture, sa spécialité. En employant le terme médiocre, ce n'est pas à l'écrivain Ballière que pensait l'historien, mais sans doute à l'homme politique qu'il s'est obstiné à être sans jamais vraiment y parvenir.

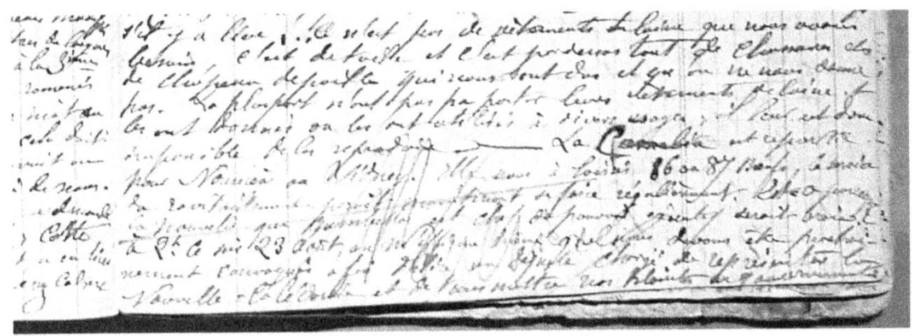

Manuscrit Ballière – Page 157.

Un solitaire

Il faut peut-être chercher, dans la personnalité même de Ballière, les raisons de son insuccès. Il se renferme dans sa solitude, son journal semble être son seul confident. Il cite ses compagnons, mais ses propos ne reflètent quasiment jamais de relations d'amitié. Il côtoie Jourde à l'île des Pins, mais se limite à noter qu'il lui rend visite. À Nouméa où ils sont arrivés ensemble, ils déjeunent, vont se promener, prendre un bain à l'anse Vata. Mais les notes de Ballière ne sont qu'énumération de ces activités; il n'est question ni d'échanges d'idées ni d'échanges d'expériences. Sur le bateau qui le conduit en Nouvelle-Calédonie, Ballière reste dans son coin, affecte de ne pas se compromettre avec ses « geôliers », exception faite de l'officier Laroche, et stigmatise parfois ceux qui, selon lui, font le contraire : Rastoul[22], Arnold[23], Bouis[24]. Ces trois déportés ont «une permission permanente qui leur permet de se promener dans toute l'étendue du bâtiment, du branle-bas du matin au branle-bas du soir». Ballière va jusqu'à accuser les deux premiers de «faire des cancans sur leurs camarades». Il est étonnant qu'il n'ait pas – du moins ne les rapporte-t-il jamais – de conversations avec les deux derniers : Arnold est architecte comme lui et Bouis a écrit aussi, un an plus tard que lui, un livre contre les jésuites[25]. Il semble que le seul dont Ballière voudrait être l'ami est Rochefort. Il avait été, à Saint-Martin-de-Ré, dans les trois ou quatre derniers mois avant son départ

----

22 RASTOUL Barthélémy, Paul, Émile, Philémon : matricule 1669. Ce médecin, âgé de 38 ans, était marié et père d'un enfant quand il fut condamné à la déportation simple. Le Maitron apprend «…qu'il organisa à ses frais, durant le Siège de Paris, une ambulance au 3e secteur, quartier de Ménilmontant, et prit part au combat du Bourget. Il administrait la mairie du Xe arr. et présidait «le fameux club des Montagnards».» Conciliant en général, il fut bien noté et envoyé assez rapidement à Nouméa où il s'installa, en juillet 1873, au titre de médecin. Son épouse et son fils vinrent le rejoindre quelques mois plus tard, en octobre 1873, mais l'évasion de Rochefort et ses compagnons entraîna son retour à l'île des Pins, sa femme étant tout simplement expulsée vers la France. Certainement empli d'amertume après ce qui lui était arrivé, il tenta de s'évader avec dix-neuf autres déportés, en mars 1875, mais il est fort probable que tous périrent en mer, au large de l'île des Pins. «Sa veuve épousa Coutouly, ancien colonel de la Commune et lui aussi évadé.» (cf Le Maitron). Voir note ci-après sur «Coutouly».

23 ARNOLD Georges, Léon : matricule 560. Âgé de 36 ans, il était architecte, tout comme Achille Ballière. Membre influent du Comité central mis en place sous la Commune, il en fut même secrétaire, ce qui lui valut une condamnation à la déportation en enceinte fortifiée.

24 BOUIS Casimir, Dominique : matricule 1837. Lui aussi est un lettré, connu notamment pour ses poésies. Il exerçait la profession d'avocat à Toulon. Il n'avait que 28 ans à l'époque de la Commune de Paris. Il fut d'abord condamné à la déportation en enceinte fortifiée, avant que sa peine ne soit commuée en celle d'enceinte libre à l'île des Pins en 1872. Il tenta de s'évader de Nouvelle-Calédonie et fut renvoyé à l'île des Pins en 1875. Comme Ballière, Bouis a écrit un livre contre les jésuites, *Calottes et soutanes, Jésuites et jésuitesses*, Librairie internationale, Paris, 1870, livre dédié à Michelet qui l'a pour une bonne part inspiré ; comme Ballière, Bouis a écrit à Victor Hugo une lettre qu'il cite au début de son recueil de poèmes, *Après le naufrage, Poésies politiques*, Gassier, Toulon, 1880, avec la réponse de l'«illustre et vénéré maître».

25 Casimir Bouis, *Calottes et Soutanes, Jésuites et Jésuitesses*, Librairie internationale, Paris, 1870, 300 p.

en Nouvelle-Calédonie, son compagnon de cellule et «précieux secrétaire»[26]. Or, après leur séparation, le marquis ne lui écrit pas, ou si peu, et ne fait guère de cas de lui quand ils se retrouvent à Ducos ou lors de l'évasion. De plus, dans ses écrits, Rochefort cite peu le nom de Ballière. Il est vrai qu'excepté Olivier Pain dont le nom revient fréquemment, les deux autres évadés – Jourde et Grousset – subissent la même omission[27].

«Je vis seul, ou presque, avec un bon camarade [Basuyau?[28]], calme et patient. Je me réveille et j'écris, espérant toujours que l'Assemblée rejettera tous ces vils trafiquants et nous rappellera dans nos foyers» : Ballière se renferme dans sa solitude et aussi dans l'image de l'homme stoïque et vertueux : Il affirme – certains diront peut-être, trop souvent pour être crédible – qu'il ne boit pas, ne fume pas, n'est «pas un adorateur de son ventre», est «décidé à tout souffrir». Il se classe dans les hommes forts, moyen peut-être de lutter contre l'adversité : «Les hommes forts

---

26 J. Dauphiné, 2004a, p. 47.

27 Dans *Retour de la Nouvelle-Calédonie. De Nouméa en Europe* [1877], Rochefort réussit, excepté pour Olivier Pain abondamment cité, à ne jamais écrire le nom de ses co-évadés. Il emploie le pronom «nous», des périphrases : «l'un de nos compagnons d'évasion», «les trois déportés simples», «nos amis». Par exemple, par l'expression «le seul des six évadés qui eût quelque teinture de cette langue épineuse [l'anglais]», il fait allusion à Ballière en prenant soin de ne pas le nommer. Il est vrai qu'il publie son livre avant l'amnistie. Cependant dans l'autre de ses ouvrages *Les Aventures de ma vie* (1896-1898), le nom Ballière (comme celui de Jourde) apparaît le moins possible. Rochefort attribue la médiation avec le capitaine Law à Bastien et non à Ballière (et Jourde) et il est le seul des narrateurs de l'évasion à signaler (p. 308) une erreur qu'il attribue à Ballière : l'abordage d'un des deux avisos du gouvernement au lieu du *P.C.E.*
Voir aussi les remarques de Dauphiné, 2004-a, p. 125-126.

28 Basuyau Paschal (Auguste) : matricule 1860 (Ballière orthographie «Bazuyau»). Tout indique que ce déporté sans histoires, classé dans la liste alphabétique en onzième position juste après Ballière, est «le bon camarade calme et patient» avec lequel il partagera sa tente à l'île des Pins. Tailleur, célibataire, né le 20 janvier 1818, il fut condamné à la déportation simple, le 10 novembre 1871, par le 3e conseil de guerre (Versailles). Les termes du jugement sont ceux qu'on retrouve le plus souvent pour ce type de condamnation : «Coupable; d'avoir des mois de mars au mois de mai 1871, à Paris, participé à un attentat dans le but de détruire le gouvernement; d'avoir exercé un commandement dans des bandes armées pour faire attaque ou résistance envers la force publique agissant contre ces bandes; de s'être immiscé sans titre dans des fonctions militaires; d'avoir porté des armes apparentes étant revêtu d'un uniforme militaire.» Sa peine fut remise le 31 décembre 1878 (CAOM, dossier H 71).

ne doivent jamais avoir besoin de rien et savoir se servir de tout sans en prendre l'habitude.» Une telle roideur peut être considérée à la fois comme l'expression du mal-être et son remède. Elle conduit l'auteur à une certaine misanthropie qui, plus tard, sera, dans une sorte de cercle fatal, aussi bien conséquence que cause de ses échecs politiques en France et de ses échecs d'architecte et de journaliste à Nouméa.

Cette humeur est souvent associée à l'une des trois obsessions de l'exilé Ballière : la politique et ses versaillais; la religion et ses jésuites; la femme et sa propre épouse. C'est au point que la plupart des métaphores ou autres figures de style prennent leur source dans l'une de ces trois sphères. Il est vrai que parfois l'humour tempère la gravité du sujet. Sur une même page, par exemple, le déporté, en vue de Londres, note qu'«ils [les nuages] paraissent aussi entêtés que les membres de l'Assemblée versaillaise» qu'il avait reconnus naguère dans les puces qui l'assaillaient; puis revenant au sujet de la femme qu'il assimile à un «livre indéchiffrable», il déplore une nouvelle fois que son œuvre fasse «à la fois le charme et les malheurs de notre vie».

Une face lumineuse : apports et visions

On pourra en conclure que Ballière ne fait rien pour se faire aimer de ses compagnons, ni même de ses lecteurs, mais de telles réserves ne dispensent pas d'apprécier à leur juste valeur ses écrits, et particulièrement la partie inédite de son journal. L'aspect répétitif et fastidieux d'une vie suivie au jour le jour est compensé par mille et un détails sur les lieux, la nourriture, les quelques activités… Si Ballière n'avait pas consigné toutes ces informations et observations, il n'aurait écrit pricipalement, comme Allemane et d'autres, que ce que lui rappelait sa mémoire. Son œuvre aurait donné une vision plus globale, mais le lecteur aurait moins ressenti le poids de son exil. Évoquant la traversée de France en Nouvelle-Calédonie, J. Dauphiné affirme que Ballière en a donné «une description aussi minutieuse que saisissante»[29]. On peut faire la même remarque pour les séjours à l'île des Pins et à Nouméa : le lecteur est touché par cette proximité entre l'événement et son écriture, si lassante soit-elle parfois. Une narration élaborée aurait moins de force, tant il est vrai que le style fragmenté du journal concorde avec l'angoisse permanente de son auteur. Rappelons le but de Ballière, ici atteint : rapporter « cette première impression du choc reçu ».

---

29 J. Dauphiné, 2004a, p. 75.

L'intérêt du lecteur métropolitain de 1875 ou 1889, curieux d'un monde qui lui est complètement inconnu, ne peut être le même que celui du lecteur du XXIe siècle. Les nombreuses descriptions qui concernent la géographie, la flore, la faune… sont, près d'un siècle et demi plus tard, le plus souvent dépassées.

Cependant certains points précis peuvent retenir l'attention et même permettre d'établir un lien entre les deux époques. On peut citer deux exemples : environ un mois avant son arrivée à Londres, par quelque 4° de latitude Nord et 28° de longitude Ouest, l'auteur signale que la «plaine» maritime est tapissée de bouteilles de toutes sortes (vins, bières, alcools)[30]. Il se livre à l'un de ses calculs statistiques qui lui sont chers : en cent ans, à raison de deux mille navires de passage, il y aurait, jetées dans l'océan, trois milliards six cent cinquante-deux millions de bouteilles. Le «continent de déchets» – aujourd'hui plastiques, le plus souvent – était donc déjà en gestation dans les années 1870. Pour un autre sujet auquel on est particulièrement sensible aujourd'hui, le perroquet néo-zélandais kakapo qu'il décrit en détail, Ballière déplore que «la race des kakapos est sur le point de disparaître»[31]. C'est en effet ce qui n'a pas été loin de se produire pour ce curieux oiseau néo-zélandais, désormais protégé grâce à une mesure radicale appliquée en 2010 : installation de toute l'espèce sur trois îles désertes d'abord vidées des prédateurs.

Nombre de passages du journal manuscrit ont, dans les deux éditions, été supprimés parce qu'ils étaient considérés comme superflus. Or, aujourd'hui, le lecteur, calédonien tout particulièrement, peut savoir gré à Achille Ballière d'avoir été précis, car ce sont très souvent de petites remarques qui retiennent notre attention : depuis les dimensions des escargots jusqu'aux numéros des tentes. Particulièrement intéressante est la période nouméenne. C'est un architecte qui conduit le lecteur dans la ville de Nouméa ; la description des rues, des maisons, est précieuse. De-ci de-là, apparaissent quelques faits oubliés : la présence sur le quai d'une machine distillatoire qu'on avait fait venir à grands frais de Sydney et qui ne servit jamais[32]. Une remarque du

---

30 Ce passage figure dans la version intégrale du texte.

31 *idem.*

32 Du moins servit-elle de refuge à une figure nouméenne : «Quant à moi, je vois encore sur le quai l'énorme tuyau de la machine distillatoire servant de chambre à coucher au capitaine Hubert de désopilante mémoire.», *Lettre d'un électeur à Monsieur le maire et à Messieurs les conseillers municipaux sur la nécessité de construire une nouvelle conduite d'eau. 25 avril 1890*, Imprimerie du «Colon», Nouméa. Malato (*De la Commune à l'anarchie*, p. 55-57) donne des éléments biographiques du capitaine Hubert Delamare, trop grand amateur d'absinthe.

même ordre concerne « des centaines de conduites en fonte qui se rouillent sous la pluie et dans la boue du marais où elles sont déposées ». Durant ses cinq mois – entre octobre 1873 et mars 1874 – à Nouméa, l'auteur concentré sur son activité d'architecte, consacre moins de temps à son journal. Cependant, sa narration toujours précise, révèle au lecteur l'état et les activités de la ville et lui en fait sentir l'atmosphère.

Mais le séjour, d'une durée équivalente, à l'île des Pins où peu d'activités sont possibles, amène Ballière à écrire abondamment. Il suffit de feuilleter la section « terre de l'expiation », dans la version intégrale, pour constater la dominance des parties en caractère `courier`, signalant les extraits du journal manuscrit. La découverte du monde kanak a, au moins un temps, vivement intéressé Ballière. Dès son arrivée, il avait hâte d'observer les « naturels ». Avant même de s'installer sous la tente dans sa commune, il s'est empressé d'aller à la rencontre des Kanak. La présence des déportés était encore assez récente pour que leurs relations avec la population de l'île ne fussent pas trop entravées. Le contact a particulièrement été fructueux avec les exilés de Maré. Au moment où Ballière sympathisait avec les Kanak, il aurait aimé s'établir dans leur périmètre, mais les autorités administratives et ecclésiastiques ne le voyaient pas d'un bon œil. Aller leur rendre visite régulièrement était possible, mais exigeait de longues marches que ne permettaient pas les chaussures de mauvaise qualité. Pourtant, Ballière a eu, vis-à-vis des Kanak, au début son séjour à l'île des Pins, un comportement à la Louise Michel[33] : il aurait aimé leur

---

33 MICHEL Louise, alias ENJOLRAS : matricule 1. Cette institutrice de cœur s'était toujours élevée contre les inégalités sociales et avait défendu les droits des plus simples, comme elle continuera de le faire après sa libération. Une phrase du Maitron résume à merveille les valeurs de sa vie : *Féministe, républicaine et espérant en la Révolution, elle perdit peu à peu la foi quoiqu'elle demeurât très attachée à une mystique chrétienne : compassion et justice pour tous et toutes, tel était son credo.* Durant la Commune, elle continua à s'occuper de son école, mais n'hésita pas pour autant à faire le « coup de feu » à la Butte Montmartre ou, plus tard, sur les barricades d'Issy, de Clamart et de Clignancourt. Tout à la fois institutrice, ambulancière, combattante, elle se donna sans compter pour ses idées et au bénéfice des nécessiteux, n'hésitant pas à demander de l'argent pour eux à Victor Hugo, revenu de son exil forcé. La chute de la Commune, l'exécution de Théophile Ferré, auquel elle vouait un amour secret, l'atteignirent probablement mais n'affaiblirent pas ses convictions. Son procès, devant le 6ᵉ conseil de guerre, montra une femme courageuse qui ne reniait rien. Cette attitude fit l'admiration des Fédérés présents, tout comme celle de ses opposants. Le verdict tomba et elle fut condamnée à la déportation à vie en enceinte fortifiée. Le 7ᵉ convoi qu'effectua la *Virginie*,

donner une bonne instruction laïque, il ne l'a pas fait comme elle. Il a commencé, comme elle, l'établissement d'une liste de vocabulaire kunié, mais il en est resté à une seule page, préférant user du français et de l'anglais ou plutôt du franglais. Parallèlement, il a relevé une étymologie possible du mot poupiné(e) : «Les Kanaks et elles-mêmes se désignent sous le nom de poupinés. Un d'eux nous a expliqué, en mauvais français, qu'ils tenaient ce nom des sandaliers. J'ai donc pu facilement m'expliquer l'origine peu morale du mot[34], accepté par tous maintenant, même par les missionnaires.» Louise Michel, à Ducos, n'a rencontré que quelques Kanak : le Lifou Daoumi qu'accompagnaient ses porteurs de vivres originaires de la région de Bourail. On imagine que si la femme énergique que l'on connaît était allée à l'île des Pins, elle aurait tiré profit de ces contacts, plus que Ballière. Elle aurait vraiment côtoyé les Kanak, et sans les regards suspicieux des hommes, alors qu'à Ducos, elle a pu converser avec quelques-uns, mais non les découvrir dans leur milieu.

Ballière est pourtant l'un de ceux qui se sont intéressés le plus à la population autochtone, et la transcription des pages inédites qui concernent les Kuniés méritait, à elle seule, cette publication. Certes, comme la presque totalité des Européens, il pense que les Kanak ont beaucoup plus à apprendre de lui qu'il n'a à apprendre d'eux, et il rêve, un temps, à l'instruction qu'il pourrait leur donner. Au début de son séjour surtout, il les aborde chaleureusement et essaie de les comprendre. Il critique les hommes, placides et dominateurs ; il exalte

---

appareillant de Brest le 5 août 1873, l'emmena vers la presqu'île Ducos, en même temps qu'Henri Rochefort. Ce dernier évoque son souvenir sur le bateau : ses actions de bonté qu'elle continuait de prodiguer à ses compagnons d'infortune «confinaient à la folie douce». À quarante-trois ans, elle ne pouvait plus changer ; à la presqu'île Ducos, elle s'intéressa avec constance à la population kanak, à ses mœurs et coutumes, elle se préoccupa également des enfants de déportés auxquels elle dispensa son enseignement. La nouvelle de son amnistie arriva le 11 juillet 1880 et elle rentra très rapidement en France où elle reçut un accueil triomphal à la gare Saint-Lazare.

34 Puppy(ies), en argot, signifie petit(s) chien(s) mais peut aussi signifier sein(s) ou encore, s'il est employé avec certains adjectifs (slush) : femme légère ou de mauvaise vie. L'étymologie proposée, pour vraisemblable qu'elle soit, reste incertaine. Selon Hollyman, *popinée* serait dérivé de *fafine*, mot qui en faga uvea, langue polynésienne d'Ouvéa, signifie femme ou fille kanak. Hollyman, Kenneth James (Jim), *Observatoire du français dans le Pacifique*, Études et documents, n° 1, Didier-Érudition, Paris, 1971, pp. 104-105.

les femmes, coquettes et rusées. Mais son enthousiasme du début diminue, même s'il rencontre régulièrement ses « amis ». La distance qui les sépare de lui, l'Administration, les missionnaires, finissent par le décourager. Vingt ans après, de retour à Nouméa, l'homme libre ne se préoccupera guère des Kanak : il n'attendra rien d'eux, leur trouvant tout au plus un intérêt folklorique.

Le manuscrit de Ballière, repris dans ses écrits postérieurs, est, quels que soient ses aspects négatifs, un document précieux parce que l'auteur s'y exprime librement hic et nunc. Ce n'est pas le cas de tous les déportés. Henri Messager, par exemple, écrit lui aussi un journal – mot qu'il emploie lui-même – qu'il expédie, comme correspondance, à sa famille. Il a deux préoccupations constantes : éviter tout sujet politique qui provoquerait l'interception des lettres; rassurer ses parents par des propos optimistes sur sa santé, sa situation matérielle… Un autre déporté qui a fait le voyage sur *l'Orne* avec Ballière, Théodore Ozeré, a le même souci d'édulcorer ses propos tant sur ses conditions de vie, l'attitude de ses geôliers que sur sa santé. De plus il tient, dans chacune de ses lettres, à dissuader sa mère et sa sœur de le rejoindre dans son exil[35]. Ballière peut parfois être exaspérant par ses jérémiades, mais du moins écrit-il en toute liberté. Si ce n'est pas là un gage de vérité, c'en est un de sincérité. Le lecteur, qui saisit assez vite les préoccupations, sinon les manies de l'auteur, qui comprend que l'écriture est un baume sur sa souffrance, discerne les richesses d'un témoignage. C'est une chance pour nous que la curiosité de l'auteur l'ait emporté sur sa souffrance, et, de plus, il a choisi un mode d'écriture qui, le plus souvent, fait revivre son histoire comme un roman.

---

35 Ozeré, Théodore, *Carnets et lettres d'un déporté de la Commune à l'île des Pins (1871-1879)*, Nouméa, SÉHNC 50,1993. M. Georges Coquilhat a écrit la préface de ce livre qui doit beaucoup à son travail. Nous le remercions vivement pour les conseils qui a bien voulu nous prodiguer concernant la présente édition.

L'évasion : un scandale qui émut le Tout-Paris

(Ajout de l'éditeur)

Le passage concernant l'évasion de Ballière et des quatre autres déportés qui gagnèrent, comme lui, la ville de Sydney à bord du navire anglais le *P.C.E.*[36], ne constitue qu'une part du texte de la présente édition. Si nous avons choisi de lui consacrer le titre et la couverture de l'ouvrage, c'est parce qu'elle donna lieu, dans la métropole française, à un émoi que la distance historique rend difficile à concevoir.

Pour mieux le comprendre, il faut replacer la déportation de Ballière dans le contexte politique de son époque : en janvier 1871, la France capitule dans la courte guerre qui l'a opposée au royaume de Prusse. Cette défaite précipite la chute de Napoléon III et du Second Empire. Tandis que Paris est assiégé par l'envahisseur, un «gouvernement de défense nationale», dirigé par Adolphe Thiers, se met en place et signe un armistice. Mais la population parisienne, fière de sa résistance pendant le siège, refuse la défaite et ne veut pas se laisser désarmer par ce gouvernement dont elle ne reconnaît pas la légitimité. Paris se révolte et fonde le «Conseil de la Commune», qui se veut une démocratie directe, renouant avec l'esprit de la constitution de 1793.

Cette insurrection sera vite réprimée. En mai 1871, après un épisode dénommé «la semaine sanglante» qui fit entre 20 000 et 30 000 morts, selon les estimations[37], la Commune est balayée par le gouvernement d'Adolphe Thiers. Tous ceux qui ont eu l'imprudence d'apporter leur soutien ou leur concours à l'insurrection sont arrêtés et jugés. Ballière fait partie des milliers d'hommes et femmes qui furent condamnés à la déportation en Nouvelle-Calédonie.

Lorsqu'il s'évade de Nouméa, en mars 1874, il le fait en compagnie de cinq autres déportés. Parmi eux, François Jourde, Paschal Grousset et Olivier Pain sont bien connus du Tout-Paris, mais Henri Rochefort, auteur de théâtre, politicien et journaliste polémique (on l'appelle «l'homme aux vingt duels et aux trente procès»), a indiscutablement le statut de célébrité. Au retour de Nouméa, Rochefort fait escale à New York où il donne interview sur interview, dénonçant ceux qu'il appelle les «bourreaux de la Commune» et dressant un sombre

---

36 * *P.C.E.* : *Peace Comfort Ease*, Bateau à bord duquel Ballière et ses compagnons se sont évadés de Nouvelle-Calédonie.

37 Jacques Rougerie, *Paris insurgé : la Commune de 1871*, Paris, Gallimard, coll. «Découvertes Gallimard» (n° 263), 2012. (159 p.)

tableau des conditions de vie dans le bagne calédonien. Auprès des francophones de la ville, il anime une conférence sur la déportation dont il fera publier le texte[38]. Ses initiatives sont à l'origine d'une souscription publique au profit des déportés de Nouvelle-Calédonie[39]. Il profite également de son séjour à New York pour rédiger un livret donnant sa vision de l'insurrection[40]. Une fois arrivé à Londres, Rochefort fait à nouveau publier ce livret pour qu'il soit importé et diffusé à Paris. Il s'installe ensuite à Bruxelles, puis en Suisse, d'où il continue à diffuser son témoignage.

L'impact de cette campagne est puissant dans la capitale où elle trouve des échos. Les services diplomatiques s'en inquiètent. Le public s'enthousiasme ou s'indigne de cette évasion que l'on croyait impossible, la rumeur y voit un complot franc-maçon[41].

En 1880, les déportés politiques sont finalement amnistiés et reviennent rapidement en France. Parmi eux, Louise Michel, une autre déportée très célèbre, amie de Rochefort, admirée par Clemenceau et Victor Hugo, témoigne de son séjour en Nouvelle-Calédonie.

C'est le contexte dans lequel Édouard Manet, devenu d'autant plus célèbre qu'il est, lui aussi, souvent controversé[42], décide de peindre *L'évasion de Rochefort* en vue de l'exposer au Salon de 1881. Il fait une première version du tableau, dont s'inspire notre couverture.

Rochefort y figure presque au centre, tenant le gouvernail de la barque qui emmène les évadés depuis la presqu'île de Ducos jusqu'au *P.C.E.* que l'on aperçoit au dernier plan. La mer, agitée, et le ciel, sombre, confèrent une ambiance dramatique à l'œuvre.

---

38 H. Rochefort, *Conférence de H. R., New York, Juin 1874*, Genève 1874.

39 Voir Michel Cordillot, *Aux origines du socialisme moderne : La Première Internationale, la Commune de Paris, l'Exil*, L'atelier, Paris, 2010. p. 190.

40 H. Rochefort, *Un coin du voile – aperçu des événements de Paris*, New York, Londres, 1874. (35 p.)

41 Voir Joël Dauphiné, *La franc-maçonnerie et l'évasion d'Henri Rochefort*, Journal de la Société des Océanistes, n° 118, 2004.

42 Son tableau *Déjeuner sur l'herbe* provoqua un scandale lors de son exposition au « Salon des refusés », en 1863.

Edouard Manet, 1881 — L'évasion de Rochefort.
Exposé au Kunsthaus de Zurich (Suisse).

Le même Rochefort, à peine réinstallé à Paris, reprend son activité de journaliste à polémiques à travers un nouveau quotidien, *L'Intransigeant,* qu'il crée et dirige avec grand succès. Cela lui vaut, à son tour, d'être la victime d'une campagne de presse. On discute la façon dont il a réparti l'argent récolté par la souscription en faveur des déportés. Des proches, comme Paschal Grousset ou Henry Bauër, se détachent de lui et contestent les rôles qu'il s'est donnés dans la déportation et dans l'évasion.

Voulant peut-être se mettre à l'écart de ce débat qui enfle, Manet renonce à exposer son premier tableau et en peint un deuxième dans lequel le polémiste, bien moins reconnaissable, n'occupe qu'une place mineure.

Edouard Manet, 1881 — L'évasion de Rochefort.
Exposé au Musée d'Orsay.

La barque flotte désormais au milieu d'un océan plus calme ; l'ambiance dramatique qui imprégnait le premier tableau ne s'exprime plus avec la même force dans le deuxième.

Le peintre renonce finalement à cette nouvelle version et choisit d'exposer un simple portrait de Rochefort, pensif, les bras croisés sur la poitrine, qui semble méditer sur les critiques et les défections auxquelles il est confronté.

Édouard Manet — Portrait d'Henri Rochefort.
Exposé à la Kunsthalle de Hambourg (Allemagne).

Manet s'éteindra deux ans plus tard, mais Rochefort n'en a pas fini avec les polémiques : prenant parti contre Dreyfus au moment du procès de ce dernier, il s'opposera violemment à Zola et perdra peu à peu les faveurs de son public[43].

---

43 Voir Michel Winock, *Rochefort : la Commune contre Dreyfus*, in *Revue d'histoire intellectuelle (Cahiers Georges Sorel)*, n° 11, 1993.

La « grande évasion » à laquelle il a participé laissera cependant longtemps sa trace dans l'imaginaire français. Dans un essai relatant la déportation de Dreyfus en Guyane, Jean-Yves Mollier écrit : « La [Guyane] avait été préférée à la Nouvelle-Calédonie en raison de son climat particulièrement malsain et de la forte mortalité qui décimait les bagnards, mais aussi parce que [...] on craignait que le condamné ne s'évade plus facilement de cette partie du monde. »[44]

44 Jean-Yves Mollier, *Dreyfus au bagne ou comment briser les prisonniers politiques ?* in *Le Temps des médias*, n° 15, 2010/2, p. 190.

Ce livre ne retient qu'une petite partie de l'œuvre de Ballière : son séjour à Nouméa (19 octobre 1873 — 19 mars 1874) d'où il s'évade avec Rochefort et ses compagnons (19, 20 mars 1874), et enfin la fuite et le court passage en Australie (20 mars 1874 — 29 avril 1874).

En faisant ce choix d'une version allégée, nous avons exclu de passionnantes informations et le récit d'aventures lors du voyage aller (1er janvier — 11 juin 1873) et plus encore, pendant le séjour à l'île des Pins (11 juin 1873 — 19 octobre 1873).

Certes, l'écriture au jour le jour comporte des lourdeurs, mais elle permet aussi de revivre, au plus près de l'écrivain, les événements. Pour rester fidèles à cette expérience de lecture, rare, sinon unique dans la littérature de la déportation en Nouvelle-Calédonie, nous nous sommes refusé à opérer des coupes dans la version intégrale que le lecteur intéressé pourra se procurer en version papier ou numérique. Il pourra alors partager les observations de Ballière à bord de *l'Orne* et sa découverte d'une île et de ses habitants. Ces derniers, les Kwényi (Kounié), qu'il a fréquentés, ont éveillé sa curiosité, tout autant que les paysages nouveaux et la végétation qu'il pouvait contempler.

Charnier à Paris – Ballière 1875.

Première partie

L'internement en Nouvelle-Calédonie sur la Grande Terre.

To be, and not to be FREE!

L'Illustration n°851, août 1873 — Vue générale de Nouméa.

Chapitre unique

Séjour à Nouméa

Sommaire

Me voici à Nouméa. On en dit beaucoup de bien. On en dit beaucoup de mal. Les deux choses ont été exagérées. La vérité est qu'il n'y a guère de femmes et pas beaucoup d'eau, deux choses indispensables à la vie. À l'île des Pins, nous avions au moins de l'eau.

Quelques amis, qui avaient assisté à notre débarquement, me conduisent à l'*Hôtel des Voyageurs*. J'y trouve une case coquette, relativement, et située au-dessous d'une salle à manger. C'est une des rares maisons de Nouméa qui possèdent un premier étage, et encore cet étage est-il formé par la déclivité du sol, la maison n'ayant qu'un rez-de-chaussée du côté de la voie, et la salle à manger se trouvant par conséquent au niveau de la rue Sébastopol. Cette maison est, comme les autres habitations du pays, construite en planches mal jointes. J'aurai là, cependant, les premiers soins d'une bonne… d'une femme… ; il y a amélioration.

Deux jours après mon arrivée, le 21, j'entre comme comptable dans la maison de M. S. Sohn[45]. En même temps, j'emménage dans un petit chalet qui lui appartient, et dont les croisées donnent sur le quai, la mer et la ville. Sans le voisinage des chevaux placés au-dessous (le rez-de-chaussée est affecté à l'usage d'écurie) et sans les nombreux interstices qui ne permettent pas d'avoir une bougie allumée, ce serait une des plus charmantes habitations de la ville.

J'ai pour voisine une jeune Kanaque de quatorze ans qui se charge de faire mon ménage, d'entretenir l'eau de ma toilette et d'accrocher aux croisées les rideaux que je viens d'acheter.

Mon patron... le mot est dur quand on fut si long-temps son maître, un juif allemand... est un israélite fort glorieux des conquêtes allemandes. Ceci étant fort naturel, je n'y vois rien à reprendre ; mais il est, m'a-t-on dit, d'un caractère fort atrabilaire et n'a jamais pu conserver un employé plus de deux mois ; beaucoup n'y restent même que deux jours. C'est un peu l'histoire de tous les parvenus, et j'essayerai de m'accommoder tant bien que mal de son caractère. Mon patriotisme ne se regimbera pas trop ; cette corde, si sensible ordinairement, est tellement distendue par tous les chocs qu'elle a reçus, que, pour le moment, elle ne vibre presque plus.

Une question de théâtre à construire me met complètement à flot dans l'estime de mon maître. Le projet en est rapidement brossé et se trouve être un peu loué par tous ceux que la question intéresse.

Comme il faut que tout le monde contribue à l'érection de cette baraque – car ce théâtre... j'en fais les plans et les détails, et même ceux d'une construction civile que les entrepreneurs du pays modifient et torturent pour la ramener à leurs habitudes, dont il est impossible de les faire sortir... n'est, à proprement parler, qu'une baraque en bois – on fait imprimer des bulletins pour une souscription qui sera remboursable en entrées. Les premiers jours donnent rapidement *deux mille francs*. Cet empressement semblera au premier abord un signe de vitalité de la ville de Nouméa ; erreur, la vérité est que, la ville ne possédant aucune distraction, les petits commerçants se sont rués à l'envi sur cette idée. Ce sera un lieu de récréation, où ils pourront

---

45 * Siegfried SOHN, d'origine prussienne, négociant en bois, franc-maçon. En 1873, S. Sohn est, depuis un bon nombre d'années, agent de deux hommes d'affaires néo-zélandais, Cruickshank et Smart « lancés dans le commerce du bois en 1857, par l'entremise de John Israël Montefiore ». Voir Anne-Gabrielle Thompson, *John Higginson spéculateur-aventurier à l'assaut du Pacifique*, L'Harmattan, Paris 2000, p. 35.

aller dépenser deux soirées la semaine. Les cafés sont assez mal famés, il faut y aller très peu et ne pas y séjourner, telle est la véritable cause du succès apparent du théâtre. Mais nous avions tous compté sans la cervelle giratoire de M. S. Sohn.

Le dimanche, nous allons, Jourde et moi, accompagnés de quelques camarades, prendre un bain à l'anse Vata ; la plage est assez belle, mais ne vaut pas celle que nous avions fini par découvrir à l'île des Pins. Puis, il y a beaucoup plus de requins. Ces énormes squales ne paraissent cependant pas trop s'attaquer aux hommes ; mais si on place, surtout pendant la nuit, de la morue ou du lard dans un sac, même à une distance très rapprochée de la plage, on est certain de ne pas les retrouver le lendemain. Hésitent-ils à engager la lutte avec l'homme blanc, ou lui préfèrent-ils quelque autre nourriture qu'ils trouvent aisément et abondamment ? C'est ce que je finirai peut-être par découvrir.

La chaleur est beaucoup plus insupportable sur la Grande Terre qu'à l'île des Pins. On peut à peine circuler dans les chemins de la ville de 10 heures du matin à 2 heures de l'après-midi.

J'ai oublié de dire que Jourde avait été casé dès le lendemain de son arrivée comme comptable dans la maison la plus importante de Nouméa, dont le propriétaire, M. Higginson[46], était venu lui faire une visite à l'île des Pins. Ce M. Higginson est le fournisseur du gouvernement calédonien.

Il vient très peu de navires en Nouvelle-Calédonie et deux se sont déjà échoués sur les récifs depuis que nous sommes arrivés à Nouméa ; ce sont le *Tacite* et un autre bateau chargé de charbon. Ce dernier a pu être renfloué et arriver dans le port. Quant au *Tacite*, il est bel et bien coulé à fond avec sa cargaison de vins. La perte des navires est chose importante au chef-lieu de la colonie française, en ce sens qu'immédiatement les marchandises qui se trouvent en ville augmentent de la moitié, du double, et quelquefois triplent leur valeur par le fait d'un seul naufrage.

---

46 * « Arrivé (d'Australie) en Nouvelle-Calédonie en 1859 […], il se lance sans hésitation dans toutes sortes d'affaires […]. Grand manipulateur, il n'hésite devant aucune démarche, aucune intrigue, soit dans sa quête pour la nationalité française, l'exploitation des ressources minières de la Nouvelle-Calédonie ou encore le rattachement des Nouvelles-Hébrides (Vanuatu) à la France. » Anne-Gabrielle Thompson, *John Higginson spéculateur-aventurier à l'assaut du Pacifique*, L'Harmattan, Paris 2000, page de couverture. On ne connaît pas le lieu et la date de naissance de John Higginson et il se pourrait qu'il ait changé de nom à son arrivée en Nouvelle-Calédonie. Il meurt à Paris en 1904.

Et cependant, il y a peu de consommateurs de vin ; la plupart des ouvriers sont des nègres, que leurs maîtres nourrissent de riz bouilli dans l'eau. C'est sain, mais peu fortifiant ; aussi peuvent-ils à grand-peine fournir une journée de travail sur deux. La moitié du temps, ils sont malades et incapables de se tenir sur les jambes.

On croit généralement en France que la traite est abolie. Comment appeler alors le trafic qui consiste à amener de différentes îles des hommes qu'un capitaine, qui leur sert d'interprète, conduit devant un monsieur chargé d'enregistrer les déclarations de ces malheureux, à qui on pose des questions incompréhensibles pour eux, questions auxquelles ils répondent de même pour l'interrogateur ? Après l'interrogatoire, il est bien entendu qu'ils sont censés être venus de leur propre volonté. Cette déclaration *interprétée* est consignée sur un registre, ils sont alors mis à l'encan et cédés pour deux ans, moyennant un prix débattu, à un propriétaire qui verse la somme convenue entre les mains du capitaine et ne donne pas un rouge liard à l'esclave.

Pour masquer la fraude, cet argent perçu par le capitaine est inscrit sous le nom de *fret* ; c'est le prix du passage de l'homme noir. Deux ans après, ils sont supposés libres, mais alors, le capitaine vient les rechercher sous prétexte de les reconduire dans leur pays, et il s'en va tranquillement les revendre sur un autre point du territoire ou dans un autre pays, où l'on admet cette traite habilement déguisée.

Les Anglais font une guerre impitoyable à ces trafiquants de chair humaine, et, quand ils pincent un capitaine ayant à son bord plus de noirs que n'en comporte le service d'un équipage, ils le pendent haut et court à la grande vergue du mât de misaine. Ce qui fait que, la plupart du temps, les esclaves cédés pour deux ans seulement deviennent la propriété définitive des colons.

Cette traite a plus de décorum que la traite des temps passés, c'est plus adroitement arrangé, mais elle est bien pire pour les nègres que la traite d'autrefois, et c'est facile à comprendre : les propriétaires d'autrefois avaient intérêt à ménager leurs bêtes de somme, tandis qu'aujourd'hui, pourvu qu'ils vivent deux ans, c'est tout ce que l'on peut souhaiter ; et beaucoup de ces hommes, de ces propriétaires, de ces colons sont des francs-maçons... il est vrai que la loge, composée exclusivement d'employés du gouvernement, de fonctionnaires, ne peut pas déjuger dans ses délibérations du soir, ce qu'elle pratique, pendant le jour, au soleil de la rue. La soif de l'or fait faire de bien vilaines choses, et il est bien plus aisé de parler des grands principes humanitaires que de les mettre en pratique, surtout quand cela se passe aux antipodes, sous les yeux d'un gouvernement qui donne une sanction légale à ces infamies.

Un navire qui revient de l'île des Pins m'apporte une vingtaine de lettres de co-déportés[47], qui me prient et me supplient de les faire venir à Nouméa. Ces pauvres camarades s'exagèrent de beaucoup l'influence de ceux qui ont obtenu la faveur du séjour sur la Grande Terre. J'ai reçu de l'île des Pins, une douzaine de lettres qui me donneraient un certain orgueil et une haute idée de mon caractère, si je n'étais revenu à des sentiments d'une modestie --- que j'ai développée à l'arrêt du 10e conseil de guerre. Seulement, je garderai ces lettres comme un témoignage précieux de ma conduite au milieu de mes pauvres camarades.

J'ai été beaucoup moins heureux du côté de la France. Je ne reçois rien, rien... J'ai encore écrit à Paris, en Normandie plusieurs lettres ; ce seront les dernières, et après... je m'efforcerai de me convaincre que ces derniers liens qui me rattachaient à la famille, à la patrie, à la vie sont brisés. Je m'accoutumerai à cette pensée que ma fille est morte... pour moi. Ceux qui ont reçu des nouvelles, des lettres, croient à un prochain retour de la monarchie. – Quoique mon cœur en puisse saigner, quoique je redoute les catastrophes qui pourront en résulter dans l'avenir, j'attends maintenant les événements avec calme... j'attends et j'espère : peut-être seront-ils plus cléments que les républicains de l'*ordre* et me permettront-ils de retrouver mon enfant. Nous avons combattu pendant plus de deux mois pour éviter une restauration impériale ou royale, et les républicains modérés nous ont déportés ; qu'ils se tirent de là à leur tour comme ils pourront. Les monarchistes ne seront pas plus implacables pour nous que ne l'a été le centre gauche. Le bourgeois est féroce et absolument insensible aux douleurs, aux souffrances de ses ennemis. Entêtés comme toutes les natures mesquines et étroites – et on ne réussit dans ce milieu que quand on est doué de ce tempérament – ils se sont dit qu'ils coloniseraient la Nouvelle-Calédonie. Ils y sacrifieront cinq ou dix mille hommes, mais ils ne reviendront pas sur leur détermination. Un entêtement heureux les a fait réussir dans leur commerce. Ils ont appelé cela force de volonté,

---

47 Je cite au hasard : J. Dheilly, 3788 ; F. Lestas, 1743 ; J. Pillonnet, 1690, 5ᵉ Commune. ; P. Basuyau, 1860 ; E. Carval, 1643 ; Rozès, 1666 ; A. Guérin, 1813 ; G. Robert, 2435 ; J.-L. Lemaire, 1661 ; Picardat, 1574, 5ᵉ Commune. ; F. Millot, 1630 ; J.-P. Adier, 1744 ; Georgel (Joseph), 1467 ; Tremblay, 1843 ; Anchène, 2 ; Picard (Charles), etc., et on dit que les déportés ne veulent pas travailler !

et ils continuent à appliquer leur petit système à la politique. Ils se sont trouvés trop vieux pour faire leurs petites affaires, ils ont alors demandé au peuple de leur confier celles de la nation.

Voyons maintenant comment ces bourgeois, une fois leur résolution prise, la font mettre à exécution. – Il y a en Nouvelle-Calédonie des soldats, beaucoup de soldats. On s'arrange de manière que leur congé finisse pendant qu'ils sont dans la colonie, et on ne leur délivre de feuille de route qu'après que les transports sont partis. L'homme, une fois sur le pavé, cherche du travail ; il en trouve plus ou moins près de la côte, alors la farce est jouée, il ne reste plus qu'à lui faire manquer deux ou trois convois, et un beau jour il finit par se marier à quelque fille en rupture de Saint-Lazare, comme le *Fénelon* vient d'en apporter, ou à des condamnées de droit commun, comme celles apportées par *l'Orne*.

Il est vrai que l'*Officiel* de la Nouvelle-Calédonie montre les choses sous un jour beaucoup plus attrayant, mais beaucoup moins vrai. Cet organe pieux présente à la population masculine les pensionnaires de Saint-Lazare comme étant de douces et charmantes orphelines, timides comme des colombes et chastes comme Diane. Ces jeunes filles sont – dit cette feuille – placées sous la tutelle du gouverneur.

Ce navire avait apporté, en même temps que ces trente-six demoiselles, un groupe d'émigrants, qui sont déjà désolés d'avoir fait ce voyage, et dont une partie se propose de retourner à Sydney qu'ils ont pu visiter pendant la relâche qu'a faite le *Fénelon* dans le port de cette ville. Le reste des passagers était composé de familles de déportés : fils, filles, femmes, au nombre de deux cent douze.

Pour ce qui est de ces derniers, il ne serait pas facile de raconter les désillusions par lesquelles ils ont eu à passer en trouvant, au lieu de la cité populeuse qu'on leur avait dépeinte, un village bâti en bois, et n'ayant ni commerce réel ni industrie sérieuse.

Aujourd'hui, 12 novembre, est un jour de pérégrination ; je suis obligé de partir pour affaires avec mon patron, et je ne pourrai pas assister à l'inhumation civile de l'enfant d'un de nos bons camarades[48].

---

48 * Octavie-Adélaïde, âgée de 5 ans (comme Jeanne, la fille de l'auteur),
   décédée le 12 novembre (*Le Moniteur de la Nouvelle-Calédonie* du
   31 décembre 1873, p. 350).
   Fille de CAILLIAU, François, Octavien : matricule 981. Âgé de 40 ans,
   marié et père de trois enfants, il était professeur de musique à Paris
   (auteur de deux manuels pédagogiques et de plusieurs compositions
   musicales) et exerça sa profession à Nouméa. Il avait été condamné à la

Cette pensée de la mort d'un enfant m'attriste profondément, et c'est sans doute cette pensée qui, jetant un voile noir sur mes sensations, m'empêche de trouver belle notre promenade circulaire dans les vallées qui entourent Nouméa. Cette enfant était arrivée depuis quelques jours seulement ; elle faisait partie du convoi apporté par le *Fénelon*.

La ville de Nouméa, qui est très mal située à tous les points de vue, a cependant l'avantage d'être avoisinée d'une foule de choses curieuses pour un Européen ; de grands monts qui se découpent sur des montagnes, et dans les vallées, au milieu des herbes envahissantes, des carrés d'ananas, des bananiers, des cocotiers, des plaines plantées de niaoulis, cet arbre bizarre, avec l'écorce duquel on fait des chapeaux et des cases, et dont les feuilles peuvent servir à faire une tisane ayant un arôme qui rappelle le thé. Ce breuvage a des propriétés narcotiques... fait dormir et rêver... assez semblables au haschisch... *hatchis...* des musulmans.

J'ai vu aussi les champs de palétuviers, ces arbres contrefaits, biscornus, qui enjambent les mers, les sucent, les dessèchent, et qui semblent se jouer des aquilons et des autans avec leurs mille jambes, fouillis inextricables marchant toujours en avant sans jamais s'arrêter ni se retourner. Ces arbres des pays tropicaux ne vivent que de l'eau de mer et à ses dépens... c'est eux qui, un jour encore bien éloigné, conduiront la Nouvelle-Calédonie en Australie.

Nous rentrons pour tomber en pleine fête : après le deuil, la gaieté ; après l'enterrement, le bal. Le palais du gouvernement est resplendissant de feux de toutes couleurs, éclairage *à giorno* au moyen de lanternes vénitiennes accrochées de tous les côtés et à tous les arbres du jardin.

---

déportation en enceinte fortifiée, mais sa peine avait été commuée en déportation simple avant son départ, par la *Garonne,* arrivée à Nouméa le 5 novembre 1872 (3ᵉ convoi).
F. O. CAILLIAU apparaît comme chef d'orchestre sur l'affiche du spectacle au théâtre de Nouméa, le 15 décembre 1873.
CAILLIAU est arrivé en Nouvelle-Zélande, le 17 février 1880, avec ses filles de 16 et 1 ans. Il y a fondé la première revue musicale de Nouvelle-Zélande : le *New Zealand Muse.* («Les condamnés de Nouvelle-Calédonie en Australie et Nouvelle-Zélande», Pierre-Henri Zaidman). En 1884, il a déménagé à Sydney où il a continué à exercer sa profession comme professeur, chef d'orchestre et compositeur. Il est revenu à Auckland en 1907 (*The Sydney Morning Herald, December 19, 1907*). Selon certaines sources, il est mort en 1907, selon d'autres il est mort par noyade en 1910.

Après notre dîner, et pendant plus d'une heure, nous nous étions promenés, Jourde et moi, pour écouter les musiciens ordinaires de la ville de Nouméa : ce sont des forçats, une vingtaine environ, qui soufflent à s'époumoner dans des instruments en cuivre. Fatigué, je rentre et quelle n'est pas ma surprise quand je m'aperçois que de mon lit, je vois et j'entends mieux que les invités eux-mêmes. *La musique détend les nerfs et porte à ébattement.* Aussi, m'en donné-je à cœur joie : tout en écrivant ces lignes, je reprends les pas les plus exagérés de mon dix-septième hiver, et, par cette chaleur tropicale, j'esquisse, aidé en cela par ma voisine Déga, des tours de force chorégraphiques à faire pâmer un Anglais.

Un monument sévère, qui... lui aussi, brille sous toutes ses faces, s'illumine sur la hauteur, appelle mon attention. C'est le temple maçonnique, autrement dit la Maison du Diable. Il est placé au sommet d'une des plus hautes montagnes qui entourent la ville et n'est dominé que par le sémaphore, situé, avec ses ailes télégraphiques, sur une autre montagne à côté. [Ce monument] me rappelle au sentiment des convenances, et surtout à cette pensée que nous ne sommes pas ici pour nous amuser. Là aussi, on se réunit et on y discute peut-être de choses graves.

Quand on est si loin de la France, on doute des choses les plus sérieuses, et puis, les galops de l'orchestre du bal sont si irrésistibles, que moi, je m'en vais souffler ma bougie et m'endormir. Et *a good night !*

C'est aujourd'hui le 17 novembre. Il y a un mois seulement que nous avons quitté l'île des Pins... Un mois ? et déjà Nouméa a manqué trois fois d'eau depuis notre arrivée.

Pauvre ville, qui ne vis que d'une vie factice et des grosses dépenses que fait pour toi la Métropole, malgré ton clinquant, malgré tes apparences de trafics commerciaux, que tu es vide et pauvre ; et cependant, telle que tu es, tu restes encore curieuse à étudier avec tes mesquineries et ton *high life* sans couleur et sans goût... Ici, l'employé n'est rien, et quelle que soit son intelligence, le maître a pour lui la plus profonde indifférence, pour ne pas dire mépris. Ces commerçants qui échangent entre eux dix fois de suite les mêmes marchandises, qui se payent avec des bons de caisse, ne connaissent qu'une chose : avoir une boutique, trafiquer ! Hors le bazar, point de salut ; je dis bazar, car personne n'a de spécialité : on vend des poêles, des fourneaux, du sucre, de la cassonade, des cuirs, des bois... On détaille des cigares et des petits verres sur la même table où se font les opérations de gros.

On monte des affaires qui créent des crédits provisoires derrière lesquels s'abritent les habiles; puis on liquide, mais on a vécu quinze jours, un mois. Il y a aussi des assemblées pour l'exploitation des mines... meetings de soi-disant mineurs, prospecteurs, etc.... et on ne voit jamais les produits des susdites. Mais là n'est pas le côté le plus curieux... pittoresque... de la ville de Nouméa. Ce qui fait la spécialité, bizarre au point de vue physiologique, de la cité calédonienne, c'est le soin avec lequel les maris et les amants cachent leurs femmes et leurs maîtresses. Il semble que la ville anémique, sentant qu'elle ne peut pas nourrir ses enfants, ne veut pas qu'il en naisse. On aime à Nouméa comme dans d'autres villes se commettent les crimes contre nature, en s'enveloppant de mystère, et c'est à qui reniera le plus ses aspirations et ses désirs. Les jeunes filles paraissent avoir le plus profond mépris pour les hommes, et c'est presque avec dédain qu'elles daignent lever les yeux sur les soupirants. Elles sacrifient aux apparences les plus nobles élans du cœur... et leurs yeux éraillés, et leurs jambes cotonneuses, prouvent aux lendemains qu'elles ne sont pas cependant absolument dépourvues de passion; mais elles doivent rester solitaires. Certaines d'entre elles osent parfois enjamber la rue et les dix-sept marches de quelque escalier perdu; mais que de précautions, que de craintes, et combien c'est payer cher un plaisir émoussé et presque usé par des habitudes qui avilissent et qui, en voulant montrer de la moralité, ne cachent que la plus honteuse immoralité.

Il n'y a pas de gaieté naturelle, la partie non posée de la population passe des rires bruyants, fruits de l'alcoolisation, à la taciturnité maladive qui suit les excès souvent répétés. La foule boit parce qu'elle a soif, sous ce ciel torride, elle boit aussi parce qu'elle s'ennuie, elle boit parce que la femme, l'ange du foyer, manque ou qu'elle n'est aussi qu'une mégère horrible vomie par quelque navire sur ce sol désolé, pour la rendre plus désagréable encore. Les quelques femmes charmantes, les belles *misses*, qui habitent cette détestable cité, m'excuseront de cette réelle appréciation qui les aura encore plus frappées que moi, bien certainement; la femme du monde, la femme bien élevée étant la plus délicate des sensitives qui ressent, là où l'homme, même le mieux doué, reste encore complètement insensible. On ne se voit pas, il n'y a pas de fréquentation, à peine même entre déportés; tout le monde semble se méfier de son voisin. Il y a des libérés qui sont traités comme des pestiférés. Les déportés font prime, et cependant, pour beaucoup encore, ce sont des galeux. Qui êtes-vous donc, messieurs les coloniaux? Que veulent donc dire cette outrecuidance et cette suspicion souvent plus que blessantes? Lisez, étudiez et vous finirez par reconnaître que plus les hommes sont honnêtes, plus leur passé fait peur; mais plus ils sont défiants et plus ils sont courtois. Ceci soit dit, sans avoir l'espoir de vous corriger, ni même de vous amender.

La *Rance* part demain, j'écris à mon père quoique je n'aie pas reçu de lettre de lui depuis mon départ de Brest. Je m'ennuie et dussé-je passer pour un lâche, je déclare que je trouve notre agonie un peu longue.

Combien de fois n'ai-je pas regretté de n'être pas mort les armes à la main? Si je pouvais avoir la prétention de croire que je serais lu, je dirais aux révolutionnaires de l'avenir, aux jeunes hommes d'alors, qui auront des idées généreuses et qui se révolteront en voyant l'hypocrisie et le manège des tyrans : «le jour où vous craindrez une épée; le jour où vous descendrez dans la rue, ne remontez jamais dans votre chambre si vous êtes vaincus!» Les hommes de l'*ordre* sont impitoyables et ils découvriront quelque chose de nouveau et de pire que de faire mourir des pères de famille à 7000 lieues de leurs foyers. Je souffrais sans doute beaucoup à l'île des Pins, mais ce n'était pas la même chose; nous nous trouvons ici dans la position d'un homme dont la cellule a été ouverte, qu'on laisse sortir jusque chez le concierge où une formalité le retient; il va dans la rue, il voit passer ses amis, il ne peut pas leur parler ni recevoir sa famille : il n'est plus prisonnier et il l'est plus! Il sait mieux la distance qui le sépare du monde. Dans sa cellule, il pensait la liberté, là, il la sent. C'est le supplice de Tantale appliqué aux choses du cœur.

J'étais à peine adolescent que j'avais rêvé la vie à deux, marchant la main dans la main et trouvant la vie sans dénier donner un coup d'œil aux faiblesses des hommes; à peine risquerait-on, de temps en temps, un œil sur leurs misères pour les obliger et augmenter ainsi le prix du bienfait, en lui donnant comme trait d'union la main de celle qu'on aime. Un jour, mon rêve fut brisé brutalement sans réplique, un de ces coups qui flétrissent le cœur. J'étais jeune après m'être plaint, mais gêné je cherchais à droite ce que j'avais cru trouver à gauche; une autre main se tendit vers la mienne, le bonheur allait peut-être renaître, mon soleil allait se relever et je voyais déjà une clarté sur mon horizon. Malheureusement, ce ne fut pas l'astre chaud et vivifiant qui se montra, ce fut moins qu'un clair de lune : j'étais lié à un être qui avait une tête de démon et de qui les affections n'étaient pas pour ceux de mon espèce. N'ayant pu avoir le paradis, je me serais contenté du purgatoire. J'eus l'enfer et une fille qui vint au monde contre toutes les probabilités, et grâce à une ruse. Aimer la femme, aimer l'amour, aimer les enfants et en être là! Mes sentiments, mon tempérament, mes souffrances aussi peut-être, m'avaient porté vers les idées généreuses, libérales; ne pouvant être heureux, j'aurais voulu que les autres le soient; j'aimais, à défaut d'une compagne, que je n'avais pu trouver, cette grande déesse que l'on nomme «liberté» et que tant de gens cajolent et caressent pour la lier, l'enchaîner, la bâillonner.

Depuis longtemps aussi, j'aimais sa mère, la République. Je vins à Paris, je fus de la Révolution du 4 septembre, je fus de la ligue antimonarchique, je haïssais les prêtres, causes de toutes les révolutions, les prêtres qui ont déformé la morale et lui ont mis une camisole de force, ont faussé ses formes, et en ont fait une folle hystérique ayant des raisonnements anti naturels. Un jour, je les vis revenir ténébreusement au pouvoir, s'avançant lâchement dans l'ombre, armés de bâillons, de lacets, de rets; je pris l'arme que m'avait confiée la République et je fis feu sur cette masse noire que je distinguais confusément dans les ténèbres! Je fus vaincu. Alors, implacables, ils m'ont pris, m'ont jeté dans leurs prisons, dans leurs forteresses. Ils m'y ont laissé un an cinq mois dix-huit jours, me traînant, de leurs ~~salles de police~~ violons où je n'avais jamais mis les pieds, jusqu'à la préfecture de police; de là à l'Orangerie où l'on nous jetait notre nourriture comme aux fauves du Jardin des plantes, puis à Satory, puis dans les forts. Un jour enfin, à Sèvres, où un lieutenant-colonel de cuirassiers, M. de Mouray, m'interrogea et, sans un seul témoin, sans un fait grave, rien que pour ce que j'avais écrit une lettre où je parlais mal de l'armée impériale, me condamna à la déportation. Je devins un numéro, une chose qui eut à subir mille humiliations, des chaînes, des maillons, la voiture cellulaire, le fort Boyard, la prison de Saint-Martin-de-Ré; et un beau jour on nous embarqua, épuisés, anéantis. Le 1ᵉʳ janvier, à l'heure où nos familles rassemblées pensaient à notre avenir, à notre sort, on nous jetait sur une frégate qui nous transportait vers la Nouvelle-Calédonie où nous arrivâmes après quatre mois et douze jours de traversée, dans ce pays maudit qui ne sera jamais qu'un bagne ; j'ai dit ce que nous avons souffert. Aujourd'hui, ma santé est délabrée, je sens que je deviens vieux, morose, et qui pis est, méchant. Je comprends l'implacabilité, et moi qui avais toujours voulu qu'on procédât par la persuasion, je comprends la haine. La souffrance est mauvaise conseillère ; c'est pourquoi j'écrivais plus haut : vous tous qui aimez la Liberté, si vous armez votre bras pour la défendre, mourez si vous êtes vaincus ! Redoutez les peines mixtes qui développent les colères sourdes et font rêver représailles. Après tout, une heure de bonheur, trois doux mots, murmurés tendrement, expurgeront peut-être cette surabondance de fiel, et rendront-ils le calme et la paix à mon esprit. Qu'il en soit ainsi, je le désire, c'est mon vœu le plus ardent, mais je n'en reste pas moins convaincu que le fouet est un mauvais moyen de correction et que la clémence, après la lutte, est le meilleur moyen de désarmer ses ennemis ou tout au moins de les mettre dans leur tort... Une mauvaise morale de convention a creusé un fossé presque infranchissable entre les sexes différents. Il est défendu, non seulement de se parler, mais même de se regarder, sans être déshonoré, vilipendé.

Ce sont l'influence des prêtres et le manque de femmes qui ont dû créer cette situation fausse et anormale. Il y a peu de femmes ; il a été convenu de la part des hommes qu'on les mépriserait et qu'on s'en passerait ; la femme, par contrecoup, se sentant un besoin, une nécessité, s'est repliée sur elle-même, bien décidée à n'accepter que les offres de quelque gros bonnet vaincu par la passion et amené à résipiscence par la nature révoltée.

Il est probable qu'un jour les choses changeront ; car, par une étrange bizarrerie de la nature, presque tous les enfants, depuis quatorze ans, jusqu'à l'âge le plus tendre, se trouvent être des filles... ce qui fait qu'à un moment donné, dans cinq ans, dans dix peut-être, la ville aux apparences si chastes, sera devenue quelque bourgade licencieuse, si toutefois il existe encore quelques débris des baraques en planches qui nous abritent.

Pour me désennuyer de cette vie monotone, triste, je travaille toujours au projet de théâtre ; l'affaire prend tournure, la souscription a été bonne ; M. Aubertin, le propriétaire du terrain, a signé hier un bail avec le déporté chargé de la direction du théâtre et de la troupe... et le marché avec l'entrepreneur (un autre déporté) [a été] signé. Cette fois cela me paraît une affaire faite.

Pour cette fois, nous manquons complètement d'eau. J'ai été obligé de me servir de mon urine pour me faire la barbe. Nous sommes de plus dévorés par les moustiques : mes moyens ne m'ayant pas encore permis de me payer une moustiquaire. Je me réveille le matin avec le corps tout boursouflé d'ampoules provenant des piqûres de ces désagréables bêtes. Il y a aussi des millions de puces, il paraît que c'est la saison; on peut à peine poser les pieds à terre que ces petites bêtes grimpent après et s'y attachent avec une persistance qui dénote un bon appétit, sur lequel la température excessivement chaude n'a pas de prise.

Pour compléter mes distractions, j'ai pu obtenir une autorisation spéciale d'aller visiter mes camarades à la presqu'île Ducos. J'espère pouvoir y serrer la main à beaucoup de camarades. Déjà hier, samedi 21, j'ai vu madame Arnold qui nous a donné quelques nouvelles, mais je serais heureux de voir de près leur organisation.

L'Illustration n°1516, mars 1872 — La presqu'île Ducos

Une permission est une chose difficile à obtenir, mais trouver des rameurs et une embarcation est chose plus difficile encore. Aussi, à 10 heures du matin, cherchions-nous encore les deux Kanaks qui, malgré le repos dominical ont bien voulu nous conduire à la station de la presqu'île. Malheureusement, ils ne connaissaient pas le chemin, et comme Jules G... qui m'accompagne, ne se le rappelle plus, nous marchons droit sur un récif que j'aperçois juste à temps pour lui échapper, d'un vigoureux coup de barre. Enfin, nous débarquons, et après les formalités remplies et notre permission visée, nous nous dirigeons vers le petit coin affecté à la déportation.

Je suis très bien et très chaleureusement accueilli par les amis de Boyard, MM. Paschal Grousset, Assi[49], Bauër[50], etc. ; je retrouve aussi là mon camarade de Satory, Olivier Pain, et... mon professeur de la traversée, M. Leprince[51]... enfin toute une pléiade de connaissances qui m'ont fait trouver bien courtes les quelques heures que j'ai eu à passer au milieu d'eux.

Le camp de la déportation à l'enceinte fortifiée m'a paru beaucoup mieux organisé que ce que nous avions à l'île des Pins, mais leur sort n'est pas meilleur que le nôtre ; puis ils ont le désagrément d'avoir un espace très restreint pour se mouvoir et de n'avoir pas à visiter toutes les curiosités que nous avions dans le lieu de notre déportation. Ils ne sont pas non plus en communication avec les naturels et ils n'ont jamais rien vu de la Calédonie que le coin de terre incultivable sur lequel on les a parqués.

À 5 heures, il faut repartir ; en rentrant, je trouve la jeune Déga chantant sur un rythme bizarre une légende kanaque. J'aurais oublié la chanson de la fille de Chépénéhé – Déga est née aux Loyalty – si le hasard n'avait pas fait que le lendemain elle en reprenne le refrain en présence de M. Sohn, qui habita longtemps la capitale de Lifou et

---

49 * Assi Adolphe, Alphonse : matricule 35. Ouvrier mécanicien, après avoir servi dans l'armée française, déserté et s'être engagé dans les troupes garibaldiennes. Un parcours difficile de révolutionnaire qui le mena jusqu'à siéger au Comité central de la Commune, pour finir condamné à la déportation en enceinte fortifiée, à tout juste 32 ans. Il est arrivé à Ducos par le 1ᵉʳ voyage, effectué par la *Danaë*. Il restera en Nouvelle-Calédonie après sa libération et décédera à l'hôpital militaire de Nouméa, en février 1886.

50 * Bauër Henry, François, Adolphe : matricule 45. C'était un jeune homme de 22 ans, étudiant en médecine, plus intéressé par l'effervescence politique de l'époque que par ses études. Son poste de responsable militaire à l'état-major de la Commune et sa participation active sur les barricades, lui valurent d'être condamné à la déportation en enceinte fortifiée. Il arriva à la presqu'île Ducos à bord de la *Danaë*, en même temps qu'Assi.
On lui doit plusieurs ouvrages remarquables qui mettent en évidence une plume talentueuse, digne du père qui ne l'avait pas reconnu, Alexandre Dumas fils. Il a fait le récit de sa déportation dans *Mémoires d'un jeune homme*, paru en 1895 à Paris.

51 * Leprince Étienne, Eugène : matricule 518. Ce célibataire de 48 ans était employé aux écritures. Condamné à la déportation en enceinte fortifiée, il fut, pendant sa période calédonienne, noté pour « ses idées révolutionnaires » (Pérennès).

qui connaissait cette ballade pour l'avoir entendu chanter au vieux chef Kalemou [Kahlemu]. Je le prie de m'en donner une traduction, à laquelle je regrette de ne pouvoir joindre la musique[52]. Cette étrange mélodie, accompagnée des gestes primitifs de cette fille Lifou, frappe vivement, même alors qu'on n'en comprend pas les paroles ; mais elle m'a causé la plus profonde émotion aussitôt que j'ai pu suivre la pensée, saisir les expressions, tout en écoutant la cadence et en admirant la mimique qui accompagne cette sombre histoire d'un --- vaincu par l'eau-de-feu. On m'a donné comme titre *la légende de Chépénéhé* ! C'est plutôt, à mon avis, une sorte de ballade sur une musique triste et plaintive, et qui sait, peut-être avec une césure et des rimes. Chépénéhé est le poste français et le principal port de l'île Lifou (une des Loyalty).

Un nouveau transport de condamnés vient d'arriver ; l'*Officiel Calédonien* publie à ce sujet l'entrefilet suivant :

« La frégate à voiles la *Virginie* a mouillé dans notre port le 8 décembre, à 1 heure 30 minutes du soir. Rochefort est à bord et en bonne santé ; je ferai mon possible pour aller le voir à la presqu'île.

Ce transport est parti de Brest le 5 août pour se rendre à l'île d'Aix, d'où il repartait le 10, et après une relâche de deux jours à Las Palmas (Grande Canarie), arrivait à Sainte-Catherine (Brésil) quarante-six jours après son départ de France. Douze jours plus tard, la *Virginie* faisait route pour Nouméa, où elle touchait après soixante jours de mer ; ce qui porte la durée totale de sa traversée de France en Nouvelle-Calédonie, y compris celle de ses deux relâches, à cent vingt jours.

Ce navire apporte en Nouvelle-Calédonie le septième convoi de condamnés à la déportation, au nombre de cent soixante-neuf, dont vingt-neuf hommes et huit femmes destinés à la presqu'île Ducos (enceinte fortifiée) et cent vingt hommes et douze femmes condamnés à la déportation simple.

---

52 Voir en appendice, la *Légende de Chépénéhé*. * En réalité ce texte est paru dans *Le Moniteur de la Nouvelle-Calédonie* du 23 octobre 1870, sous la signature A. L, Alfred Laborde, rédacteur en chef, avec cette mention : « Nous devons, à l'obligeance d'un des plus anciens colons de la Nouvelle-Calédonie, la légende dont nous ne sommes ici que le traducteur. Il la tenait lui-même des indigènes de Chépénéhé avec lesquels il a eu de longues relations. »

L'effectif des déportés débarqués dans la colonie est ainsi porté au chiffre de trois mille trois cent quarante-trois, qui se décompose comme suit : sept cent soixante-six condamnés à la déportation dans une enceinte fortifiée et deux mille cinq cent soixante-dix-sept condamnés à la déportation simple. Sur ce dernier chiffre, environ trois cents condamnés ont été autorisés à quitter l'île des Pins et résident actuellement sur la Grande Terre. »

L'*Officiel* de Nouméa a oublié de dire que beaucoup de déportés ont été obligés de se faire rapatrier à l'île des Pins, parce qu'ils ne trouvent pas à utiliser leurs bras dans la capitale de la Nouvelle-Calédonie.

Chaque navire apporte, en plus, des colons qui viennent chercher la fortune, qui nous apportent de la concurrence, font baisser les prix de la main-d'œuvre, et comme la Calédonie ne produit aucune des choses nécessaires à la vie, font augmenter les dépenses. Où cette organisation administrative de colonisation va-t-elle bien pouvoir nous conduire ? On nous annonce comme très prochaine l'arrivée d'un nombre considérable de femmes et de demoiselles à marier.

Le journal ne dit pas non plus un mot de l'arrivée de Rochefort, il est cependant maintenant à la presqu'île Ducos, et même un de nos co-déportés, Henri Coutouly, qui, aujourd'hui (12), revient du camp de la déportation à l'enceinte fortifiée, nous annonce qu'il a déjà été mis en prison sous le prétexte que le jour de son arrivée, qui se trouvait un jour d'appel, il ne s'était pas présenté dans la section dont il faisait partie. On veut l'exaspérer pour avoir l'occasion de sévir. Ah ! les braves gens que les versaillais et leurs agents ! Rochefort est sorti de prison, vingt-quatre heures après ; il a cédé la place à Grousset...

Paschal Grousset, ayant voulu intervenir en faveur de son camarade, ira le rejoindre demain. Ces punitions de fantaisie seront, croit-on, de courte durée.

J'espère pouvoir aller de nouveau à la presqu'île dimanche prochain pour pouvoir serrer la main de mon camarade de cellule de Saint-Martin-de-Ré. Assi vient, du reste, de m'écrire à ce sujet ; il désirerait aussi trouver quelque peu de travail à faire pour les colons de Nouméa. Malheureusement, je ne vois rien et je crois que mes efforts pour lui en procurer seront des efforts stériles.

J'ai fait entrer deux déportés chez M. Sohn, ils commencent leur journée sous une pluie battante, terminée par une foule d'orages qui se succèdent sur nos têtes, avec des détonations effrayantes et dont nos pays peu accidentés d'Europe ne peuvent donner aucune idée.

Pendant un orage épouvantable qui a duré presque toute la journée, deux forçats ont été atteints par la foudre à l'île Nou. Ces misérables ne sont cependant pas déjà bien heureux avec la société, et il n'est pas nécessaire que les éléments s'en mêlent. Je m'apitoie sur le sort de ces hommes sans en avoir le droit, car il est certain que, dans l'esprit de M. le gouverneur Gaultier de la Richerie, nous sommes placés au-dessous de cette catégorie de condamnés. Je reconnais qu'il y a là quelques centaines de malheureux frappés par les conseils de guerre pour les affaires de 1871, qui nous valent bien, s'ils ne valent pas plus ; mais être placés au-dessous de l'empoisonneur de Marseille, Jouye, et des condamnés pour assassinats suivis de viol ou pour viols suivis d'assassinat, c'est humiliant.

M. Gerdolle, directeur des domaines, receveur de l'enregistrement et du timbre, avait demandé un déporté pour travailler dans ses bureaux. Il eût été probablement très heureux d'arracher quelque jeune homme instruit à ce milieu, épouvantable pour les jeunes gens, qui se nomme le *camp de la déportation de l'île des Pins*.

M. de la Richerie a répondu : «Un forçat peut-être ! des libérés autant que vous en voudrez, mais un déporté… jamais !»

Je crois bon de reproduire ici une lettre officielle confirmant que Son Excellence le gouverneur Gaultier de la Richerie met les forçats, condamnés pour crime de droit commun, bien au-dessus des déportés.

Nouméa, le 28 mars 1873[53]
Nouvelle-Calédonie et Dépendances
Monsieur le Commandant,
Secrétariat colonial, 2ᵉ Bureau
N° 4
Registre Confidentiel

M. le Gouverneur me charge de vous informer qu'il ne peut être donné suite à votre réclamation au sujet des vivres avariés qui vous ont été envoyés. Ces vivres proviennent du magasin des subsistances du pénitencier pénal de l'île Nou, mais ils n'ont été condamnés par aucune commission, *le Gouverneur ayant décidé, dès l'arrivée des premiers détenus politiques, qu'il ne serait plus condamné de vivres pour*

---

53 * Dans l'édition de 1875, cette lettre est précédée d'un préambule et elle apparaît sous le n° 1, dans le chapitre « Pièces diverses » en fin d'ouvrage. Par contre, la date de 1873 n'est pas précisée de cette manière, la colonne des unités étant laissée vierge. Ce préambule est reproduit dans notre édition consacrée à la version intégrale de ce texte.

cause d'avarie et qu'ils seraient consommés tels quels par les nouveaux arrivants ; suivant en cela les instructions réitérées du DÉPARTEMENT *prescrivant la plus sévère économie.*

D'autre part, le Gouverneur voit avec déplaisir que vous témoignez de l'intérêt à des *criminels* aussi DANGEREUX et qui en sont absolument indignes, car, PLUS COUPABLES que ceux qui expient dans cette colonie des crimes contre la société, les déportés politiques sont en rébellion permanente et contre la société et contre le pays.

Recevez, etc.

Pour le secrétaire colonial empêché,
Le chef du 2ᵉ bureau,
Signé : A. L. BOUCHER[54].
À M. le Commandant de la presqu'île Ducos.

Cet ostracisme n'empêche pas que le service des Ponts et Chaussées ne m'ait déjà fait faire deux ou trois fois des propositions pour entrer dans ses bureaux. Ce matin j'ai déjeuné chez le chevalier de Bompard, un des conducteurs attachés à ce service pour la ville de Nouméa.

Après m'avoir présenté à sa nièce, une charmante Parisienne arrivée par le *Fénelon*, et à son ami M. de Trémerreuc[55] [Trémeleuc],

---

54 Ce M. Boucher est devenu plus tard gouverneur de la Nouvelle-Calédonie.
   * C'est Adolphe LE BOUCHER (1837-1896) qui, présent en Nouvelle-Calédonie depuis 1863, fut renvoyé en France suite à l'évasion de Rochefort. Mais il y revint en effet en mai 1884 pour y exercer la fonction de directeur de l'Intérieur. Cependant il fut nommé gouverneur quelques jours après son arrivée, pour assurer une difficile succession au gouverneur Pallu de la Barrière. Il fut le premier gouverneur civil de la colonie qu'il quitta en mai 1886. Voir Dauphiné 2004-a, pp. 212-213.

55 Il a perdu son emploi à la suite de notre évasion.
   * « Nul ne songeait à poursuivre le chef de la police rurale, un certain de Trémerreuc, mais ce personnage, au demeurant peu reluisant [selon une confidence du gouverneur de la Richerie qui l'aurait traité d'ivrogne et d'escroc], s'est répandu le 27 août 1874 en propos injurieux sur le compte du président Lasserre [juge-président du tribunal supérieur de Nouméa, chargé par l'amiral Ribourt de l'enquête, suite à l'évasion de Rochefort et de ses compagnons], dans un café de Nouméa fréquenté par une clientèle anglo-saxonne. Dénoncé par Laborde, le directeur de l'Imprimerie et par le commissaire central Buisson, il est révoqué le 2 septembre. Préférant lui aussi [comme le secrétaire colonial Léon Gauharou] demeurer en Nouvelle-Calédonie, il s'y installe comme colon. Il périt à Poya en septembre 1878, victime de Kanaks révoltés. » J. Dauphiné 2004a, p. 213.

capitaine des gardes indigènes, il m'assure à nouveau que je n'ai qu'à me présenter pour être admis avec trois cents francs d'appointements par mois et la ration de vivres. Comme je gagne autant, que j'ai le logement et en plus quelques travaux d'architecture dont je partage les produits avec M. Sohn, je réfléchirai.

Des camarades qui reviennent de l'île des Pins m'apportent une des productions les plus bizarres des bois de notre camp : c'est la feuille-insecte. Il faudrait être un savant pour expliquer cette transformation mystérieuse qui fait que les fibres d'une feuille deviennent les vaisseaux, les ligaments d'un animal. Je me contente d'inscrire le fait, laissant à d'autres l'analyse et la synthèse de ce phénomène qui a déjà été étudié, disséqué, détaillé et reconstruit par les médecins de l'infirmerie.

On colle les premières affiches des représentations, j'en joins une à ma notice. C'est une date et un souvenir de ma construction d'un théâtre à Nouméa.

La *Virginie* est toujours là avec ses pauvres déportés simples que l'on fait souffrir un peu plus longtemps que les autres.

Le 17 décembre, la *Garonne* vient se ranger à côté de la *Virginie* ; c'est un convoi de forçats qu'elle apporte.

La chaleur devient insupportable et elle est encore de beaucoup augmentée par la position de la ville, située au fond d'un entonnoir, chauffée par un soleil à pic et aussi par les toits en zinc des baraques en bois qui renvoient un nombre considérable de calories dans les rues… et ces façades blanches qui nous renvoient les rayons solaires dans les yeux.

Malgré cette température accablante, je pars pour le Pont des Français, une course de dix-sept kilomètres sous un soleil torride, à cheval sur un de ces coursiers australiens si durs à monter. J'avoue que ce n'est pas sans inquiétude que j'enfourche ce quadrupède peu civilisé, *funbroken* disent les Anglais, surtout après mes aventures avec un des camarades d'icelui qui m'a envoyé rouler sur la route, à la grande satisfaction de mon patron qui n'avait trouvé rien de plus drôle que de me fourrer entre les mains cette bête irascible que personne n'ait pu dompter juste cinq mois après qu'elle n'avait fait aucun travail, ni été touchée par personne. C'est une des petites farces coloniales qui ne tirent pas à conséquence, j'en ai été quitte pour tomber du haut de ce cheval, plus haut que ceux du C---, et il a été assez bienveillant pour ne pas me porter une de ses pattes dans la poitrine, ce qui est le premier degré de la bonne conduite de ses pareils…

C'est, malgré tout, une promenade charmante. On traverse des marais couverts par des millions de palétuviers n'en formant qu'un seul, on longe des touffes de bois qui sont, pendant cette saison, couverts de leurs fruits, et on arrive enfin à une petite baraque soigneusement entretenue, abritée sous des citronniers et des orangers, et dont les murailles et la toiture sont couvertes de lianes, de plantes grimpantes, barbadines, etc., etc. Cette maison est un café restaurant où l'on est servi par des jeunes filles kanaques, enlevées dernièrement du milieu de la brousse et qui font déjà les coquettes avec leurs pendants d'oreilles en or et leur long manou rouge, bleu ou vert. Les filles noires de la Grande Terre, comme celles de l'île des Pins, sont très intelligentes. Elles sont, du reste, enchantées d'aller chercher leurs camarades au milieu de la vie sauvage et de les amener parmi les blancs…

Pour excuser cette bonne farce, hâtons-nous de dire que j'allais visiter les terrains de mon patron, sur lesquels il espère faire édifier une maison de campagne en planches. Ces fantaisies lui prennent surtout le soir, après l'heure du b-- et les dimanches. Cet honorable industriel juif et allemand, quoique franc-maçon - ne me donne pas un centime de plus - qu'à mes prédécesseurs dont aucun n'est resté chez lui plus de quinze jours, et cependant il m'a fait dresser les plans d'un théâtre qui lui ont fait faire une vente de plus de 6000 francs de bois. --- --- chalets, un commencement d'album, etc., etc. Malgré que cela ne me rapporte pas un centime, il me fait rattraper le soir les --- qu'aurait pu me prendre la surveillance des travaux de la salle de spectacle.

Pour comble de bonheur, le directeur, sur la bienveillance duquel je croyais pouvoir compter, et qui m'avait fait pressentir quelques bonnes heures, paraît se relâcher absolument, maintenant que les travaux touchent à leur fin; et il est probable que je serai un des disgraciés qui ne verront pas la salle à son ouverture, à moins que je ne m'impose. J'avais compté sur sa promesse et nous devions aller voir Rochefort à la presqu'île, il est parti subrepticement sans me prévenir, il m'avait promis pour un autre jour et il n'est pas venu. Décidément, je n'ai pas de chance; beaucoup de compliments, sur ma manière de dessiner, sur mes projets, puis c'est tout, rien au râtelier. Enfin! je ne suis pas assez *faiseur*, pour les colonies. Je commence aujourd'hui un nouveau projet de cinq

chalets, serai-je plus heureux? J'en doute; depuis deux mois,
j'ai fait plus de projets qu'il n'en eût fallu pour me faire
deux ans en France. J'ai touché 40 francs en dehors de mes
appointements réguliers?...

En rentrant, nous lisons les premières affiches annonçant l'ouverture du théâtre.

Toute la troupe[56], dont le tableau est en tête du programme du spectacle, est exclusivement composée de déportés, de déportées et de femmes de déportés.

---

56 * Les acteurs de la troupe :

— GUÉNOT, Jean-Baptiste, dit Jules, matricule 1784, né le 2 juin 1845, célibataire, clerc d'huissier. Bien noté, rapatrié en 1877 (*Navarin*).

— JOLY, Charles, Édouard, matricule 506, né le 6 novembre 1848, célibataire, fumiste. Condamné quatre fois avant 1870 (vols, rébellion) et emprisonné (trente-trois mois au total). Il participa à la Commune et fut condamné à la déportation simple. Amnistié, il rentra par la *Loire*. Il n'est jamais question d'une madame Joly qui pourtant est une actrice importante, ce 25 décembre 1873. Il n'est donc pas certain que ce soit le «bon Joly».

— GERMAIN, Édouard, matricule 122, né au Portel (Pas-de-Calais), célibataire, ouvrier sellier. Sort inconnu. Ou Germain, Amédée Antoine, matricule 895, né le 24 novembre 1826 à Jouy-en-Josas (Seine-et-Oise); mineur-carrier. Il rentra par *la Vire*.

— DEUZÉ, Gustave, matricule 1780, né le 6 novembre 1843, à Hermonville (Marne), piqueur de bottines. Arrivé en même temps que Ballière. Condamné trois fois avant 1870 (escroqueries). Autorisé à venir à Nouméa, puis renvoyé à l'île des Pins pour mauvaise conduite. Sort inconnu.

— LARROQUE, Honoré, Joséphin, Amable, Gustave, matricule 879, né le 7 avril 1838 à Paris, marié, père de 2 (3?) enfants, doreur de porcelaine. Renvoyé, lui aussi, de Nouméa, à l'île des Pins. Sa femme qui est également actrice, venue le rejoindre, «eut une très mauvaise conduite à Nouméa» (Pérennès). Il fut rapatrié en 1879 par *le Calvados*.

— VILLEVAL, Joseph, Charles, Albin, matricule 1619, arrivé en même temps que Ballière, né en Belgique, le 9 mars 1949, célibataire, ouvrier bijoutier. Il a travaillé à l'imprimerie civile de Nouméa. Parti en Nouvelle-Zélande en 1879, il fit paraître *Le Néo-Zélandais*. Il partit ensuite à Sydney.

— DUHAMEL : 2 condamnés possibles. Émile Amédée, matr. 449, né le 23 juin 1843 à Amiens (Somme), employé au chemin de fer d'Orléans. Amnistié en 1878. Ou Duhamel, Pierre, Adolphe, Isaac, matr. 1361, né le 24 avril 1805 à Beaugency (Loiret), marié, sans enfant; mécanicien, mort le 20 mars 1875 à Nouméa.

— GRUAY, Simon, matricule 6, né le 25 juin 1842 à Montbrison (Loire), arrivé par le 1er convoi (Danaë), célibataire, enfant de troupe, employé de commerce. Rapatrié par *le Navarin*.

La troupe s'est même depuis complétée par des artistes que l'on a fait venir de l'île des Pins, parmi lesquels il faut citer Gauthier[57] et Okolowicz[58], qui ont eu plus tard tous les succès et toutes les ovations.

Les machinistes, les constructeurs et les ouvriers de toute sorte étaient, du reste, aussi des déportés. Un seul des noms de l'affiche n'appartient pas à la déportation : c'est celui de l'associé de l'entrepreneur Galté[59], M. Camalet, qui est un ancien soldat laissé en Nouvelle-Calédonie par le procédé que j'ai précédemment indiqué.

Ce théâtre, qui pourra contenir environ cinq cents personnes, est précédé vers l'entrée de deux logements pour le directeur et le régisseur. Le contrôle est dans un tambour placé entre ces deux logements. La salle, disposée sur un plan très incliné, a été divisée en deux parties dans le sens de sa longueur. Les voies de communication sont contre la paroi de chaque côté. Près de la scène sont quatre loges de six places chacune. Ces loges ont des rideaux et sont tendues avec des indiennes à grands ramages rouges et bleus; les fauteuils sont rembourrés avec de l'étoupe de noix de coco; les premières sont également rembourrées et diffèrent des fauteuils par les appuis-bras qui sont en fer et non garnis; les secondes sont en planches de sapin.

Les plafonds sont en calicot blanc orné de franges rouges. Le rideau représente une vue générale de la ville. Des portes sont ménagées dans la cloison extérieure pour que le public puisse rapidement s'enfuir en cas d'incendie.

---

57 * Quatre déportés portent ce nom ainsi orthographié. Le plus plausible est GAUTHIER, Wilfrid Léon, matricule 1348, né le 9 octobre 1843 au Havre (Seine-Inférieure), marié, père de deux enfants, employé de commerce. Arrivé par le *Var* (4e convoi). Renvoyé à l'île des Pins pour inconduite, en mai 1875, il fut mieux noté par la suite. Sort inconnu.

58 * OKOLOWICZ, Ferdinand, matricule 2050, né le 26 juillet 1852 à Vierzon (Cher), célibataire, tapissier, arrivé par le *Calvados* (6e convoi). Renvoyé à l'île des Pins pour dettes en 1875, il était de retour à Nouméa en 1878, employé chez un avocat. Rapatrié par le *Seudre*.

59 * GALTÉ, Auguste Guillaume, matricule 216, né en 1828 à Dijon (Côte d'Or), marié, père de quatre enfants, menuisier. Déporté simple, il est décédé le 2 mars 1878 à Nouméa.

Timbre à 65 centimes, n° 2133.
Nouméa, le 15 décembre 1873.
Le Receveur de l'Enregistrement.
Signé : GUIRMIER.

DIRECTION DE M. JULES GUÉNOT

AVEC L'AUTORISATION DE L'ADMINISTRATION

OUVERTURE LE 25 DÉCEMBRE 1873

Drames, Comédies, Vaudevilles et Opérettes

TABLEAU DE LA TROUPE

MM. Jules GUÉNOT, directeur, chargé de la mise en scène.

F. O. CAILLIAC, chef d'orchestre.

MM. Ch. JOLY, régisseur général parlant au public.

Ed. GERMAIN, souffleur-bibliothécaire.

MM Jules GUÉNOT, grand premier rôle, jeune premier rôle.

Gustave DEUZÉ, premier rôle et des jeunes premiers.

Ch. JOLY, second rôle, grand troisième rôle, comique, grime et père noble.

VILLEVAL, jeune premier comique en tous genres, amoureux comique.

DUHAMEL, second comique, comique de genre.

MM. GRUAY, second et troisième rôles, père noble.

Ed. GERMAIN, } grande utilité, rôles de
Gust. LARROQUE, } convenances.

MM. Émilie LARROQUE, grand premier rôle, jeune première.

JOLY, première amoureuse, soubrette Déjazet.

NINON, deuxième amoureuse, ingénuité.

Miss ***, cantatrice-soprano.

Plans de M. A. BALLIÈRE. — Construction de MM. GALTÉ et CAMALET.

PREMIÈRE REPRÉSENTATION

LA DAME AUX JAMBES D'AZUR

Pochade en 1 acte du Palais-Royal

DISTRIBUTION :

Papagallo, prés. du Cons. des Dix	MM. J. GUÉNOT	Alphonse d'Este, duc de Ferrare	MM. GERMAIN.
Un caporal	Ch. JOLY.	Un machiniste	LARROQUE.
Le doge de Venise	GRUAY.	La Catharina, fille du doge	MM. JOLY.
Bengalo-Bengalini	DUHAMEL.	Mme Chachignard	NINON.

UNE VISITE DE NOCES

Comédie en 1 acte du théâtre du Gymnase

DISTRIBUTION :

Gaston de Cygneroi	MM. J. GUÉNOT	Lydie de Morancé	MM. LARROQUE.
Lebonnard	Ch. JOLY.	Fernande	JOLY.
		Une domestique	***

DEUX PROFONDS SCÉLÉRATS

Pochade en 1 acte du Palais-Royal

DISTRIBUTION :

Pontcastor, parfumeur . . . . . MM. Ch. JOLY.
Frétillard, professeur de langues . DUHAMEL.
Farouchon, guichetier . . . . . GERMAIN.

LES FUREURS DE L'AMOUR

Tragédie burlesque en 1 acte

DISTRIBUTION :

Bragas, restaurateur	MM. Ch. JOLY.	Furio, décrotteur	M. GRUAY.
Montmort, son confident	DUHAMEL.	Zéphirine, marchande de plaisirs	Mc LARROQUE.

A L'ÉTUDE : *Un amour espagnol*, drame. — *Il faut qu'une porte soit ouverte ou fermée; La surprise de l'amour*, comédies. — *Tricoche et Cacolet*, vaudeville, etc.

PRIX DES PLACES DISPONIBLES :

Stalles d'orchestre, 3 fr.; en location, 3 fr. 50. — Premières, 2 fr.; en location, 2 fr. 50. — Secondes, 1 fr. 50; en location, 1 fr. 75.

ORDRE DU SPECTACLE : 1° *La dame aux jambes d'azur*; 2° *Deux profonds scélérats*; 3° *Une visite de noces*; 4° *Les fureurs de l'amour*.

Ouverture des bureaux à 7 h. et demie. — Lever du rideau à 8 heures précises.

AVIS. *Dans une salle contiguë au théâtre les spectateurs trouveront Glaces, Rafraîchissements, Pâtisserie, Viandes froides et Vins fins.*

Nouméa, imprimerie du Gouvernement.　　14

Ballière, Page 209, livre 1875.

Ces portes communiquent du côté droit dans un long corridor de deux mètres cinquante centimètres de largeur ; la première de ces portes donne accès dans une buvette, la seconde dans un *bar* à l'américaine, la troisième dans une petite salle longue ornée de glaces, de fleurs, de tables, et où l'on peut se faire servir à souper. Encouragé par ce premier succès, mon patron m'engage à faire un projet de grand théâtre pour l'Exposition de Sydney. C'est grave, je demande à réfléchir.

Je suis souvent dérangé de mes travaux pour aller rendre les derniers devoirs à quelque pauvre camarade tué par le climat ou par les privations.

Les enterrements sont civils et se font avec beaucoup de calme. La population, attentive et recueillie, admire ces déportés allant conduire au champ du repos un des leurs.

Jamais de manifestations intempestives, jamais un mot, jamais un cri ne s'est fait entendre qui ait pu permettre à l'Administration de s'immiscer dans nos cérémonies funèbres.

Ce matin, en rentrant d'une de ces inhumations, je trouve la carte ci-jointe qui ne devra plus me quitter :

DIRECTION DU SERVICE DE LA DÉPORTATION

———————

PERMIS DE SÉJOUR SUR LA GRANDE TERRE

———————

Par une décision du Gouverneur en date du vingt et un novembre[60] 1873, N° 1339, *le déporté simple* BALLIÈRE, Édouard-Achille, N° 1859, *a été autorisé à s'établir sur la Grande Terre, à* Nouméa, pour y séjourner provisoirement.
Le déporté est tenu de se présenter une fois par mois à la caserne des surveillants de la déportation pour y faire constater sa présence, du 1er au 8 de chaque mois.
Il peut circuler librement dans un rayon de 25 kilomètres autour de sa résidence et ne pourra changer cette résidence sans une nouvelle autorisation émanant du chef-lieu.
Le déporté n'a plus droit aux objets d'habillement et de couchage,

---

60 Probablement septembre, puisque je suis parti de l'île des Pins le 17 octobre. – Les caractères *romains* indiquent les parties manuscrites de la carte originale.

ainsi qu'aux vivres de l'Administration. – En cas de maladie, il sera admis dans les hôpitaux de la déportation sous la condition de payer les frais de son traitement.

Le Directeur du Service de la Déportation,
Signé : CHANLOU.

La présente Carte est personnelle et ne peut être prêtée

———

SIGNALEMENT DU PORTEUR

Nom, prénoms et surnoms : BALLIÈRE, Édouard-Achille,
Date et lieu de naissance : *Né à* Sannerville, *le* 17 octobre 1840.
Filiation : Fils de Jean-François *et de* Herminie-Justine Lucas.
Taille : un mètre huit cent quarante millimètres.
Cheveux et Sourcils : bruns.
Front : découvert. *Yeux* : bruns. *Nez* : bien fait. *Bouche* : petite.
Menton : rond. *Barbe* : ——
Visage : ovale. *Teint* : mat. Signes particuliers : ——

Hier soir, il était arrivé à la nuit un navire chargé de nègres. Ce matin à 6 heures trois quarts il en arrive un second de naturels de Sandwich; aussitôt les formalités – formalités ridicules dont j'ai déjà parlé, et qui consistent à leur faire déclarer par un interprète *ad hoc* qu'ils sont là volontairement – remplies par l'interprète, qui s'est immédiatement rendu à bord, l'encan commence. Tous les colons arrivent faire leur choix. On peut se procurer un homme pour deux ou trois cents francs, des femmes pour cent cinquante ou deux cents francs et des enfants pour cent cinquante ou cent francs. Le prix de cette vente appartient au capitaine et est considéré comme la valeur du fret[61].

Avant de les débarquer, on donne à ces esclaves une chemise de couleur et une demi-couverture. C'est tout ce qu'ils auront pour leurs deux années de travail.

Cette vente des nègres n'est pas connue en France et cependant elle se fait au grand jour et sous les yeux des officiers de la marine française, car notre rade est encombrée de navires de guerre; en plus des deux transports la *Garonne* et la *Virginie*, je vois encore la *Rance*, le *Cher*, le *Cyclope* – bâtiment à voiles qui fit longtemps le service de

———

61 * Cette phrase est la dernière écrite sur le calepin de Ballière.

stationnaire dans la baie de Kuto –, la *Dépêche*, la *Bayonnette*, canon-
nières, et, pour compléter le tableau, la malle[62] qui vient d'arriver ce
matin, jour de Noël.

Les seules nouvelles que nous recevions de France sont : la condamnation à mort du député du département du Rhône, du conseiller municipal de la ville de Paris, Ranc, et celle du maréchal Bazaine, condamné
aussi à mort, mais dont la peine est immédiatement commuée en une
charmante réclusion, qu'il fera à l'île Sainte-Marguerite au milieu de
sa famille.

Comme la pluie ne me permet pas de sortir, je m'amuse à lire la
collection du *Sydney Morning Herald*. J'y trouve la réponse de l'empereur d'Allemagne au pape. C'est net, précis et cela doit laisser peu
d'espoir à ces Messieurs les jésuites d'aller de nouveau s'implanter
de l'autre côté du Rhin ; la pauvre France devra nourrir, à elle seule,
ces insectes parasites plus désagréables que les hideux cancrelats qui
viennent pendant la nuit, nous manger les cheveux et la barbe. C'est
la grande plaie de notre nation, pire à elle seule que les sept plaies qui
désolèrent l'Égypte. Ayez des dieux. Croyez-y ! Adorez-les ! Mais, par
respect pour vos divinités, n'établissez pas d'adorateurs à gages.

FIN DU CALEPIN MANUSCRIT

---

62 L'*Egmont*, steamer qui fait le service postal entre Sydney et Nouméa,
   appartient aux Anglais et est commandé par des Anglais.

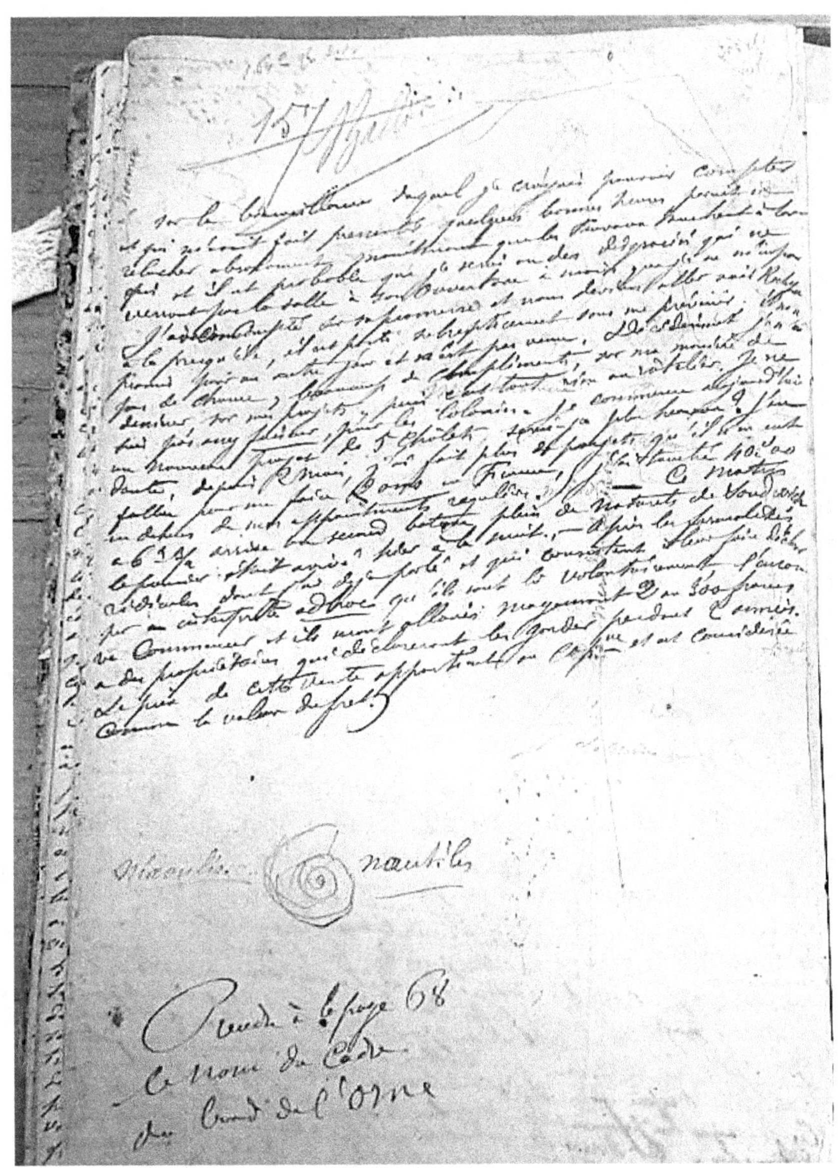

Manuscrit Ballière – Page 179.

Par un fâcheux concours de circonstances, et surtout parce que les décorateurs n'avaient pas fini leurs travaux, la salle de spectacle n'a pas pu être ouverte au public au jour convenu. La représentation restera la même, mais il faudra attendre que les travaux du peintre soient terminés.

On a vendu, il y a quelques jours, quarante lots de terrain à Païta ; on en vendra, aujourd'hui 29 décembre, quelques lots près de Nouméa, sur la route du Pont des Français... du Français... à droite et à gauche du cimetière actuel qui doit être transformé en square dans quatre ou cinq ans.

C'est déjà le troisième ou le quatrième que possède la ville de Nouméa et on ne se rappelle plus guère où se trouvaient les précédents.

Les lots de terrain se sont bien vendus à Païta ; ils se vendront mieux près de Nouméa, par cette raison bien simple que le gouvernement ayant cédé, il y a quelques années, des surfaces assez considérables de terrains aux premiers colons, aujourd'hui ces propriétaires de quarante ou cinquante hectares ont intérêt à acheter un lopin de terre de vingt-cinq ou trente ares à un prix élevé qui, augmentant la valeur vénale de leur grand immeuble, leur permettra d'avoir un plus grand crédit sur la place.

Il n'y a ici rien que des apparences : on vend de petits lots que les intéressés achètent fort cher ; mais, si un de ces colons voulait vendre d'un seul coup une grande surface, il ne trouverait pas un sou de sa propriété.

Du reste, il en est de même du commerce des terrains comme de celui des trafiquants de denrées. Si un inspecteur venait relever sur le registre des marchands le chiffre des opérations, on pourrait croire à une grande consommation, et voici pourquoi : cent cinquante caisses de vermouth arrivent ici à l'adresse de M. X... Ce commerçant inscrit sa livraison ; mais, comme il a besoin d'argent, il en vend immédiatement cent quarante-cinq caisses à V... qui lui fait un effet de commerce. Mais, comme le lendemain V... est dans la même situation que X..., il va trouver U... auquel il repasse cent quarante caisses en échange d'un billet à ordre. U... opère de la même manière avec Z... et ainsi de suite jusqu'à ce que la marchandise revienne entre les mains du premier possesseur qui re-trafique de nouveau et dans le même cercle jusqu'aux dernières cinq caisses. Après quoi, s'il n'y a pas de nouvel arrivage, on opère sur les bouteilles ; et comme la Banque a vu passer entre ses mains trente effets, elle s'écrie dans sa jubilation : « Mon Dieu ! comme les affaires marchent. »

Un admirateur passionné de la Nouvelle-Calédonie, qui passe ses journées à numéroter les mouvements débraillés du sémaphore, me disait hier : « Nierez-vous que chaque jour le télégraphe aérien signale un bâtiment nouveau ?

— Je le pourrais sans aucun doute, mais je le concède à la condition que vous reconnaissiez que quatre-vingt-dix fois sur cent, le bateau signalé est simplement la *Dépêche* qui revient de faire son service sur la côte, la *Rance* ou le *Cher* qui arrivent de l'île des Pins, la *Bayonnette* qui croise au large, etc., ou bien encore des transports qui viennent apporter des déportés ou des forçats. Le reste est, j'en conviens, un service marchand. Ce sont des bâtiments australiens qui apportent des bœufs, de la farine, de la volaille, des œufs, et, si je ne me trompe pas, c'est encore là une preuve de la pénurie de votre colonie, qui ne produit absolument rien qui vaille. Ces bateaux viennent vous apporter la vie en échange de l'or qu'envoie la Métropole, mais vous ne renvoyez jamais rien à l'Australie, qui vous nourrit moyennant finances – les finances de l'État. Jamais, jamais, jusqu'ici, entendez-vous bien, mon honorable contradicteur, jamais un navire australien n'a quitté la rade de Nouméa avec autre chose que des fragments de la butte Conneau dans ses flancs. Vous ne produisez rien, et, si vous n'aviez pas le budget de la marine à grignoter, il y a longtemps que la colonie française ne compterait plus que des squelettes.

« Donc, sans la Métropole et le voisinage de l'Australie, vous ne pourriez pas manger ; vous ne vivez que par la transportation et la déportation. Et s'il faut vous l'avouer, malgré les préférences de M. le gouverneur, je trouve que c'est un triste voisinage que le bagne. Il y a certainement dans l'île Nou bien des victimes de nos discordes civiles et sociales que je plains vivement ; mais en dehors de ceux-là, il y a toute une collection d'assez jolis gredins qui trouvent quelquefois le moyen de gagner la Grande Terre, où ils commettent des délits de toute nature et même souvent des crimes. Hier on assassinait sur la route, à deux pas de la ville, un des ouvriers de M. Aubertin, le propriétaire du théâtre. Cette nuit nous avons été tenus en éveil par des salves de mousqueterie dirigées contre un forçat en rupture de ban. Cette vie au milieu de bandits est très pénible et les soucis qu'elle entraîne peuvent s'ajouter aux nombreux désagréments de la vie en Nouvelle-Calédonie. » *Dixit.*

Il y a bien par-ci, par-là des distractions : ainsi cette nuit ma voisine Déga vient me réveiller pour me faire assister à un Pi-lou-Pi-lou, dansé par les nègres de Lifou. C'est une fête fort curieuse et fort intéressante, et plus d'un Parisien payerait fort cher la place que j'occupe :

au ciel une lune brillante et des étoiles scintillantes, la mer, la brise de la nuit, une centaine de nègres rangés en cercle autour d'un de leurs camarades qui mime en dansant, pendant que ses camarades chantent en langue kanaque les délices de l'amour. Il m'est certes impossible de comprendre les paroles, mais l'acteur du milieu rend si bien les émotions que font naître en lui les paroles qu'il entend qu'il est très facile de deviner le sujet traité par les chanteurs. Un grain qui vient crever au-dessus de nos têtes met toute la bande en déroute pendant l'exécution d'une reprise redemandée. La jeune Déga est, du reste, elle-même une habile danseuse de Pi-lou-Pi-lou ; elle fut un jour appelée chez le gouverneur pour exécuter cette chorégraphie sauvage.

Le temps est à peine redevenu beau, que des fusées déchirent l'espace : ce sont les officiers de l'*Egmont* qui fêtent l'arrivée du Nouvel An. Les pièces d'artifice ont peu de succès sur ce ciel si brillant, quoique moins constellé que chez nous ; mais ce qui n'a pas manqué d'effet et même de grandeur, c'est l'instant où tous les matelots noirs, perchés dans les vergues et les cordages, ont allumé des tiges de magnésium qui éclairaient de tons bizarres ces noirs affublés de quelques loques rouges.

Enfin, je viens de recevoir une lettre de mon père ; elle m'a été apportée par un officier de gendarmerie qui s'en va prendre un poste à Taïti. Cette lettre m'apprend qu'aucune des lettres que j'ai expédiées n'est parvenue. Il est vrai qu'il en est de même de celles qui m'ont été adressées et que je n'ai pas reçues non plus. C'est là un vol commis par l'Administration. Des lettres affranchies, un journal sous bande imprimée, ont été supprimés.

Pendant la journée d'aujourd'hui, j'ai eu à inscrire sur les livres de comptabilité de mon patron le nom de M. Simonin, employé au service télégraphique.

J'ignore où est ce télégraphe. Ce qui n'empêche pas qu'un Parisien pourrait soutenir, connaissant le départ d'employés chargés de ce service, qu'il y a un réseau de lignes télégraphiques en Nouvelle-Calédonie ; absolument comme il pourrait croire que nous avons le gaz, parce que, il y a quelques années, on a expédié à Nouméa des centaines de conduites en fonte qui se rouillent sous la pluie et dans la boue du marais où elles sont déposées.

Pauvre patrie ! malheureux pays !

La *Garonne* part demain 8 janvier, elle suit à quelques jours de distance la *Virginie*.

Pendant que nous prenons, Jourde et moi, notre repas à l'hôtel, nous entendons des colons qui se plaignent du nouvel état de choses et qui voudraient que l'on en revînt le plus tôt possible à l'ancien esclavage, qui présentait seul – prétendent-ils – des avantages sérieux aux colons blancs. Cette conversation négrophobe avait été amenée par l'histoire suivante, qui prouve une fois de plus que les femmes sauvages ont des cœurs aussi sensibles et souvent plus fidèles que ceux de nos belles parfumées du boulevard, que la civilisation a rendues si sceptiques : M. Catteville, propriétaire de l'hôtel de Sébastopol, avait une négresse qui s'était éprise d'un soldat. Le jeune homme venait d'être libéré et la négresse, qui vivait largement avec son militaire, oubliait souvent de rentrer au bercail ; mais notre hôtelier, qui n'est pas tendre et ne comprend rien aux délices de l'amour, veut sa marchandise ; il menace, et un soir, certain du gîte où se reposent nos amoureux, il intervient en propriétaire dépossédé. L'amante ne veut pas abandonner le roi de son cœur pour suivre le maître de son corps ; elle crie, elle se cramponne ; il faut que la police intervienne, qui, elle non plus, n'entendant rien aux grandes passions, donne raison au propriétaire, lequel emmène son esclave ; mais ce n'étaient plus à la maison que pleurs et grincements de dents. Alors, dépité et à bout de résistance, le maître du corps en est réduit à aller retrouver le possesseur du cœur et à lui tenir ce langage :

« La petite m'a coûté deux cent cinquante francs ; donnez-moi deux cent cinquante francs et emmenez-la ! » Le soldat avait encore la bourse garnie ; il paye, et la cité néo-calédonienne comptera pendant quelques jours deux heureux de plus.

Depuis quelque temps, les surveillants, se basant sur la nouvelle loi, ont pris pour mot d'ordre de faire passer tous les déportés pour des ivrognes. Il y en a un surtout, le petit Colombet, qui se paye chaque semaine toute une série de procès-verbaux. Il appelle cette chasse aux déportés : la *pêche*. Pourquoi ? Il n'en sait rien lui-même, puisqu'il n'a pas pu expliquer le choix de son expression au tribunal qui, dans sa séance d'aujourd'hui, a acquitté deux des prévenus.

Ce « chaousse » vindicatif devait être lui-même fort manifeste, puisqu'il a verbalisé contre deux hommes qui ont pu établir leur innocence et leur bonne conduite ; ce qui a attiré une assez verte mercuriale au *verbalisateur à outrance.*

Honteux et confus, il pourrait jurer qu'on ne l'y reprendra plus ; malheureusement il a encore deux assignations en route : le premier des assignés est venu faire constater sa parfaite lucidité d'esprit au commissaire de police de Nouméa, immédiatement après la déclaration du procès-verbal, et le second a eu un entretien, à l'heure où le procès-verbal a été dressé, avec un des employés du bureau de la déportation, qui viendra certifier du calme de l'inculpé et de sa moralité bien connue.

Ce soi-disant récidiviste est du reste un des acquittés d'aujourd'hui.

Autre histoire : ce matin, le commissaire de police a fait appréhender au corps le charretier de M. Sohn, sous le prétexte que, lors de son arrivée, il avait fait une demande pour être admis dans la police et qu'il devait, malgré tout, entrer en fonctions ; il a fallu l'intervention du procureur de la République pour faire relaxer ce brave homme, Alsacien-Lorrain ayant opté pour la France.

J'ai une telle peur des pièges de nos surveillants et de la police que chaque soir, aussitôt qu'il fait nuit, je rentre dans mon petit coin kanak, où les agents de l'autorité n'osent pas trop venir, pour ne pas dire du tout. Les nombreux exemples qui se succèdent m'encouragent du reste dans cette voie : hier au soir, il y avait tenue à la loge l'*Union calédonienne* ; quatre ou cinq des principaux membres redescendaient ensemble du lieu de la réunion ; ils causaient. Un agent survient qui conduit au poste MM. Higginson, le premier négociant de Nouméa, fournisseur du gouvernement ; Caporn, gros commerçant ; Bouillaud, commissaire encanteur, ancien officier de l'état civil ; Dezarnaulds, avocat, ancien juge au tribunal, ancien notaire de la Nouvelle-Calédonie, et le chevalier de Bompard, conducteur des Ponts et Chaussées. Cette histoire ridicule coûtera probablement un peu cher à l'agent ; mais, s'il n'avait eu affaire qu'à de pauvres déportés, ils auraient attrapé une bonne et grosse contravention et les journaux de l'*ordre* moral publieraient des merveilles sur l'installation de la police de sûreté en Nouvelle-Calédonie. Pour faire compensation, on nous annonce l'arrivée prochaine de l'évêque de la Nouvelle-France. On organise déjà une société de souscription pour sa réception. Les fonds de la collecte serviront à rétribuer ceux qui voudront bien aller au-devant du prélat en criant : « Vive Monseigneur ! » Les hommes toucheront un franc et les enfants cinquante centimes. Il avait été question d'aller en bateau ; mais la reprise de possession du *Rockett* par M. Sohn[63] va rendre la chose impossible.

---

63 … La même pièce [*Nous avons déjà reporté, conformément à l'édition de 1889, le début de cette note qui fait état d'un ordre d'expulsion d'industriels et de commerçants suite à l'évasion du 19 mars 1874.] ordonnait la fermeture de la loge maçonnique de Nouméa (l'Union Calédonienne), avec interdiction d'ouvrir une autre loge dans la colonie

M. Carrère jeune, un brave royaliste qui tient dans sa poche un brevet de chef d'escadron des gardes du roi, signé Cathelineau, n'ayant pas pu payer le premier billet de mille francs à son échéance, a été obligé de rendre le petit vapeur à son propriétaire, qui ne veut pas entendre parler de la manifestation cléricale. Tant pis ! C'eût été une bonne journée de plaisir dans ce pays si triste.

D'autant plus triste que depuis quelques jours le sémaphore ne s'agite pas. La rade de Nouméa n'a plus que des pontons démâtés et deux ou trois cotres.

Je regardais tristement le vieil appareil démodé tout en chantonnant cette strophe de Nadaud :

... Les bras cabalistiques
Lançaient à l'horizon blafard
Les mensonges diplomatiques
Interrompus par le brouillard[64].

quand tout à coup il se met en branle pour nous annoncer l'arrivée du *Cher*, qui amène trente-deux camarades de l'île des Pins. Parmi eux se trouvent quelques-uns de ceux qui m'avaient écrit quelques semaines après notre arrivée à Nouméa.

Je profite des bonnes dispositions de l'Administration pour aller aujourd'hui, 23 janvier, rendre une visite aux amis de la presqu'île Ducos. À mon retour, je reçois celle de l'officier qui a bien voulu m'apporter la lettre de mon père.

Des camarades qui arrivent de l'île des Pins me racontent les détails de la sinistre exécution qui vient d'avoir lieu dans le camp de la déportation. Pour bien faire comprendre cette histoire, il faudra que je remonte un peu loin : j'ai raconté, pendant mon séjour dans le camp d'Uro, l'état de délabrement dans lequel l'Administration laissait les déportés. Ces hommes, sans vêtements ni chaussures, allaient fréquemment réclamer à leurs délégués, qui ne pouvaient pas leur

---

ou ses dépendances. Si on fait jamais une enquête à propos du lieu de réunion des francs-maçons et des expulsions, on trouvera que le véritable auteur de ces infamies et de ces spoliations est l'évêque in partibus Vitte. Depuis son arrivée dans la colonie, où n'est pas son siège épiscopal, il y a eu lutte ouverte entre les libéraux et les ultramontains, et il se trouve que tous les spoliés et expulsés sont des francs-maçons et des libres penseurs.

64 * Extrait de la 3ᵉ strophe d'une chanson de Gustave Nadaud, *Le Vieux télégraphe* : «Tu fus l'énigme de notre âge/ [...]/ Lorsque tes bras cabalistiques/ Lançaient... »

donner ce qu'ils n'avaient pas reçu eux-mêmes. Un jour cependant, certains d'entre eux, convaincus que le nommé Saint-Bris[65], délégué de la deuxième commune, avait reçu des chaussures qu'il ne délivrait pas, l'accusèrent de vouloir les détourner au profit de ceux qui pourraient les lui payer ; à la suite de cet entretien, ils le menacèrent, pour le cas où ils ne recevraient pas de chaussures dans la semaine, de l'attendre dans un des sentiers de l'île et de lui administrer une correction manuelle dont il se souviendrait.

À quelques jours de là, n'ayant pas touché de chaussures, ils eurent le malheur de trouver sur leur chemin le délégué Saint-Bris. Après une assez vive altercation, ils le frappèrent à tel point que le médecin ordonna qu'il fût amené à l'infirmerie, où il fut gardé le nombre de jours prévu par le Code pour qu'il puisse être donné suite à des poursuites sous l'inculpation de tentative de meurtre.

Une enquête fut faite, à la suite de laquelle les agresseurs furent traduits devant le conseil de guerre de Nouméa[66], qui en condamna quatre à la peine de mort sur la déposition de Saint-Bris, déporté.

---

65 * SAINT-BRIS Léonard, Édouard, Adolphe : matricule 339 (Ballière orthographie « Saint-Brice »). Gaston Da Costa lui accorde un seul prénom, non mentionné par Roger Pérennès : Louis. Ce comptable de formation, alors âgé de 48 ans, avait servi en tant que militaire, mais s'était vu infliger une condamnation, avant la Commune, pour insulte envers un supérieur. Charles Malato présente une version différente des causes de cette exécution : « Saint-Bris les [ceux qui devaient être exécutés] avait signalés, à tort ou à raison comme appartenant à la *tierce* ("association malfaisante à l'effet de vivre, sans travailler, sur les autres") et les malheureux […] furent fusillés. Pour ce fait, Saint-Bris se vit mettre à l'index : personne ne lui parlait plus et ce supplice continua, après l'amnistie, à bord de la *Loire*, qui le ramenait en France. » Ch. Malato, 1894, *De la Commune à l'anarchie*, p. 53. Par ailleurs, entendu dans l'enquête diligentée par le contre-amiral Ribourt, suite à l'évasion de Rochefort et ses compagnons (19 mars 1874), Saint-Bris « donne crédit à une rumeur – infondée – selon laquelle une somme de 40 000 francs serait arrivée de Londres, au mois de février, chez Marchand, le directeur de la banque de la Nouvelle-Calédonie. » Joël Dauphiné, 2004a, p. 188.

66 * Jourde 1877 précise que les quatre hommes ont été embarqués – « mis aux fers » – sur la *Rance*, le 17 octobre, en même temps que Ballière et lui-même, pour être jugés à Nouméa. Il fait aussi le récit de cette affaire pénible, insistant sur la manière expéditive dont la justice l'a traitée et mettant en opposition l'« appareil formidable » dont fut entourée l'exécution et l'attitude digne des condamnés. (p. 12-14)

Les trois principaux accusés avaient cependant déclaré qu'ils étaient seuls ; des témoins certifièrent et attestèrent que le quatrième avait passé la soirée dans leur tente. Rien n'y fit ; il fallait quatre condamnés.

Aussitôt après la condamnation, M. Dezarnaulds, avocat, rédigea un recours en grâce pour la victime innocente ; les trois premiers condamnés se joignirent inutilement à lui. Un beau matin le *Cher* quitta la rade, emportant dans ses flancs les quatre condamnés à mort.

En France, pour les mêmes faits, ces quatre malheureux auraient eu au maximum six mois d'emprisonnement. Mais il fallait un exemple, et depuis longtemps déjà, j'avais prévu qu'il serait terrible.

On avait emmené de l'artillerie, tout un matériel de répression ; les quatre condamnés, arrivés à l'île des Pins, furent enfermés dans la prison militaire, et le matin du 26 janvier ils furent conduits à pied au lieu de leur supplice à quelques kilomètres de là. L'Administration, toujours gracieuse, avait fait placer les quatre cercueils sur la route qu'ils avaient à parcourir. Il ne fallut rien moins que les énergiques réclamations de quelques déportés pour faire enlever et cacher ces appareils de l'exécution.

Une fois les condamnés arrivés et placés à leurs poteaux respectifs, les dispositifs des quatre jugements leur furent lus séparément et l'un après l'autre. Ils durent rester vingt-six minutes les yeux bandés, attendant à chaque seconde l'arrivée des balles qui devaient les foudroyer[67].

L'exécution terminée, les déportés demandèrent l'autorisation de ramasser et d'inhumer leurs corps, faveur qui leur fut refusée. Des forçats avaient été chargés de cette horrible besogne.

------

67 * Le *Bulletin SÉHNC, n° 114*, donne le nom des quatre déportés fusillés : ANDRIEUX, Henri ; PERROT, Isidore, René ; LAMOUCHE, Ernest ; ALTHEUS, Henri.
Da Costa cite trois déportés portant le nom d'Andrieux, mais sans prénoms, alors que Pérennès signale un Andrieux Henry, venu à bord du *Var*, dans le 4e convoi. Toutefois, il enregistre son décès comme étant survenu à l'île des Pins le 19 février. Cet ANDRIEUX : matricule 1541, avait 22 ans, était célibataire et portefeuilliste. PERROT, Isidore, Désiré, portait le matricule 661 et vint sur la *Garonne*. Il avait 25 ans et était vidangeur. ALTHAUS (orthographe, selon Da Costa et Pérennès), Henri, Adolphe, âgé de 41 ans, portait le matricule 349 et était menuisier. LAMOUCHE, Ernest, Henri : matricule 512 avait 22 ans. Il était terrassier. Althaus et Lamouche étaient arrivés sur la *Guerrière* dans le 2e convoi.

Le public terrifié s'attendait à voir arracher les poteaux, dernières traces de l'exécution ; il n'en fut rien ! Au contraire, l'Administration fit planter deux nouveaux poteaux à côté des anciens et les fit peindre tous les six en rouge.

C'était une menace perpétuelle, assez semblable à celle des seigneurs, des évêques et des abbés du Moyen-âge, qui avaient des potences dressées dans tous les carrefours et à tous les coins de rue.

La malle, tant attendue, se décide à arriver ; l'*Egmont* vient de mouiller ce jourd'hui 28 janvier, à 9 heures du matin ; il apporte l'évêque *in partibus* Vitte. Le canon tonne ; la frêle cloche de la cathédrale[68] se met en branle. Malgré tout ce bruit, le nouvel arrivé se heurte à l'indifférence générale. On le laisse pendant vingt minutes dans son canot, après qu'il a accosté le quai, sans que personne, même le clergé n'arrive pour le recevoir. Ennuyé, il se décide à mettre pied à terre ; mais il lui faut encore attendre vingt-sept minutes la procession, qui manquait de porteurs pour le dais. Enfin on se met en route ; vingt-cinq ou trente personnes de la ville se trouvent attroupées au coin d'une rue ; l'évêque passe, pas un seul chapeau ne se soulève.

---

68 * Ce n'est pas la cloche de la *cathédrale* qui sonne, mais celle de la petite église paroissiale Sainte-Clotilde. De nos jours, l'église Sainte-Clotilde n'existe plus, mais sa cloche a trouvé place sous le porche d'entrée de la cathédrale Saint-Joseph de Nouméa (voir illustration ci-après). Une plaque commémorative, offerte par la société le Nickel, rappelle son histoire : « Cloche de 80 kg, fondue en 1786 à Cherbourg, en présence du Roi Louis XVI. Offerte à la première église de Nouméa, construite en 1855, l'église Sainte-Clotilde. »
Ce n'est que quelques mois après l'édition du livre de Ballière (1875) qu'a été prononcé officiellement le mot *cathédrale* et que son emplacement a été choisi. La construction, commencée seulement au début de 1888, n'est pas encore achevée à l'époque où Ballière est de retour à Nouméa : en 1893, une concession de 4 800 journées de main d'œuvre pénale est accordée pour poursuivre les travaux. Le 16 juin 1894, l'église est consacrée par Monseigneur Fraysse, entouré des évêques de Wellington, de Christchurch et des Fidji. Il reste alors à terminer les balustrades en pierres qui couronnent les deux clochers de la façade ouest dont on a décidé de supprimer les flèches. Les travaux se poursuivent jusqu'en 1897 (informations aimablement communiquées par Louis-José Barbançon). Pour l'histoire des débuts de la construction, voir Luc Chevalier, *Tablettes nouméennes. Port-de-France. Nouméa 1854-1899*, Nouméa, 1966, p. 67-82.

Cloche de l'église Saint-Clothilde et plaque commémorative.
Photo : A. B.

C'est une entrée ratée; il n'y a pas d'enthousiasme. Monseigneur s'en console en prononçant un discours ultramontain qu'il avait déjà débité à Sydney et dont les journaux nous avaient donné le compte rendu. Le courrier nous ayant apporté un journal français, imprimé en Australie par un ancien employé de la colonie, je m'empresse d'y couper l'article suivant, me contentant d'expliquer ou de réfuter par des annotations les parties obscures ou qui me paraissent s'éloigner de la vérité : *Revue australienne.*

« (Des industries dans la Nouvelle-Calédonie). La Nouvelle-Calédonie existe-t-elle toujours ? Est-elle encore une possession fran-çaise ? Que devient-elle ? Que s'y passe-t-il ? Que peut-on y faire ?

Telles sont les questions que nous avons souvent entendu poser depuis que nous sommes en Australie. C'est plus particulièrement à Melbourne que l'on semble s'inquiéter de notre colonie : nous y connaissons personnellement divers capitalistes qui seraient volontiers disposés à venir en Calédonie, y placer leurs capitaux[69], et en augmentant ainsi la circulation de l'argent, contribuer à la prospérité générale, la seule vraie, tout en s'occupant de la leur. Ce qui les retient, c'est le vide que l'on semble vouloir faire autour de la colonie. Ce silence qui règne au sujet de notre possession lui est des plus funestes ; car c'est surtout avec l'Australie que nous devons entretenir des relations, bien plutôt qu'avec la France, dont l'éloignement, joint à l'indifférence bien connue qu'elle n'a cessé de témoigner pour ses colonies, doit nous assurer que nous n'avons pas à compter sur elle. Sans doute, de temps à autre, et surtout tant que la Calédonie sera un établissement pénitentiaire, l'Administration centrale s'occupera de cette colonie ; mais si jamais (et cela arrivera plus tôt qu'on ne le pense) les pénitenciers viennent à y être supprimés, notre colonie ne sera plus qu'un établissement militaire jusqu'à ce que, par la force des choses, mais après plusieurs siècles, la Métropole s'avise qu'on pourrait mieux faire pour la Calédonie.

Il ne s'agit pas ici d'incriminer les intentions de l'Administration centrale qui, d'ailleurs, ne peut agir autrement qu'elle agit. Composée de fonctionnaires dont pas un seul n'a mis le pied dans une colonie, elle est forcée de s'en rapporter aux officiers auxquels elle en confie l'administration. Ceux-ci ne voient et ne peuvent voir les choses qu'avec le désintéressement de soldats qui, n'y ayant jamais rien connu, ne peuvent se douter des soucis, des nécessités, des exigences des affaires, et administrent de leur mieux, sans doute, mais ne font pas ce que feraient des administrateurs d'un autre genre dont l'Administration centrale ne dispose pas.

Ce n'est pas à dire cependant qu'il ne se soit pas trouvé parmi eux des administrateurs supérieurement capables et distingués. Certaines colonies notamment ont été privilégiées dans le choix de leurs chefs administratifs, et nous sommes sûrs de ne pas être démentis en citant entre autres la Cochinchine, aujourd'hui dans un état des plus prospères.

Il ne faut donc pas se faire d'illusions. – l'Australie, la Nouvelle-Zélande, l'Amérique, la Chine et en dernier lieu la France sont les pays vers lesquels toute l'attention des colons de Calédonie doit se porter. Il ne faut pas laisser les capitalistes de ces pays plus longtemps *in the dark*.

---

69 J'en doute fort, car s'ils avaient cette intention, rien ne leur serait plus facile que de prendre des renseignements.

Partout où le colon anglais ou américain s'établit, il amène avec lui l'école, la banque et le journal ; et quand il a amené ces institutions, il les soutient. Rien ne lui est plus en horreur notamment que le manque, la privation d'une feuille publique. Nous autres Français, nous parlons plus que tous les autres peuples de la terre réunis, mais qu'en reste-il ?

Est-ce que toutes les conversations possibles auront jamais le même effet qu'un imprimé publié seulement à plusieurs centaines d'exemplaires ? Publiez, publiez, il en restera toujours quelque chose.

Le lecteur, en effet, attache beaucoup plus d'importance à ce qu'il lit qu'à ce qu'il a pu entendre dire. De plus, le journal reste et on peut en tout temps s'y référer alors que, pour plus d'une raison, il est difficile d'en faire autant quand il s'agit d'un orateur.

Le manque de publicité, qui est spécial à notre colonie, lui a causé dix fois plus de tort que les plus mauvaises administrations qu'elle aurait pu avoir.

La population est, dans une certaine mesure, responsable de cet état des choses ; car, voyant que l'administration locale, pour des raisons qui sont mieux connues d'elle-même que du public, mais sans doute à cause du chiffre si restreint de son personnel[70], ne fournissait jamais ou du moins irrégulièrement, et toujours plus officieusement qu'officiellement, des rapports sur l'état et les progrès du pays, il était du devoir, du droit et de l'intérêt des habitants de se charger de cette publicité. Rien ne leur aurait été plus facile de déjouer les obstacles de toute nature qu'on aurait pu rencontrer en Calédonie, qu'en établissant ces moyens de publicité à Sydney, la ville australienne la plus voisine, du moins en raison des communications que possède la Calédonie avec l'Australie.

Faute d'une feuille destinée spécialement aux intérêts réels de la colonisation néo-calédonienne, un grand nombre de capitalistes sont allés s'établir, presque à contrecœur, aux Fidji, aux îles Vaté, Nouvelles-Hébrides, Samoa, etc., etc., pays sur le compte desquels ils n'avaient pas plus de renseignements dans le principe qu'ils n'en avaient sur la Calédonie, mais où ils savaient qu'ils allaient être libres et indépendants dans leurs manières de faire et ne s'exposaient à aucune gêne dans leurs entreprises.

---

70 Erreur : les rues de Nouméa sont pleines de gens galonnés : aides-commissaires, sous-commissaires, commissaires adjoints, commissaires, etc. Il est vrai que s'ils sont toujours dans les rues, ils sont rarement dans leurs bureaux.

Nous savons que c'est à regret que beaucoup sont allés aux Fidji notamment ; et aujourd'hui ce pays dont l'existence date de quelques années à peine, semble appelé à un avenir déjà plus brillant, plus proche et plus certain que celui de la Nouvelle-Calédonie[71].

Nous ne tenons pas à prolonger la comparaison : nous nous bornerons à mentionner que quatre navires à vapeur au moins vont désormais visiter régulièrement Fidji, et que les paquebots de la Nouvelle-Zélande, des États-Unis et même de Singapore passeront chaque mois devant la Calédonie sans s'y arrêter. – les hommes qui sont aujourd'hui fixés à Levuka sont tout aussi honorables et capables que ceux que l'on trouve à Sydney et à Melbourne ; mais ils sont peut-être plus hardis et plus entreprenants ; les difficultés qu'ils rencontrent ne les effraient pas et nous ne doutons pas qu'ils n'en viennent promptement à bout. Nous souhaitons surtout qu'ils persistent dans leur refus d'annexion par tout pouvoir européen et qu'ils sauvegardent l'indépendance de leur pays[72]. Nous le souhaitons d'autant plus que nous croyons savoir que l'Allemagne, qui est loin de posséder toutes nos sympathies, convoite la possession de ce pays et que la frégate allemande attendue ici en février prochain vient précisément pour le compte du roi de Prusse. Nous le souhaitons encore d'autant plus sincèrement, que l'annexion des Fidji à l'Allemagne ne laisserait plus à ce pays d'autre perspective que le sort administratif peu enviable que l'on croit réservé à la Nouvelle-Calédonie.

Le profond intérêt, le dévouement et l'attachement inaltérables que nous portons à la Nouvelle-Calédonie ne nous aveuglent pas et nous laissent au contraire envisager froidement la situation. Nous faisons des vœux pour que cette situation change.

Nous aimons à croire que la colonie est dans un état prospère, grâce à l'intelligence de l'homme distingué qui en a la haute administration, secondé avec zèle par les fonctionnaires sous ses ordres et les colons. Mais nous croyons aussi que la Nouvelle-Calédonie pourrait, à l'heure qu'il est, jouir d'une bien plus grande prospérité.

Comment justifierons-nous cette opinion ?

Nous avouons que la chose est difficile, tout en persistant à dire que nous avons raison. – oui, toute justification est difficile et même presque impossible, car il faudrait pouvoir nous baser sur une statistique sérieuse offrant de bonnes garanties et dont on ne puisse douter. – Or nous n'en avons aucune.

---

71 C'est moins flatteur qu'au début, mais beaucoup plus juste.

72 Cette colonie appartient depuis l'année dernière à l'Angleterre.

Nous savons qu'en Nouvelle-Calédonie on s'occupe d'exploitations minières ; que l'on y obtient de l'or[73], du cuivre[74], ainsi que d'autres minerais ; qu'on va y exploiter le charbon[75] ; que de nombreux habitants se livrent à l'élevage du bétail ; que d'autres ont entrepris les cultures de la canne à sucre, du café et divers autres produits coloniaux ; nous croyons savoir que tout se passe à la satisfaction générale, mais c'est tout ce que nous savons.

Que des Australiens viennent au consulat de Melbourne ou de Sydney demander des renseignements, ainsi qu'ils le font fréquemment, les hauts et dignes représentants de la France dans ces deux villes éprouvent le désagrément d'avoir à répondre qu'aucun rapport officiel ni aucune statistique ne leur ayant été adressés par le gouvernement de la Calédonie, ils ne peuvent, sans sortir de la réserve que leur importante situation leur impose, donner aucun des renseignements désirés.

Nous croyons savoir que M. de la Richerie, dont on ne saurait nier la vive sollicitude pour tout ce qui touche aux intérêts de la colonie confiés à sa haute expérience, a eu l'intention de faire publier en Australie quelques renseignements de nature à éclairer les esprits sur les ressources de notre possession, mais de puissantes considérations, il faut croire, ont dû s'interposer pour que Monseigneur le gouverneur n'ait pas donné suite à son excellent projet. On peut ne pas approuver tous les actes de l'administration coloniale, on peut ne pas partager sa manière de voir sur tous les points ; mais il faut aussi être juste et impartial et, rendant à César ce qui est à César, tenir compte à qui de droit de ce qui est fait ou projeté pour le bien de la colonie ; telle est la ligne de conduite que s'est proposée la *Revue australienne* et elle croit pouvoir la suivre sans encourir le reproche de flatterie, d'impatience ou d'animosité.

Nous serions donc heureux de servir de moyen de publicité pour les renseignements si généralement désirés au sujet de la Calédonie. De quelque part que viennent ces renseignements, nous les accepterons avec reconnaissance et nous nous empresserons de les publier.

---

73 Jamais il n'a été possible d'en faire voir un milligramme.

74 Du cuivre, très peu ; les exploitations sont difficiles, coûteuses et jusqu'à présent la fortune des monteurs de compagnies s'est faite sur la vente des actions adroitement chauffées – si toutefois fortune il y a – ce dont je me permets de douter.

75 Jamais il n'a été question de mines de houille en Nouvelle-Calédonie.

La *Revue australienne* n'a reculé et ne reculera devant rien pour s'assurer la plus grande circulation possible en Australie, en France et partout où elle croira devoir être la bienvenue.

C'est donc aux habitants de la Calédonie à profiter de ces dispositions désintéressées en favorisant ce journal et en le soutenant par tous les moyens en leur pouvoir.

Quelques informations précises sur les produits des mines, le nombre des ouvriers employés, l'étendue des terrains aurifères, ainsi que l'extension donnée à la culture de la canne à sucre, du café[76], du riz[77], et tous autres produits des régions tropicales ; enfin sur l'élevage du bétail[78] et des chevaux[79] en Calédonie, y joignant des renseignements sur le chiffre de la population, les budgets de la colonie, l'état et l'étendue des routes et autres moyens de communication, tout cela contribuerait, nous en sommes certains, en attirant l'attention sur la Calédonie, à provoquer son développement.

Ce serait une occasion pour l'administration locale notamment, de démentir cette opinion qui prévaut un peu partout, qu'elle est opposée au progrès de notre colonie océanienne, dont elle aurait pour mission de perpétuer l'utilisation comme pénitencier.

La presse australienne, surtout le journal le plus influent d'Australie, l'*Argus* de Melbourne, a souvent fait connaître son opinion à cet égard, et le moment pourrait n'être pas bien éloigné où les États australiens seront encore un peu plus écoutés en France qu'ils ne l'ont été déjà, notamment lorsqu'il s'est agi d'envoyer en Calédonie, après la dernière guerre, tous les condamnés politiques.

---

76 Le caféier ne vient pas jusqu'à présent en Calédonie. Je sais bien qu'un propriétaire en a vendu un plant considérable, mais l'année d'après les arbustes étaient morts. Aussitôt que la racine arrive à une certaine profondeur, tous les arbustes sont perdus dans l'espace de quelques mois.

77 Le riz que fournit la Calédonie est loin d'être suffisant pour la nourriture des nègres. Il ne se trouve pas dans le commerce (même à Nouméa) ; c'est à peine si l'on trouve du maïs.

78 On m'affirme qu'il y a du bétail – je veux bien le croire. Mais sur les terres de M. O'Beirne, un des plus riches en bétail, il faut tuer sur place les bêtes que l'on veut avoir ; il n'y a pas moyen de les conduire ni de les transporter en ville : sont-ce là des ressources sérieuses ?

79 Les chevaux ! On rencontre dans les rues quelques maigres juments suitées, mais ce n'est encore ni une industrie, ni même un moyen de gagner de l'argent à cause du prix de revient de la nourriture. Les colons en sont encore à faire venir des foins pressés à la machine pour suppléer au manque absolu de fourrage dans la colonie. Tout le monde a pu voir comme moi ces énormes paquets maintenus avec des tringles en bois et cerclés de fer.

De toutes les industries auxquelles on suppose que se livrent les colons de Calédonie, l'industrie sucrière est celle qui excite le plus l'intérêt des pays environnants, voire même de Maurice et de La Réunion[80].

Il est certain qu'elle semble devoir être la source de richesse la plus immédiate et la plus durable pour la colonie : elle a certainement déjà pris beaucoup d'extension, quoique nous ne sachions pas dans quelle mesure. Ainsi, appelée à exercer une certaine influence sur les divers marchés sucriers du monde, elle doit être l'objet d'une vive sollicitude.

Cette industrie a été quelque peu retardée par les sauterelles dont on espère être enfin débarrassé, grâce à l'énergie déployée à cet égard par les colons[81], et, si nous sommes bien informés, là où elle rencontre aujourd'hui une grande difficulté et un véritable obstacle, c'est dans la main-d'œuvre[82].

Dans l'impossibilité d'employer des Européens, voire même les indigènes du pays pour des raisons qu'il n'est pas besoin de détailler ici, les planteurs ont été obligés de recourir comme en Queensland, à l'immigration asiatique et polynésienne. – Pour l'immigration asiatique notamment, ce n'est qu'après des dépenses considérables et une longue attente que l'on a pu se procurer des travailleurs de ce genre. – L'Administration ayant servi d'intermédiaire, des engagements officiels ont été signés de part et d'autre par les ouvriers et par les patrons. Et c'est justement dans la vanité de ces engagements que réside tout le mal[83].

---

80 Il existe déjà, il est vrai, quelques usines : une à la Dumbéa, une à la Tamoa, une à Kohé. Mais si le public français pouvait savoir ce que c'est qu'une usine en Calédonie : huit planches, quelques baquets, un concasseur, une presse ! Le pauvre village où je suis né avait une sucrerie de betteraves qui valait une centaine de sucreries comme celles dont je viens de parler. Et cela ne faisait pas sensation dans le hameau quand les propriétaires faisaient faillite, et on veut que ces deux ou trois tentatives révolutionnent et attirent les Français ici ? Mais c'est de la démence ; faites de la réclame pour votre journal, pour la Calédonie, mais soyez honnêtes.

81 Ceci est une erreur grave, les sauterelles existent en abondance.

82 Et les déportés errent sans emploi ou restent, malgré leurs cris de détresse, à l'île des Pins ! La vérité, la vraie, est que vous voulez le travail gratuit ; qu'il vous faut l'esclavage dans toute son acception. Ayez donc une fois le courage de le dire.

83 Ces engagements monstrueux, et dont j'ai déjà parlé, seront la honte de l'Administration française, qui laisse faire sous ses yeux cette nouvelle traite hypocrite mille fois plus déloyale et plus dangereuse pour les nègres que l'ancienne.

En effet, les patrons n'ont aucun moyen de maintenir dans leur devoir les ouvriers d'origine asiatique qu'ils ont engagés. – Les patrons offrent des garanties pour l'exécution de leurs contrats ; les engagés n'en offrent aucune ; les engagements n'ont pas de sanction, et il n'existe aucun moyen de coercition. – les noirs du Malabar le savent malheureusement trop bien ; aussi leur nature indolente, insouciante et paresseuse y trouve-t-elle son compte. Au bout de quelques jours, un grand nombre d'entre eux deviennent marrons, vivent sans travailler grâce à la complicité de ceux de leurs camarades un peu plus scrupuleux du côté du travail, mais qui le sont moins sur le chapitre de la délicatesse et trouvent le moyen de voler leurs maîtres pour nourrir leurs amis déserteurs[84].

Le nombre de ces derniers est en effet devenu tel qu'il constitue aujourd'hui, nous dit-on, ce que l'Anglais appelle a *public nuisance* ; de nombreux vols et des déprédations de tous genres se commettent sinon journellement, du moins très fréquemment, au mécontentement général. – On sait parfaitement que les seuls noirs marrons en sont les auteurs et non pas les ouvriers de la transportation, ni les condamnés politiques.

Cependant, malgré les instances réitérées des planteurs et des habitants en général, l'Administration reste inactive, indifférente ; sans doute le service judiciaire fait-il son devoir, mais les magistrats ont les mains liées, la loi n'étant pas suffisante dans les circonstances actuelles. De plus, on punit les noirs pour leurs vols et cela ne vient pas améliorer la situation de l'industrie sucrière.

Un haut fonctionnaire, que ses fonctions et un assez long séjour en Calédonie et dans une autre colonie sucrière avaient mis à même de voir la chose de près, nous faisait l'honneur, il y a quelques mois, de nous communiquer sa manière de penser à ce sujet.

Il faudrait, selon lui, une législation spéciale semblable à celles qui sont en vigueur à La Réunion, condamnant à des travaux de force les noirs qui désertent les plantations de leurs patrons, et leur faisant perdre tout droit à leur rapatriement. Le noir, en effet, s'effrayera du régime de la prison. – et préférera celui plus doux du service régulier auquel il s'est engagé. Il ne faudrait pas perdre de vue non plus que

---

84 Ce fait est très exagéré : il y a une police kanaque brutale et grossière qui saisit ses frères, ses camarades, les garrotte et les lie, comme ils le font aussi, du reste, avec les déportés égarés sur la route à trois ou quatre kilomètres de Nouméa, pour l'appât de quelques dollars de récompense s'ils ont pincé un filou ou d'une goutte de gin s'ils se sont simplement trompés.

l'un des moyens les plus effectifs sur cette race d'individus serait celui que l'on emploie à l'égard des forçats insubordonnés et récalcitrants[85].

Nous avons la prétention d'être tout aussi philanthrope que les plus grands négrophiles connus, mais nous nous mettons aussi à la portée des choses et des gens, et de même qu'avant de connaître la race dont il s'agit, nous nous révoltions à l'idée de moyens aussi barbares, de même aussi depuis que nous la connaissons, nonobstant nos sentiments libéraux et la violente répugnance que nous éprouvons pour de semblables moyens d'action, nous résignons-nous à avouer et à soutenir que c'est, sinon le seul moyen, du moins l'un des plus effectifs remèdes que l'on puisse leur appliquer avec quelque chance de succès[86]. Il va sans dire que la modération doit être recommandée à un très haut degré et qu'une telle peine ne doit pas être ordonnée par le premier venu.

Mais les hommes pratiques, et tous ceux que de ridicules théories irréalisables n'aveuglent pas sur la réalité, reconnaîtront que nous sommes dans le vrai. Les Anglais admettent encore ce châtiment même pour des blancs et dans la libre Australie[87].

Le droit commun est complètement illusoire avec les noirs du Malabar. S'ils ne tiennent pas les engagements qu'ils ont pris, que peut obtenir le patron ? Rien – il ne peut même pas les remplacer, car leur nombre est limité en Calédonie, et de plus cette main-d'œuvre, déjà si coûteuse en Calédonie comme ailleurs tend encore à augmenter en se raréfiant.

"Si l'on tient compte, en effet, de la politique du cabinet de Saint-James en matière d'immigration, des grands travaux de canalisations et de routes ferrées entrepris par le gouvernement, et enfin

---

85 Ceci n'a pas besoin de commentaire : il faut remonter aux plus mauvais jours de l'esclavage pour retrouver de semblables théories développées au grand jour.

86 Rien n'est plus faux que l'étonnante théorie qui vient d'être développée ; la race nègre polynésienne est facile à conduire, intelligente ; il suffirait de leur donner un peu de bien-être et une nourriture substantielle pour en tirer un travail raisonnable ; mais que peut-on attendre d'hommes auxquels on donne un demi-litre de riz à peine décortiqué pour chaque repas, riz qu'ils sont obligés de faire cuire comme ils le peuvent, par conséquent sans sel ni poivre… et encore sont-ils bien heureux quand on leur donne du riz. Souvent, bien souvent, ils n'ont que du maïs bouilli.

87 Cela prouverait que les Anglais seraient encore un peu plus âpres au gain que les plus égoïstes des conservateurs français, rien de plus ; mais heureusement cela est faux, absolument faux.

des plaintes incessantes des colons anglais de l'Inde qui réclament le maintien des bras sur place pour leurs immenses cultures de coton et d'indigo – si l'on tient compte, disons-nous, de toutes ces causes, il faut bien s'attendre à voir, au lieu de recrutements, les ressources diminuer et peut-être se tarir." (Correspondance du *Moniteur de La Réunion*, 20 août 1873)

Dès lors il faut que la quantité disponible rende tous les services dont elle est susceptible jusqu'à ce qu'on ait pu la remplacer par des machines[88].

On n'obtiendra ce résultat en Nouvelle-Calédonie qu'en y introduisant la législation spéciale dont nous avons parlé. Les tribunaux se sont refusés jusqu'ici à la considérer comme y existant, quoiqu'un certain arrêté relatif aux colonies se prête, selon certaines opinions, à l'interprétation contraire[89].

C'est à l'Administration à intervenir. Les autorités locales, nous a-t-on dit, ont à lutter sur ce point contre l'opposition de l'Administration centrale. C'est donc celle-ci qu'il faut convaincre et espérons qu'on y parviendra, en usant de persévérance et d'énergie dans les réclamations.

C'est surtout par voie de pétitions qu'il faut agir, pourvu que les pétitions soient mieux basées, plus justifiées et mieux rédigées que celles qu'on envoyait dernièrement en France et dont nous avons eu connaissance. Il faudrait agir aussi autant que possible de concert avec l'Administration, les chances de succès devant être beaucoup plus grandes. – Cette ligne de conduite devrait être toujours adoptée, même par l'Administration, qui obtiendrait souvent bien plus facilement et promptement ce qu'il lui arrive de solliciter pour la colonie.

Que le territoire soit vaste, susceptible de culture, richement doué par la nature, tout cela est excellent ; mais la nature ne donne que les germes de la prospérité et de la grandeur : c'est à l'homme qu'il

---

88 Quelle étonnante conclusion ! J'aurais besoin de vingt domestiques pour entretenir ma maison ; je ne puis en avoir que deux. Il faut que ces deux fassent quand même tout le travail.

89 Je suis très heureux pour la magistrature qu'elle n'ait pas voulu se prêter à cette traite hideuse, ni à servir les intérêts égoïstes des plus durs marchands et trafiquants, de ces hommes à qui il faut de l'argent et qui se lancent dans la colonisation, non pas comme des pionniers du progrès, mais pour y gagner plus vite par n'importe quels moyens, de l'or, avec de la sueur et du sang.

appartient de féconder ces germes[90] et de les faire produire ; pour que l'homme puisse accomplir cette tâche, il faut que les lois du pays ne viennent point l'entraver à chaque pas, gêner son initiative et décourager ses efforts ; bien plus il faut que ces lois l'aident et le favorisent dans ces entreprises.

Si donc on veut que l'industrie sucrière de la Nouvelle-Calédonie marche sur un pied d'égalité avec celles de La Réunion, de Maurice, de La Martinique et autres pays, il faut établir les mêmes lois et les mêmes règlements sur la matière : autrement il faut renoncer quant à présent à y vouloir produire du sucre. »[91]

Toutes les préoccupations de ces derniers jours m'ont empêché de dire que le théâtre en est à sa troisième représentation. La troupe s'est augmentée de nouveaux arrivants et le programme va pouvoir varier à l'infini et peut-être même s'étendre jusqu'au drame.

La *Rance* vient de quitter la station de la Nouvelle-Calédonie pour se rendre dans les mers du Japon.

Les chaleurs augmentent encore ; cette température excessive développe une foule de maladies, et particulièrement la fièvre typhoïde. Le charretier que M. Sohn et la police s'étaient tant disputé vient de mourir. Cet Alsacien transporté aux colonies laisse une femme, trois enfants en bas âge et une vieille brave femme de soixante-douze ans, sa belle-mère. Le gouvernement, après avoir expédié ces malheureux aux confins du monde, ne s'en occupera plus, quoique le chef de famille, celui qui a opté pour la France, soit mort.

La bienveillance du gouvernement ne peut descendre à d'aussi minces détails.

Comme compensation à toutes ces misères et aux douleurs que nous fait endurer Phœbus, nous n'avons que le plaisir de goûter

---

90 Et pour cela il faut sacrifier cette pauvre race noire qui n'en peut mais… qui n'a pas d'armes pour se défendre… j'entends d'armes intellectuelles, qui ne peut ni écrire, ni parler, ni se faire entendre de quelque manière que ce soit.

91 Ainsi donc, ménagères, si vous voulez du sucre, vous savez à quel prix vous l'aurez. Chaque morceau représente vingt coups de fouet du commandeur et quand on a abruti ces pauvres diables et que, dans un jour de désespoir, ils tuent un de leurs tyrans… on crie haut… on dit : "voyez, ce ne sont pas des hommes ; ce sont des brutes qu'il faut bien traiter comme des animaux dangereux… " Oh ! intérêt ! Oh ! égoïsme, que vous faites commettre de cruautés et combien vous abritez de sophismes, non plus ridicules, mais barbares et même sauvages !

chaque jour à de nouveaux fruits apportés ou implantés dernièrement dans la colonie. Après les bananes, nous avons eu les goyaves, après les goyaves, nous avons eu les mangues, fruit exquis, délicieux, mais dont il ne faut pas abuser, son prix étant d'un franc la pièce. Il est vrai que le raisin est encore plus cher. Par contre, les ananas sont pour rien : de vingt-cinq à cinquante centimes la pièce.

Malgré toutes ces friandises – auxquelles nous attachons peu de prix – nous ne pouvons pas, Jourde et moi, nous accoutumer aux exigences de la vie de colon ; aussi ne cherchons-nous qu'une occasion favorable pour fuir ce climat brûlant, cette ville désagréable et cette existence insupportable. Un instant, nous croyons avoir réussi. Un navire qui repart pour Sydney consent, moyennant le prix de nos places réglé d'après le tarif du steamer, à nous conduire en Australie. Toute une série de petits accidents nous empêche de profiter de cette bonne fortune. Mais ce ne sera, nous l'espérons bien, que partie remise.

Bien que, d'un côté, je désire très vivement recouvrer ma liberté, de l'autre j'étais fort ennuyé de laisser inachevé ce projet de grand théâtre dont la population s'occupe déjà tant. Des officiers-artistes ont photographié les premières feuilles. Ce sera prochainement le tour des coupes et façades latérales.

Chaque jour, l'atelier de mon patron est encombré de visiteurs qui viennent pour constater le degré d'avancement de ce monument colorié, qui figurera à l'Exposition de Sydney à côté d'un autre projet de maison (hôtel privé que j'avais fait pour M. Higginson)[92].

Le programme d'Exposition que l'on vient d'imprimer m'a classé sous la rubrique suivante :

SYDNEY

METROPOLITAN INTERCOLONIAL

LIST OF EXHIBITS FROM NEW CALEDONIA

EXHIBITION 1874

A. Ballière. – A private dwelling; a theatre (drawings).

---

92 * Le bâtiment qu'on désigne aujourd'hui sous le vocable « maison Higginson » daterait plutôt des alentours de l'année 1900. Tout indique que le plan établi par Ballière est resté à l'état de projet et n'a pas été reconstitué. En revanche, dans son dernier livre, Ballière affirme que retournant à Nouméa dix-huit ans après, il y a retrouvé « les maisons qu'[il] avai[t] fait édifier en 1874 ».

Pour cacher nos desseins et éloigner tous les soupçons de l'Administration, j'avais adressé au gouverneur de la Nouvelle-Calédonie une demande, afin de pouvoir être admis dans le service des Ponts et Chaussées. On me l'avait demandé avec tant d'insistance que je n'avais pas cru devoir refuser plus longtemps. Aujourd'hui, le troisième bureau (service des forçats et de la police nègre) me fait appeler pour me communiquer la réponse de l'Administration supérieure : « On me laissera travailler dans les bureaux des Ponts et Chaussées pour y faire des plans, mais je ne figurerai sur les contrôles que comme balayeur. »

Il est inutile de dire que je refuse énergiquement cet emploi modeste, à l'ombre duquel on espérait exploiter mes quelques connaissances en architecture.

Pour me consoler de cette mésaventure, des libéraux de Nouméa m'apportent un livre de M. de Pressensé qui a fait quelque sensation dans la ville ; ils désireraient que je puisse communiquer ce bouquin à mes camarades de la presqu'île. Je me hâte d'accéder à leurs désirs. Paschal Grousset m'envoie une réponse que je m'empresse de communiquer et qui mérite bien d'être reproduite ici :

Mon cher ami,

Vous voulez bien m'inviter à répondre à un pamphlet de M. de Pressensé : *Les Leçons du 18 mars* (Paris, Michel Lévy, 1871), que vous m'avez fait parvenir. Laissez-moi vous dire que ce n'est plus nécessaire. Depuis l'époque où ce pasteur de la religion du Christ a dirigé contre des vaincus, contre des proscrits, son réquisitoire haineux et sauvage, les événements ont déjà parlé plus clairement que nous ne saurions le faire ; la suite des choses a montré si dans ce déchirement le droit et la raison étaient avec ceux qui ont prétendu servir la République en s'associant aux fureurs de ses ennemis déclarés, ou avec ceux qui ont tenté d'écraser dans son germe l'œuf monarchique de Versailles. À cette heure, M. de Pressensé a vu mûrir les fruits de sa politique : il a pu mesurer les conséquences de la réaction factice qu'il a contribué à déchaîner sur la France, et s'apercevoir qu'elle ne menace pas seulement la République, mais avec elle la cause, sans doute plus chère à son cœur, de la liberté religieuse remise en question. Qui nous dira s'il n'est pas aujourd'hui le premier à regretter les pages violentes et peu sérieuses qu'il écrivait hier ? J'en jurerais volontiers, et il faut le croire pour l'honneur de son sens politique et moral.

On a vu trop souvent un soldat heureux asseoir sur ses victoires une avilissante dictature ; mais il était réservé à l'ère du Second Empire de voir la honte comptée comme gloire, la déroute comme triomphe, et une grande nation courbée sous l'épée d'honneur d'un général battu. Un tel couronnement de nos désastres n'eût jamais été possible sans la complicité inconsciente peut-être, mais à jamais lamentable, des clairvoyants libéraux de l'Assemblée.

L'histoire, quand elle nous jugera tous, saura dire si les vrais coupables du sang versé et du naufrage national ne furent pas ces députés de Paris, infidèles à leurs promesses, traîtres à leur mandat, sourds aux paroles de conciliation que nous leur avions portées, et qui n'ont pas compris que leur place était à la tête du peuple, non dans le camp de ses égorgeurs. Elle saura dire aussi si Paris n'est pas venu à propos se mettre à la traverse du complot de Bordeaux ; s'il n'a pas forcé les conspirateurs royalistes à désavouer leurs projets en les ajournant ; s'il n'a pas donné au grand parti républicain le temps de se reconnaître et de s'affirmer ; s'il n'a pas enfin voulu secouer la torpeur de ce pays abattu et désemparé, jusqu'au point de sceller sa protestation du plus sublime sacrifice.

C'est au présent et à l'avenir, c'est au développement expérimental des faits qu'il appartient de prononcer sur ces choses et de réfuter les accusations calomnieuses ou passionnées qu'on entasse contre la Commune : ce n'est pas à nous, qu'on fusille ou qu'on envoie comme otages aux antipodes de la patrie. Voulez-vous que je discute avec M. de Pressensé ? Il ne se contente pas de me déporter, ce qui est déjà un argument sans réplique, il essaye de me déshonorer en affirmant avec un détachement tout évangélique que j'ai écrit des « gravelures ». En est-il bien sûr et pourrait-il les citer ? Il faudrait donc me mettre à ce diapason ; lui répondre, par exemple, qu'il a l'habitude de distribuer des photographies obscènes à ses pénitentes ? Ce ne serait qu'emprunter une de ses plus gracieuses imaginations ; mais je ne me sens aucun goût pour ce genre de polémique.

Quand nous serons libres, si nous devons jamais l'être, quand nous aurons en face de nous des adversaires capables de garder leur sang-froid et de se respecter assez eux-mêmes pour n'alléguer aucun fait qu'ils ne puissent prouver, nous procéderons à l'examen contradictoire des responsabilités. Mais croyez bien, mon cher ami, que les contes de bonne femme dont on alimente la rage contre-révolutionnaire ne méritent pas qu'on les relève. La persécution nous place dans une région sereine où ces éclaboussures ne sauraient nous atteindre ; la souffrance efface nos véritables fautes, qui furent celles d'un parti jeune et loyal ; le sang de nos trente mille fusillés a lavé d'avance celui des otages, que la Commune n'a jamais voulu verser, et la proscription qui fut si longtemps, comme le service militaire, l'apanage des classes privilégiées, apporte au peuple sa robe virile. Qu'importent dans cette nuit, dans cette veillée des armes, quelques croassements sur les cadavres de nos morts ? Un reste de Millière ou de Varlin, une larme du plus obscur déporté, ont plus de poids dans la balance que tout le fiel des Patouillets[93] romains ou réformés. Nous aurions cent fois tort, que les crimes de nos bourreaux suffiraient à nous absoudre : et nous avons mille fois raison !

Je vous embrasse cordialement, mon cher ami.

Paschal Grousset.

Presqu'île Ducos, 5 février 1874.

Le déporté Paschal Grousset.

---

93 * Ce n'est pas au médecin de marine, Jules Patouillet, auteur de *Trois ans en Nouvelle-Calédonie* (1873) que Grousset fait allusion, mais au jésuite dijonnais du XVIIIe siècle, Louis Patouillet, ennemi de Voltaire.

J'étais tranquillement occupé à mettre la dernière main à une des feuilles de l'immense projet que mon patron Sohn m'a fait entreprendre, quand je reçois la visite du chevalier de Bompard, qui me remet la lettre suivante :

Nouméa, le 21 février 1874.

Nouvelle-Calédonie et Dépendances

T∴C∴F∴[94]

— J'ai la faveur de vous informer que notre R∴ At∴, sur la proposition du F∴ Bompard, a pris en considération, dans sa tenue d'hier soir, le grand mérite du projet de théâtre que vous vous proposez d'envoyer à la prochaine Exposition de Sydney, et désirant vivement encourager cette œuvre d'art, vous a voté sur son Très.… une pierre plate de deux cents francs pour vous permettre de la mener à bonne fin.

Je vous prie de vouloir bien accepter au nom de la L∴ l'*Union calédonienne* cette somme que le F∴ Bompard est chargé de vous remettre.

S∴ Fr∴

Le vénérable :

GERDOLLE.

Au F∴ BALLIÈRE, architecte à Nouméa.

Je remercie chaleureusement le délégué de l'At∴ et je m'empresse de répondre à l'*Union calédonienne* :

TT∴ CC∴ FF∴

J'ai été bien vivement touché du témoignage de fraternelle sympathie accordée par la L∴ l'*Union calédonienne* à un vaincu de la Commune, à l'un de ceux qui, le 18 mars, n'avaient d'autre but que le salut de la République menacée.

Je me souviendrai toujours avec une reconnaissante émotion de la proposition du F∴ Bompard, si bien accueillie par votre Resp∴ Atel∴. C'est encore faire œuvre maçonnique que d'encourager le projet de création d'un théâtre ; car le théâtre doit être par excellence un moyen d'éducation pour le peuple.

---

94 * Ce signe, en triangle, est celui de la franc-maçonnerie. Ballière en fait un abondant usage. Le plus souvent, il est apposé à la première lettre du mot employé : T(rès) C(her), F(rère), At(kinson), L(oge)…

Castigat ridendo mores.

Pour moi, mes TT∴ CC∴ FF∴, il ne me reste plus qu'à me mettre courageusement à la tâche et à m'efforcer de mériter la faveur que vous m'avez accordée en créant une œuvre digne de votre approbation.

Pour la mener à bonne fin, le courage et la bonne volonté ne me feront pas défaut.

Les proscrits du 18 mars n'ont pas d'autre devise que TRAVAIL.

Veuillez, etc.

A. BALLIÈRE.

Nouméa, le 28 février 1874. E. V.

Le courrier agite sa cloche de départ. C'est aujourd'hui le 1er mars, il est 9 h 45 ; dans un quart d'heure il va s'en aller emportant les lettres que j'envoie en France.

Ma chambre est triste et je m'ennuie. J'éprouve un serrement de cœur en voyant partir ce courrier pour une terre libre. Ma voisine Déga m'apporte un bouquet de fleurs dont je ne pourrai jamais voir les pétales entr'ouverts : elles ne respirent que la nuit, et il m'est impossible d'avoir une bougie allumée dans ma chambre par trop ventilée.

Je ne serais plus revenu sur cette traite odieuse que souffre le gouvernement français en Nouvelle-Calédonie, si ces jours derniers les « chaousses » n'avaient assassiné un enfant de neuf à dix ans[95], arrivé par les derniers bateaux, il y a quelques semaines, et appartenant au contremaître de M. Sohn.

---

95 * Dans ses réponses à la commission d'enquête extra-parlementaire du 8 décembre 1880, Jean Allemane donne cette information : « Je dois également signaler qu'en décembre 1873, par une nuit très claire, un jeune Canaque de la Conception (propriété des pères maristes) fut mis à mort par le chef de camp Argentier. Le surveillant de première classe Pasqualini était présent. Frappé mortellement, le malheureux Canaque expira quelques heures après à l'hôpital de Nouméa où une corvée de condamnés, sous les ordres du forçat contre-maître Malfati, l'avait transporté. » Allemane, [1906], (appendice, p. 512). L'auteur raconte d'autres détails de l'événement dans le cours de sa narration (*Ibid.*, p. 267-268). Il semble qu'il y ait ici une confusion : les dates (décembre pour Allemane et mars pour Ballière) et les identités de la victime (un Kanak de la Conception pour Allemane et un Néo-Hébridais pour Ballière) diffèrent. Seul, le nom Pasqualini et, peut-être, le lieu (Montravel) sont communs. Il se pourrait qu'il y ait eu deux faits différents. S'il s'agit du même fait, on peut, pour la date, faire confiance à Ballière qui l'a noté dans son journal, alors qu'Allemane le rapporte de mémoire.

Ce crime s'est accompli dans la soirée de vendredi dernier (6 mars); il a été commis par les nommés Pasqualini, Sabastier et Schumacher. On a rapporté ce pauvre petit être du pied du mont Montravel à l'hospice, où l'autopsie a été faite. On a extrait du cadavre deux balles du calibre de douze millimètres et l'enquête s'est arrêtée là.

Bernut, le propriétaire de ce petit esclave, m'avait prié de rédiger une plainte contre les surveillants susnommés; mais le gouverneur l'a fait appeler et l'a engagé à retirer promptement sa plainte, sous peine d'avoir à s'en repentir. Bernut est encore un ancien soldat congédié par les procédés que j'ai indiqués au début; il s'est empressé d'exécuter l'ordre qui venait de lui être militairement donné.

Pendant notre dîner d'hier, le sous-directeur des lignes télégraphiques nous a appris que les frais d'installation et le traitement des chefs et employés de son administration sont prélevés sur le budget de la déportation!… C'est sans doute pour cela que nos camarades ne mangent pas et n'ont pas de souliers!

Depuis que notre tentative d'évasion a échoué, nous n'avons plus qu'un but, c'est de recommencer, en prenant plus de précautions[96]. Aujourd'hui jeudi, jour de la Mi-Carême, Jourde est parti pour la presqu'île Ducos[97]. Il s'agit d'une entreprise dont on n'ose pas trop parler avant qu'elle ait réussi.

---

96 * Ballière 1905 précise : «Dès le mois de février, nous essayâmes, tous les deux, de joindre un navire en partance pour l'Australie. Il était dans le port de commerce. Une violente bourrasque du sud nous empêcha de mettre notre projet à exécution. […] Le prix avait été fixé avec le capitaine du navire, à 250 F, soit 500 F pour nous deux, Jourde et moi. Le capitaine nous fit savoir par courrier spécial qu'il reviendrait en avril…» (p. 51). Jourde 1877 donne, avec humour, au sujet de cette première (double) tentative d'évasion, beaucoup plus de détails, sans citer le nom des personnes impliquées. Il signale cependant le concours précieux d'«un jeune Badois, employé de commerce à Nouméa qui [leur] avait toujours témoigné une grande amitié et un véritable dévouement» (p. 30-32). Il s'agit d'Alfred WALLERSTEIN qui jouera par la suite le rôle indispensable de l'interprète.

97 * Jourde 1877 raconte ses deux visites à Ducos. Lors de la première, le jeudi 26 février, il retrouve avec émotion ses trois amis Grousset, Pain et Rochefort dont il décrit, avec précision, la «case». Ils prennent ensemble un déjeuner «d'une franche et cordiale gaieté» à l'issue duquel ils invitent, pour un café, leurs amis Arnold, Bauër, Jules Renard et Gentellet. C'est, selon cette narration, le vif désir de Grousset de s'échapper et sa demande qui inspire à Jourde l'idée de venir chercher ses amis à l'îlot Kuauri. Un deuxième voyage, le jeudi 12 mars, permet, toujours

La mort fait rage ; aujourd'hui 17 mars on enterre trois colons. Un très connu, Ferdinand Joubert, âgé de trente-deux ans, sucrier esclavagiste ; c'est une perte pour la colonie, si elle devait avoir un peu d'avenir. Le second est le directeur général des lignes télégraphiques (?)[98]. Le troisième est un inconnu.

Depuis quelques jours, Jourde m'a fait entrer dans la société l'*Union*[99], dont il est le président. Cette association a pour but de secourir ceux de nos camarades qui tomberaient dans la misère ou le malheur. J'apporte aussi mon obole à une souscription anonyme faite en faveur de nos amis condamnés aux travaux forcés. On s'occupe surtout beaucoup de quatorze malheureux soldats condamnés à mort et dont la peine a été commuée en celle des travaux forcés à perpétuité, et tout cela pour avoir refusé de faire usage de leurs armes contre les gardes nationaux de Paris.

Mes plans sont terminés ; la dernière feuille a été photographiée ce matin. D'un autre côté, notre projet d'évasion va bien ; les amis de la presqu'île sont prêts et n'attendent plus que notre signal.

J'ai eu plusieurs entrevues avec le capitaine du *P.C.E.*[100] ; tout est convenu, arrêté, arrangé. Il m'a même dit qu'il avait sur sa table une série du journal le *Bow Bells*, contenant le portrait, et même la biographie de Rochefort, et qu'il le reconnaîtrait bien.

---

avec le concours de « l'ami Bastien », muni de la barque de son patron, d'arranger avec précision les modalités de la future évasion. (p. 34-70)

98 * Il s'agit en effet du directeur du service télégraphique, Alphonse ANFONSO (45 ans), arrivé trois mois auparavant en Nouvelle-Calédonie, et décédé soudainement le 16 mars. Voir *Le Moniteur de la Nouvelle-Calédonie* du 18 mars 1874.

99 * Jourde 1877 donne des détails précis sur cette « société d'aide mutuelle créée avec l'approbation du gouverneur ». (p. 29)

100 Prononcez Pi-Ci-I.

Henri Rochefort — Portrait extrait de *La Lanterne*, Paris 1868.

Ce capitaine, à l'œil vif et décidé, paraît enchanté d'être mêlé à une affaire qui fera parler de lui. Aussi est-il très coulant sur le mode de paiement, dont la plus grande partie ne se fera qu'en Australie.

Avant de quitter la Nouvelle-Calédonie, je ne crois pouvoir mieux faire que de donner un nouvel extrait de la *Revue australienne* (n° 4, mars 1874). Cette critique sera d'autant plus intéressante, que le rédacteur de ce journal est généralement accusé à Nouméa de rechercher les faveurs du gouvernement colonial.

« LA NOUVELLE-CALÉDONIE
ET LA
VILLE DE NOUMÉA
EN 1874

M. Gaultier de la Richerie, capitaine de vaisseau, est arrivé à Nouméa comme gouverneur de la Nouvelle-Calédonie et Dépendances, au mois d'août 1870. Quelques années auparavant, M. de la Richerie était commissaire impérial à Taïti.

Nonobstant la haute position qu'il occupe dans la marine militaire, on espérait que les fonctions administratives qui lui avaient été précédemment confiées avaient enseigné à M. de la Richerie les meilleurs moyens d'établir et d'assurer le succès d'un pays. Ce haut fonctionnaire avait en outre la réputation d'être un homme très actif et très énergique ; enfin on le voyait arriver dans la colonie avec d'autant plus de plaisir qu'on savait que l'Administration allait recevoir une impulsion absolument différente de celle de l'amiral Guillain.

L'amiral Guillain, quelque temps avant son départ, se plaisait à dire qu'il regrettait beaucoup et regretterait longtemps la Nouvelle-Calédonie ; mais nous n'avons jamais entendu dire qu'elle éprouverait les mêmes sentiments à l'égard de l'amiral Guillain. Ce n'est que dernièrement que des esprits animés d'intentions malveillantes, des êtres fastidieux que rien ne saurait satisfaire, se sont abandonnés à leur désespoir et s'écriaient dans leur douleur : "Reprenez le commandant de la Richerie si vous le voulez, mais rendez-nous l'amiral Guillain !"

Maintenant, il ne faut pas perdre de vue que ces lamentations viennent de gens fort malicieux, ne demandant le retour de l'amiral Guillain que parce qu'ils savent très bien que l'amiral Guillain ne peut pas revenir ! Que voulez-vous ? cher lecteur, il y a des gens dont le seul esprit est l'esprit de contradiction ; aussi ils en usent, en abusent et en mésusent ; chacun fait ce qu'il peut, on ne doit pas leur en vouloir.

D'un autre côté, il nous semble aussi qu'il y aurait imprudence à les condamner sans les entendre ; peut-être y a-t-il lieu de croire au moins la moitié de ce que disent ces esprits frondeurs et tracassiers, avec lesquels il *demeurait* irréfutablement *démontré à l'amiral Guillain que l'administration d'un pays et plus particulièrement de la colonie dont il était le chef, était de l'impossibilité la plus absolue !*

Le secrétaire colonial de l'époque, M. Mathieu, capitaine de frégate, avait hautement déclaré qu'il n'hésitait pas à partager l'opinion si évidemment pratique émise par la plus haute autorité de la colonie, le représentant de Sa Majesté l'Empereur !

On voit que les habitants de la Nouvelle-Calédonie savaient précisément à quoi s'en tenir sous l'administration Guillain. Il n'y avait pas de place pour le moindre doute ; s'ils tracassaient l'Administration, eh bien ! l'Administration les tracassait ! C'était tout simple ! Si l'on allait communiquer avec le secrétaire colonial, celui-ci, après avoir exactement et plusieurs fois mesuré la distance de la naissance à l'extrémité de son nez, répondait gravement que *l'Administration n'avait pas commencé, ajoutait que le but du gouvernement de l'Empereur en Nouvelle-Calédonie avait toujours été d'administrer paternellement tous les intérêts*, et terminait en assurant son interlocuteur que tout était pour le mieux sous le meilleur des gouvernements possibles.

Il fallait se contenter de ces réponses-là, et encore ce n'était pas tout le monde qui avait la chance de les obtenir !

Un tel état de choses ne pouvait manquer de provoquer des vœux ardents pour qu'il cesse, et une première satisfaction fut donnée à ces vœux par le départ de l'amiral Guillain et l'arrivée de M. de la Richerie.

En raison de ce qui se passait alors en France, l'état des esprits en Nouvelle-Calédonie était quelque peu excité et l'on voulut profiter de la délivrance de la Métropole pour demander l'établissement en Calédonie de certaines institutions consacrées aujourd'hui presque dans tous les pays par la civilisation du 19e siècle.

M. de la Richerie, en réponse aux demandes qu'on lui adressa en septembre ou octobre 1870, fit une proclamation qui n'était pas trop mal tournée et dans laquelle il assurait les populations dans l'attente, que le règne de l'âge d'or venait de s'ouvrir pour la Nouvelle-Calédonie et que rien de ce qui était demandé ne serait refusé.

Franchement, on n'avait rien demandé que de raisonnable, et cependant, quand on connut les belles paroles prononcées par le gouverneur, il se trouva des gens que le sentiment de la reconnaissance attendrit au point de les pousser à vouloir embrasser le sauveur du pays ; les moins enthousiastes se laissaient aller à la joie que provoque un souhait à moitié accompli et les plus froids ne croyaient pas faire tort à leur réputation d'hommes sérieux en convenant qu'il pouvait bien se faire qu'on eût mis la main, sans le savoir, sur le gouverneur dont on avait précisément besoin pour faire entrer la colonie dans la voie du progrès.

Quelques rares exceptions prétendirent qu'ils avaient connu des individus se servant, pour assommer les gens, du même goupillon dont ils s'étaient servis pour leur offrir de l'eau bénite, mais tout le monde convint que ceux de cette opinion étaient de cette classe d'esprits frondeurs et tracassiers qui rendait au gouvernement de l'Empereur l'administration du pays absolument impossible.

M. de la Richerie déclara à plusieurs reprises les excellentes intentions dont il était animé pour la Nouvelle-Calédonie, et nous avons entendu parler de gens que l'enthousiasme rendait fou. Il est venu aussi à notre connaissance que déjà quelques notables de la ville avaient tenu une réunion dans laquelle on avait mis à l'étude la question d'ériger une statue à M. de la Richerie, sur la première place publique qui serait formée d'une manière régulière à Nouméa, sous son administration. Il y a bien une place publique à Nouméa aujourd'hui, seulement comme elle ne ressemble à aucune autre place publique et qu'elle n'a pas été formée d'une manière régulière, on n'a pas encore commandé la statue.

Ce que nous venons de dire n'est pas une invention de notre part : c'est la vérité pure, et si nous ne craignions de les exposer à l'indignation de M. de la Richerie, nous nommerions ici-même les citoyens pleins d'initiative auxquels revient l'honneur de ce projet.

Pour nous, nous regrettons qu'il ne soit pas encore mis à exécution, car ce serait au moins un monument dans une ville qui en est jusqu'à ce jour complètement dépourvue.

Il est vrai qu'il y a beaucoup d'autres choses dont Nouméa est dépourvu tout aussi complètement, et c'est peut-être parce qu'elle ne sait pas par où commencer que l'Administration a trouvé beaucoup moins embarrassant de laisser le chef-lieu de la colonie comme elle l'a trouvé et d'attendre que les améliorations, les embellissements, les travaux d'utilité publique quelconques se fassent d'eux-mêmes.

C'est là une décision qu'on ne saurait trop admirer : elle est tout à fait caractéristique, et nous espérons que le monde entier partagera cette opinion.

Il est malheureusement trop vrai que tous les travaux quelconques n'ont marché en Calédonie qu'avec une lenteur désespérante pour tout ce qui concerne le développement des relations et les intérêts commerciaux.

L'administration Guillain ne semblait avoir connaissance de la présence de colons en Nouvelle-Calédonie que pour les vexer et les contrarier. Dans son affection pour les *Ouvriers de la Transportation*, M. Guillain ne voulait rien que pour eux[101].

Il suffit pour s'en convaincre de mettre les pieds à l'île Nou et d'aller visiter l'emplacement de Bourail.

L'établissement pénitentiaire de l'île Nou, s'il n'est pas tout ce qu'on aurait pu avoir de mieux, est cependant dans un état des plus satisfaisants, et à ce titre, si telle était la mission exclusive à eux donnée, les fonctionnaires à qui remonte la responsabilité des travaux exécutés ont bien gagné leurs appointements ; en revanche ils ne se sont point acquis les sympathies de la colonie. On comprend facile-

---

101 L'administration de M. Guillain était certainement plus dans le vrai que celle de M. de la Richerie ; étant donné que la Nouvelle-Calédonie soit bonne à quelque chose, c'est certainement seulement à essayer d'établir les condamnés de droit commun qui paraîtront vouloir revenir au bien et rentrer dans la société. – À ce point de vue, les mesures libérales de l'amiral Guillain étaient préférables à celles du geôlier de la Richerie qui a fait du bagne un antre plus terrible que celui de Toulon, qui avait au moins l'avantage d'être soumis à un contrôle direct.

ment que la colonie ne pouvait voir avec plaisir le temps, les capitaux et les intérêts déjà établis, sacrifiés de parti-pris et d'une manière qui paraissait définitive.

Mais, nous le répétons, M. Guillain et son personnel ne tenaient pas les colons dans le doute sur leurs intentions : on ne voulait pas de colons civils, on tâchait de détourner ceux qui voulaient venir et de se débarrasser de ceux qui étaient déjà venus.

Afin d'assurer le succès de cet étrange système de colonisation, dont la paternité ne leur sera contestée par personne, les administrateurs d'alors, ou plutôt ceux qui en faisaient les fonctions, imaginèrent, du moins nous le croyons, de persuader aux transportés que la propriété de la Nouvelle-Calédonie leur était exclusivement destinée et que tout colon établi dans la colonie, s'il n'y était venu primitivement comme un ancien citoyen entretenu par l'État, devait être considéré comme un intrus.

Avec les gens auxquels une pareille manière d'envisager la situation était présentée, on devait s'attendre à voir leurs esprits fermenter, et il serait facile de prouver par de nombreux témoignages que les Ouvriers de la Transportation ont souvent dit sans se gêner à des habitants : *Mais qu'est-ce que vous venez faire ici, vous qui n'êtes pas comme nous ? Ce n'est pas pour vous qu'on a fait de la Calédonie une possession française ; laissez courir ! Le jour viendra où nous vous le ferons bien voir* !

M. de la Richerie, dès son arrivée, a paru adopter une ligne de conduite toute différente, du moins à l'égard de la Transportation. Malheureusement il n'a fait que paraître avoir une détermination de ce genre.

S'il est vrai, qu'au début de son administration, M. le gouverneur actuel a promis aux forçats plus de coups de garcettes que de doubles rations, il est vrai aussi que l'élément civil et seul colonisateur n'a pas reçu les encouragements dont il était digne.

En dépit des belles promesses faites à son arrivée, et qui n'ont jamais été autre chose que des promesses, M. de la Richerie nous paraît avoir fait tout le contraire de ce qu'il avait fait espérer.

Loin de s'aider des avis d'un Conseil colonial composé d'individus nommés directement par leurs concitoyens, ainsi qu'on le lui avait offert, et idée à laquelle il avait paru se rallier, M. de la Richerie, complètement ignorant des besoins du pays, ne s'éclaira pas comme il aurait dû le faire.

Toutes les fois que des colons sérieux ou de hauts fonctionnaires même s'adressaient à lui et lui soumettaient des plans de réforme ou des observations quelconques, M. le gouverneur les écoutait avec une apparente attention, et le sourire qu'on lui connaît toujours sur les lèvres. Puis, pour se débarrasser plus facilement sans doute de ces importuns visiteurs, M. de la Richerie les congédie fort poliment, fort gentiment, fort aimablement, en approuvant positivement leurs idées, leurs plaintes, etc., partageant sans réserves leur manière de voir, promettant la plus sérieuse considération et n'ayant l'air d'ajouter que pour la forme des réserves banales dont il fait postérieurement le plus grand cas, et à l'aide desquelles, en d'autres termes, il s'évite, croit-on généralement, la peine et le travail d'étudier les questions dont on a eu l'honneur de l'entretenir. Quand on le presse trop, il promet une réponse presque immédiate, comme potion calmante. Quand enfin il a enlevé tout espoir, il se met à l'abri derrière son Conseil, *dont il n'est que le pauvre instrument, le fragile jouet, malgré tout ce qu'en peuvent dire*, prétend-il dans sa correspondance, *des individus qui ont le tort d'être absolument ignorants du jeu de nos institutions.*

Un désenchantement général a suivi les promesses libérales de M. de la Richerie.

S'en étant aperçu, et au courant des insinuations que des mécontents répandaient sur son compte au sujet de certaines entreprises nouvellement établies, M. le gouverneur, nous dit-on, pensa une première fois à se démettre de ses fonctions ; diverses circonstances firent changer la face des choses, et afin de lui donner plus de facilités pour accomplir la mission dont il était chargé, en paraissant l'approuver, le ministère de la Marine lui donna le commandement de la division navale, titre qui lui garantit presque une nomination de contre-amiral.

Le temps n'est pas encore venu d'examiner utilement ce qu'il peut y avoir de vrai ou de faux dans les accusations diverses portées contre M. de la Richerie, accusations auxquelles un fonctionnaire de son rang, investi de pouvoirs tout particuliers, ne saurait échapper.

Quant à la supposition que les plus bienveillants ont faite que M. de la Richerie a été victime de son peu d'expérience et d'une trop grande confiance en lui-même ou en certaines personnes de son entourage, si nous devons croire les renseignements et informations que nous avons obtenus des différentes sources, toutes parfaitement sûres et à même d'exprimer des opinions d'une valeur incontestable, M. de la Richerie n'aurait que trop justifié cette supposition.

Une troisième opinion enfin est que M. de la Richerie, parfaitement capable par lui-même de s'acquitter avec distinction de la tâche qui lui était confiée, n'a pas été secondé comme il était nécessaire.

Parmi les fonctionnaires dont l'assistance est la plus indispensable à un gouverneur ou un préfet, le directeur de l'Intérieur ou secrétaire colonial ou secrétaire général, est celui qui a le plus d'importance en raison de la nature de ses fonctions qui centralisent entre ses mains tous les détails de l'administration générale du département ou de la colonie. Pour remplir de pareilles fonctions avec succès, il faut que le titulaire ait acquis une expérience longue et spéciale, basée sur de solides études administratives faites à une bonne école, qualités auxquelles doit presque indispensablement se joindre celle de la connaissance des administrations étrangères, connaissance qui doit être acquise bien moins par la théorie que par des voyages et un certain séjour en pays étrangers, afin que les comparaisons et l'étude des divers systèmes administratifs ainsi que de leurs résultats auxquels un apprenti administrateur doit se livrer, puissent avoir leur effet.

Or, l'administration de la Nouvelle-Calédonie n'a pas été confiée jusqu'à ce jour, à des mains aussi expérimentées ! En fait, on a administré un peu au hasard : quand l'on craignait de *se noyer dans son crachat*, on prenait bravement le parti de s'abstenir ; de cette façon, il n'y a pas de *gros légume* qui puisse se compromettre, aussi les intérêts de la colonie n'ont pas marché.

Sans doute, la subordination est une bonne chose, ainsi que le remarque l'*Annuaire de la Calédonie* ; elle est particulièrement recommandée dans des colonies, mais enfin, *pas trop n'en faut* !

Il ne s'agit pas de dire *oui* avant de savoir ce que l'on vous demande ou d'approuver une opinion ou un rapport avant de l'avoir complètement entendu ou lu ; procéder ainsi peut être une marque de confiance absolue et illimitée dans la sagesse de celui à qui le compliment s'adresse, mais ce n'est pas le fait d'un administrateur digne de ce nom.

Un bon secrétaire colonial doit être capable d'avoir son opinion personnelle sur tout ce qui est de son ressort, et ne doit avoir besoin du secours de qui que ce soit pour l'exprimer ; il doit aussi avoir la fermeté et l'énergie de soutenir son opinion.

Nous ne disons pas cela pour insinuer que le secrétaire colonial actuel ne justifie pas de la capacité voulue ; tout le monde s'accorde à lui rendre cette justice qu'il n'est inférieur en rien à ceux qui l'ont précédé dans ses fonctions, et l'opinion publique paraît être aussi qu'il ne leur est pas supérieur.

Une autre chose, non moins essentielle, qui a fait également défaut à M. de la Richerie, c'est l'assistance d'un Conseil composé de colons élus par les habitants intéressés à l'avenir et au succès du pays. Ce Conseil aurait pu *n'avoir que voix consultative*, et quand bien même le nombre de ceux qui l'auraient composé eût été des plus restreints, il aurait suffi à sauvegarder la responsabilité du gouverneur dans le cas où ce haut fonctionnaire, après avoir pris conseil des conseillers ordinaires que lui adjoint la Métropole, aurait adopté l'avis du Conseil élu dans les matières d'intérêt purement local ; mais si un conseil de ce genre a fait défaut à M. de la Richerie, la faute en est à lui seul. L'Administration centrale est depuis longtemps disposée à établir une pareille institution en Calédonie, pourvu que les colons français soient seuls à la composer ; mais sur ce point, il nous est revenu que l'opposition faite par le gouvernement de la Nouvelle-Calédonie à l'adoption de cette mesure a été telle que l'Administration centrale, pour ne pas être prise au dépourvu et ne pas laisser la colonie sans chef à une époque de difficultés, a dû ajourner la mise à exécution de son projet.

Nous ajouterons que nous ne pouvons nous rendre compte des raisons qui ont poussé M. de la Richerie à une détermination aussi bizarre. Il a ainsi donné, selon beaucoup de gens, un poids considérable aux reproches qu'on lui adresse depuis longtemps, *d'avoir administré la Nouvelle-Calédonie bien plus pour satisfaire des intérêts privés que pour servir les intérêts réels du pays*[102].

Pour nous, nous rejetons cette supposition jusqu'à ce qu'elle soit prouvée ; nous ajoutons qu'elle nous paraît incompatible avec la ligne de conduite suivie par l'administration actuelle à l'égard de certains comptables de deniers publics, et nous croyons que l'opposition de M. de la Richerie à la mesure en question doit est attribuée bien plutôt à son antipathie profonde pour tout ce qui l'expose à la contradiction ; on trouve d'ailleurs ce même sentiment chez tous les hommes dont la profession est semblable à la sienne. Il est des conditions qui semblent plus particulièrement vouées à la colère et aux vivacités, comme celles des marins, des militaires, etc., etc. Aussi font-ils bien d'éviter autant que possible toutes les occasions d'avoir une attaque de nerfs.

La contradiction est une de ces choses qui ne sauraient manquer de provoquer à la colère des personnes irascibles.

---

102   Cette modeste accusation ne tardera pas, espérons-le, à produire ses fruits, et quand l'Administration de la Métropole voudra faire faire une enquête, elle pourra facilement se rendre compte de bien des choses fort délicates à dire.

Or, l'habitude de la colère, d'après le *Dictionnaire de la conver-sation*, est un péril toujours menaçant pour la santé, pour la vie. Rien ne tourmente plus les digestions ; rien n'altère plus l'élaboration des sucs nutritifs, les colériques et les bilieux sont sujets à des spasmes, des coliques, des diarrhées, des fièvres ardentes, des hépatites, des ictères, des dépravations d'humeur, des vomissements, des squirres, outre les épanchements et ruptures de vaisseaux, les hernies, les palpitations, les défaillances, les morts subites.

En présence d'un tel régiment de menaces, on comprend aisément que tout individu irascible évite, par tous les moyens en son pouvoir, les occasions de se mettre en colère. Cependant, d'après les heureux résultats que donne la contradiction, selon le même dictionnaire déjà nommé, il nous semble que l'intérêt bien entendu du pays devrait l'emporter sur n'importe quelle considération d'intérêt privé et décider ceux que leur position met à même de les apprécier à rechercher cette bienfaisante contradiction même au risque de compromettre leur santé et au péril de perdre la vie.

La contradiction a son bon côté : elle attaque bien des erreurs, détruit bien des préjudices, couvre de ridicule bien des travers et bien des vices. Quelle que soit l'intention qui la dirige, elle n'en rend pas moins, par le fait, d'importants services à la vérité, et lorsqu'elle combat la vérité elle-même, elle ne la sert pas moins efficacement. Plus elle est ingénieuse à l'attaque, plus elle la rend ingénieuse à se défendre. Plus elle déploie des efforts contre elle, plus elle l'excite à déployer aussi toutes ses ressources ; plus elle lui porte de rudes coups et s'opiniâtre à sa ruine, plus elle la force à se tenir sur ses gardes et à chercher une base solide où elle s'appuie et d'où il lui soit impossible de la renverser.

En effet, c'est à la contradiction qu'il faut attribuer une grande partie des progrès de l'esprit humain, et pour me servir d'une comparaison bien connue, c'est du choc des opinions qu'est sortie la lumière. Je n'ai jamais assisté à des discussions sans y rencontrer de ces esprits *frondeurs et tracassiers* qui, cherchant à briller, attaquent toujours l'opinion la plus vraisemblable. Pour leur répondre alors, on s'évertuait à chercher des raisons plus solides ou plus claires que celles qui avaient été apportées d'abord, et on en trouvait beaucoup. On finissait par rencontrer les meilleures, tous les termes de la question se démêlaient peu à peu, et ce qui n'était auparavant qu'une opinion vraisemblable, devenait une conviction.

Une bonne raison à donner contre cette argumentation est que l'Administration, telle qu'elle est organisée en Calédonie, n'éprouve le besoin de convaincre personne : ceux qui veulent croire, on les laisse croire ; ceux qui ne veulent pas croire, on les laisse ne pas croire ; mais l'Administration n'en fait qu'à sa tête et à sa guise. Quelquefois elle daigne répondre ; sous M. Guillain, nous avons vu le genre de réponse ; sous l'administration actuelle, ça a un peu varié !

Quand après cinq minutes de conversation, on n'a pu comprendre le parce que d'un pourquoi, il y a à Nouméa un fonctionnaire qui vous répond : *Monsieur, c'est comme cela que les choses se passent dans ce pays-ci* !

Il n'y a que les gens gâtés depuis leur enfance et qui ne veulent pas se soumettre aux usages des pays dans lesquels ils se trouvent qui puissent être mécontents d'une réponse aussi précise !

Elle a l'avantage de simplifier et même d'éviter toutes recherches aux deux côtés, et encore une fois, il faut le faire exprès, pour ne pas en être satisfait, tandis que ne pas la recevoir avec des remerciements et même de la reconnaissance est le fait d'un être grossier !

Quand M. de la Richerie est arrivé en Nouvelle-Calédonie, il a trouvé la ville de Nouméa et l'intérieur de la colonie dans un état très négligé. Depuis bientôt quatre ans que le même M. de la Richerie est gouverneur de la Nouvelle-Calédonie, la ville de Nouméa et l'intérieur de la colonie n'ont subi que des progrès insensibles ; on peut affirmer que rien ne s'est fait, quoiqu'une immense somme d'argent ait été dépensée, que les budgets aient été excédés de 900 000 F et quoique le gouvernement ait eu à sa disposition un nombre considérable d'hommes.

Dans la séance du 12 décembre 1873 de l'Assemblée nationale, l'amiral Dompierre d'Hornoy, ministre de la Marine, déclarait que le chiffre, tant de transportés que de déportés, présents en Nouvelle-Calédonie, était de 10 000. Sous l'administration Guillain, ce chiffre était considérablement inférieur ; il n'y avait d'abord pas de déportés ; néanmoins, et malgré la mauvaise volonté dont elle était animée pour les intérêts locaux, cette administration, qui aujourd'hui semble regrettable à un certain nombre de colons, a, dans l'espace de huit années, avec un *personnel* et un *budget moindres*, construit un MAGNIFIQUE BAGNE avec ses dépendances à l'île Nou, érigé une VASTE CASERNE pour l'infanterie de marine à Nouméa, contribué à la confection et à l'entretien de diverses ROUTES MILITAIRES, dont la colonie peut être fière, et enfin fondé à Bourail, un ÉTABLISSEMENT PÉNITENTIAIRE destiné à un brillant avenir. Cet établissement aurait même déjà donné d'excellents résultats si l'administration actuelle ne l'avait sacrifié presque complètement à une question d'amour-propre personnel.

En ce qui concerne les routes, on les a, il est vrai, depuis 1870, prolongées depuis la rivière Dumbéa jusqu'au petit village de Païta ; à partir de ce point, ce qu'on appelle pompeusement *la route* devient un affreux, sale, étroit petit sentier, impraticable aux voitures et aux piétons, et désagréable même à cheval. En quelques endroits, de loin en loin, le sentier devient un peu plus large et un peu mieux formé, et lors de l'inspection de l'amiral baron Roussin, au mois de juin dernier, on eut soin de ne faire parcourir à ce visiteur distingué que les parties de la route qui pouvaient plaire.

Afin de nuire à l'établissement de Bourail, on a entrepris une plantation du même genre, à quelques kilomètres plus au nord et sous un prétexte des plus futiles. Il nous est revenu que lors des inspections de l'amiral Roussin et du général Reboul, malgré les précautions oratoires et autres prises pour dénigrer Bourail et faire valoir outre mesure la création d'Uraïl [Ourail], on aurait produit, sur l'esprit des inspecteurs, un effet absolument contraire à celui qu'on avait en vue.

De plus, sur divers points de la côte, les baraques délabrées et malsaines dans lesquelles logeaient les troupes auraient provoqué le vif mécontentement du général inspecteur.

Le service de la transportation a été aussi beaucoup négligé, non pas que le directeur de ce service n'ait fait tout ce qui dépendait de lui pour pourvoir à tous ses besoins et en perfectionner l'agencement, mais par suite d'ordres supérieurs auxquels il était difficile de ne pas obéir.

Le prétexte mis en avant dans la plupart des cas a été que le service de la déportation, spécialement recommandé, devait absorber toutes les autres branches de l'Administration et s'en approprier les ressources[103]. Ce service n'en a pas mieux été servi, néanmoins. Nonobstant, l'assurance donnée au ministère que tout serait prêt, plus que prêt, pour l'arrivée des premiers déportés en Calédonie, l'administration locale, quoique de bonne foi, croyons-nous, lorsqu'elle donna cette assurance, fut prise au dépourvu et, malgré les sommes énormes qu'il lui fallut dépenser pour faire face aux exigences de la situation, elle s'est trouvée et se trouve encore dans de grands embarras pour donner des logements convenables ou tels que ceux qui avaient été prescrits à la multitude des condamnés politique arrivés en Calédonie depuis deux ans.

---

103   Le lecteur a pu voir quels sont les travaux faits pour la déportation.

On a eu certainement recours à de nombreux expédients plus ou moins heureux, mais on a toujours senti l'absence d'un homme capable à la tête de l'Administration.

Nous ne faisons qu'énoncer ici des généralités ; nous espérons être à même, dans quelque temps, de confirmer ce que nous disons aujourd'hui avec des détails complets et par conséquent plus explicites. Quant à la ville même de Nouméa, il y a de quoi désespérer.

Depuis 1870, c'est à peine si l'aspect de la ville a changé. Sans doute le nombre des habitations s'est accru, puisque le chiffre de la population s'est élevé, mais qu'est-ce que cela ?

D'ailleurs, les habitations dont nous parlons ne sont guère que des HUTTES EN BOIS ou de LARGES GUÉRITES. Quelques-unes sont construites avec des débris de caisses de marchandises, en raison du caractère tout provisoire qui leur est attribué.

Quant à l'achèvement des rues ou remblaiement du grand marais, nivellement de la butte Conneau, travaux de voirie généralement quelconques, rien n'a été fait.

Afin que ceux de nos lecteurs, en France et ailleurs, qui ne connaissent point la ville de Nouméa, puissent bien comprendre les graves sujets de plainte que la population de la ville a le droit de formuler contre ceux auxquels on a remis le soin d'administrer la colonie, notre intention est de leur en donner une définition exacte et claire :

La ville de Nouméa est située à l'extrémité d'une assez vaste presqu'île, dans la partie sud-ouest de l'île.

Elle est environnée de hautes collines qui l'abritent contre tous les vents et en font une petite fournaise. Quoiqu'entourée par la mer de trois côtés, il n'y a que du côté ouest que les navires peuvent accoster ce qu'on appelle les quais ; la ville est de ce même côté isolée du port par une large et haute butte connue sous le nom de la *butte Conneau*. Derrière cette butte se trouve une étendue de terrain plat que la mer couvre et découvre à chaque marée, et que dans sa sagesse l'Administration a jugé comme l'endroit le plus convenable pour l'emplacement de la ville. Cet espace qu'on appelle *le marais* est aujourd'hui en partie comblé avec des cailloux extraits sur deux ou trois points de la butte Conneau ci-dessus désignée et dont le destin est, paraît-il, de venir s'engloutir complètement dans la vase du marais[104]. Au nord, le marais ou la ville proprement dite est abritée par une petite colline sur laquelle on remarque le fort Constantine, la résidence du gouverneur

---

104   Et de servir à construire les jetées de la ville de Newcastle.

et les bureaux de l'Administration. Tout ce quartier est désigné sous le nom de *potager* par une certaine partie de la population.

À l'est, s'étend une haute colline qui vient se terminer d'une manière assez abrupte vers le centre de la ville, au coin du marais, et est dominée par le Sémaphore et le temple de Salomon[105], que les gens mal pensants appellent la *Maison du Diable*. À l'ouest, le marais (ou la ville) est séparé par les eaux de la rade d'une autre colline, qu'en langage officiel on appelle quartier de l'Artillerie, et que le vulgaire désigne sous le nom de Quartier latin. Pendant longtemps, ces deux parties de la ville ne communiquaient ensemble qu'en faisant un immense détour, ce qui faisait dire à ceux qui entreprenaient le voyage, qu'ils allaient doubler le cap Horn, désignant ainsi l'extrémité de la montagne située au coin du marais.

L'espace compris entre les trois collines est, nord et ouest a été conquis sur la mer ou plutôt sur le rivage de la mer, à l'aide de remblais, et l'on ne peut élever de constructions que sur pilotis enfoncés préalablement à une profondeur considérable.

La ville formant un carré assez régulier, on a tracé, sur l'emplacement, des rues se coupant toutes à angles droits, et qui se prolongent intelligemment dans la même direction jusqu'au sommet des susdites collines, sans tenir compte des difficultés que l'on peut rencontrer à gravir ou à descendre des pentes escarpées. Ceux qui se résignent à un tel exercice, lequel, nous l'avouons, a un effet salutaire dans les pays chauds, arrivent sur la crête de la colline du Sémaphore et y trouvent, à leur grande stupéfaction, le commencement d'une voie large, parfaitement et régulièrement tracée. Cette voie, qui dans l'avenir ne manquera pas d'être appréciée, est jusqu'à ce jour peu fréquentée. L'amiral Guillain, à qui en revient l'idée, a dit que ce serait le *boulevard Guillain*, et elle conservera très certainement ce nom jusqu'au jour où on le lui reprendra. En suivant les lignes projetées de ce boulevard, en laissant sur la gauche la colline de la Maison du Diable, on fait le tour d'un grand ravin qui s'étend entre le pied de cette colline et celui de l'éperon sur lequel on vient de s'engager pour suivre le boulevard Guillain ; ce ravin est appelé *Vallée de l'infanterie,* parce qu'il est presque entièrement occupé par les dépendances de la caserne d'infanterie de marine, construite dans le voisinage.

Un certain nombre de maisons se sont construites sur le flanc ouest de la colline est, et ce ne sont pas les plus mal situées.

---

105 Loge maçonnique.

Quand l'on s'est hasardé à doubler le cap Horn, on traverse un vaste espace, formé de remblais et qu'on appelle quelquefois la place d'Armes, parce qu'il se trouve devant la caserne d'infanterie. En longeant le rivage on suit la rue Mogador qui débouche en plein Quartier latin et on recommence immédiatement à gravir des rues escarpées, mais de ce côté, fort heureusement, et grâce à la négligence de l'Administration, déjà assez occupée par le quartier du marais, les rues ne se coupent plus à angles droits, et on éprouve le plaisir de faire l'ascension de la hauteur en suivant des lignes obliques. D'ailleurs, *ce côté de l'eau* ne consiste qu'en une étroite bande de terrain plat, au pied de la colline que dominent l'établissement de l'Artillerie et ses dépendances. Le Quartier latin doit avoir quelques reconnaissances à M. de la Richerie, car on a entrepris d'abréger la distance qui le séparait du reste de la ville par une chaussée provisoire servant de prolongation à la rue de Sébastopol, et à l'aide de laquelle on évite le grand détour d'autrefois. L'espace compris entre la *rue Mogador* et la *rue Sébastopol* prolongée est à l'état vaseux et liquide alternativement, selon les marées. On voit que Nouméa n'est pas sans quelque ressemblance avec Venise. À l'aide de cette chaussée qui relie *les deux côtés de l'eau* (c'est encore une expression locale), on arrive, en revenant de l'Artillerie, sur le boulevard Cassini, au pied du cap Horn, et en suivant en ligne droite, on s'engage dans la rue Sébastopol, qui, après avoir traversé les rues Inkermann, de l'Alma et de Magenta, vous laisse à l'entrée monumentale du palais de M. le gouverneur. La rue Magenta descend depuis le Sémaphore jusqu'à la Direction du Port, au pied du fort Constantine. C'est là qu'est l'Arsenal maritime. Il y a des gens qui sourient en entendant parler de l'Arsenal maritime de Nouméa, et ont l'air de douter de son existence. Afin de mettre un terme à leurs doutes, nous les renvoyons au directeur de l'Arsenal, car l'Arsenal a un directeur, l'un ne pouvant aller sans l'autre, et nous espérons que le directeur de l'Arsenal trouvera des arguments victorieux pour leur prouver qu'il y a un arsenal à Nouméa. Pour nous, nous n'entreprendrons pas cette démonstration, et pour cause.

Étant au pied de la rue Magenta, et regardant le Port, si l'on tourne à gauche, on monte à l'Hôpital maritime, lequel est un établissement très beau, mais encore plus coûteux qu'il n'est beau.

Si l'on tourne à gauche, on suit, non pas le quai, mais le rivage de la mer en se dirigeant vers l'Artillerie, jusqu'à ce que l'on soit arrêté par ce bras de mer qui, comme nous l'avons déjà dit, sépare le quartier de l'Artillerie de cette partie de la ville située entre le cap Horn et la butte Conneau et que l'on appelle le Marais.

Lorsqu'on longe ainsi le rivage, on est séparé de la ville par toute l'épaisseur de la butte Conneau ; mais on est à proximité du seul quai un peu sérieux du port de Nouméa : ce quai, disons-le en passant, que les uns appellent *Pont de la Transportation*, les autres *Quai au Charbon*, et que les enthousiastes décorent du titre de *Grand Quai*, est si mal construit que les navires qui ont à l'accoster ne peuvent s'amarrer dessus, l'administration du port ayant de fortes raisons de craindre qu'il vienne un jour à partir pour Sydney à la traîne d'un navire.

Si, du Grand Quai, on veut rentrer en ville, on peut reprendre le chemin par lequel on est venu ; on peut aussi passer par la tranchée pratiquée dans la butte Conneau et faisant face au quai. On s'engage alors dans la rue Inkermann.

Cette rue consiste, dans la plus grande partie de son parcours, en une étroite chaussée séparant la mer d'une espèce de lac marécageux, dont plus de la moitié a déjà été aliénée depuis longtemps. En fait c'est sous l'administration Guillain que les lots de ville, situés sur cet emplacement, sont devenus des propriétés privées ; cela ne veut pas dire que les acquéreurs aient lieu d'être satisfaits de leur acquisition.

Sous l'administration de M. Guillain, une partie des transportés détenus à l'île Nou étaient spécialement occupés à abattre la butte Conneau et à combler les marais. Ces travaux menés régulièrement permettaient, d'après les plans donnés, d'assigner une époque à peu près certaine à l'achèvement de l'entreprise. Aussi, cette administration peu regrettable par elle-même, mais tant regrettée en raison de celle qui l'a suivie, n'avait-elle pas hésité à *aloter* même les marais, et des capitalistes s'étaient trouvés pour acheter, un prix bien au-dessus de leur valeur réelle, des lots encore submergés. Tant que M. Guillain gouverna la Nouvelle-Calédonie, ces travaux se continuèrent ; mais lorsque l'administration actuelle arriva, elle eut d'autres objets en vue et le remblaiement du grand marais fut abandonné, au mépris et au grand désavantage des intérêts des colons qui, comptant sur l'achèvement des travaux, avaient livré leur pauvre argent à l'État.

Ainsi qu'a bien voulu nous l'écrire un des hommes les plus influents et les mieux appréciés de la colonie, nous croyons aussi qu'un engagement, au moins moral, a été pris par l'administration Guillain ; cet engagement subsiste dans toutes ces parties pour l'administration de M. de la Richerie, et il est regrettable que des retards provenant du fait de cette administration prolongent la durée des obstacles qui s'opposent à l'entrée en jouissance des propriétaires.

Pour nous, ajoutait notre honorable correspondant, nous ne pouvons penser sans compassion aux malheureux qui, pour avoir placé leurs capitaux sur un élément qu'ils croyaient quelque peu solide, n'en sont pas plus avancés qu'il y a quatre ou cinq ans et attendent depuis des années que *le bon plaisir des autorités* soit de faire exécuter les terrassements qui les rendront enfin réellement propriétaires de ce qu'ils ont payé si cher il y a si longtemps.

Il est certain qu'on aurait pu donner plus d'activités aux travaux ; ce ne sont pas les bras qui ont manqué, mais d'après la chronique scandaleuse et les mauvaises langues, la main-d'œuvre disponible serait employée à des occupations que les hautes autorités coloniales jugeraient plus sérieuses.

Du temps de M. Guillain, on pouvait voir à la Ferme Modèle d'Yahoué, près le Pont-des-Français, une fabrique de sabots en plein rapport ; du temps de M. Gaultier, les cordonniers l'auraient, nous dit-on, emporté sur les sabotiers ; le nombre des fabricants de chaussures atteindrait même un chiffre énorme, si nous en devons croire nos correspondants ; en un mot, on a peine à se rendre compte où passent les chaussures diverses qu'ils sont employés à confectionner.

Divers autres travaux d'art ou d'utilité privée absorberaient aussi un non moins grand nombre d'individus, tant et si bien qu'il ne resterait plus personne pour les travaux d'utilité publique.

Nous ne croyons pas nécessaire de préciser davantage, pour que nos lecteurs devinent l'emploi que reçoit la main-d'œuvre, mise par le gouvernement métropolitain à la disposition de la colonie.

En continuant la rue d'Inkermann on arrive à son point d'intersection avec la rue de Sébastopol, et une fois là, de même que celui qui avait passé en 1864 n'avait pas reconnu l'endroit en 1866, et que celui qui avait passé en 1868 ne l'avait pas pu reconnaître l'année suivante, le voyageur qui passa en 1870 ne pourrait juger en 1874 que les maisons n'ont pas changé de place. Il en a été de même, du reste, sur toute la ville. Le niveau des rues a été si souvent changé, qu'on peut croire que ce n'a toujours été et que ce n'est encore qu'un agréable passe-temps pour ceux qui, *lorsqu'ils sont en uniforme ont tout l'air de capitaines du génie* !

Afin de donner à nos lecteurs de France une idée exacte des divers bouleversements exécutés sans savoir pourquoi dans la ville de Nouméa, nous leur dirons de se figurer le Panthéon et la montagne Sainte-Geneviève tout entière, transportés dans le Champ-de-Mars, pendant que les buttes Montmartre seraient transférées dans la plaine Saint-Denis et le mont Valérien, de glorieuse mémoire, enlevé des rives de la Seine pour occuper la place de la montagne Sainte-Geneviève.

On ne voit pas bien ce que l'on devait gagner par tous ces déplacements, sinon que certaines propriétés se sont trouvées tantôt quelques mètres au-dessus, tantôt quelques mètres au-dessous du niveau de la rue.

Ce qui rend les conditions pires, c'est que l'Administration paraît avoir prémédité ces changements. Nous avons été à même de nous confirmer dans cette opinion à plusieurs reprises, et cette conviction nous est venue par suite du refus (ou des lenteurs équivalentes) que l'Administration a mis inévitablement à fournir l'alignement et le nivellement que les propriétaires requéraient avant de commencer leurs constructions, et ainsi qu'ils y étaient et sont astreints par les règlements en vigueur dans la colonie.

Reprenant la rue de Sébastopol en se dirigeant de nouveau vers *Government House*, on arrive à la rue de l'Alma, dans laquelle nous nous engagerons de préférence à la rue de Magenta que nous avons déjà descendue.

La rue de l'Alma est la seconde en importance au chef-lieu. Elle est coupée par diverses rues transversales et parallèles à la rue Sébastopol ; les principales de ces rues, courant nord et sud, sont les rue de Rivoli, de Palestro et de Solférino. Si on remonte les rues de la ville au-delà de la rue Sébastopol, on remarque qu'elles sont égayées par une verdure qui couvre la chaussée et les trottoirs au point d'empêcher, non seulement de les voir, mais même de les soupçonner.

Si on descend vers la mer, le voyageur qui les aperçoit pour la première fois est porté à supposer que la ville est fréquemment visitée par de violents tremblements de terre. La rue de l'Alma a, croyons-nous, été plus que toute autre sujette à des travaux de terrassements et nous n'oserions pas répondre qu'elle n'en verra pas encore beaucoup d'autres.

Lorsqu'on est arrivé au pied de la rue de l'Alma, on a à sa gauche un assez large terrain vague, connu sous le nom de place Napoléon, du temps qu'il y avait des Napoléons. C'est la principale place publique de Nouméa ; c'est là qu'on se réunit pour entendre les morceaux de musique exécutés par des musiciens qui viennent de l'île Nou[106] trois fois par semaine, expressément dans cette intention. Sans doute, c'est une chose fort appréciable, dans un pays comme la Nouvelle-Calédonie, si les gens qui habitent ce pays avaient le caractère un peu mieux fait, ils ne crieraient pas sans cesse que l'Administration ne fait rien pour eux !

---

106   Deux fois : jeudi et dimanche.

L'Illustration n°1572, avril 1873 — Une rue de Nouméa.

C'est aussi sur cette place qu'on devait ériger la statue de M. de la Richerie, statue dont on se rappelle que nous avons parlé un peu plus haut.

Si l'on regarde en face de soi, on est en présence d'une tranchée nouvellement pratiquée dans la butte Conneau, et un magasin de vivres appelé « la Thisbé », parce qu'il a été construit par l'équipage d'une frégate de ce nom.

Enfin si l'on regarde à sa droite, on distingue presqu'au bord de la mer une construction ou plutôt une masse informe dont on a quelque peine à deviner la destination.

Nous informerons nos lecteurs que c'est une machine distillatoire, établie pour fournir de l'eau douce à la population de la ville !

Nouméa est en effet situé dans un endroit complètement dépourvu d'eau ; quand il pleut on recueille précieusement, dans des barriques ou dans de larges caisses à eau, l'ondée qui tombe des nuages, et l'on a toujours soin en pareil cas de faire la plus grande provision possible.

Il peut sembler bizarre, à première vue, qu'on soit venu précisément établir une ville, destinée à être le chef-lieu d'une colonie, sur un emplacement aussi stérile et misérable, à tous les points de vue, que l'est celui de Nouméa. Cependant, si l'on se rend compte des commencements de la colonie, on admet que la facilité des moyens de défense et l'avantage d'un port magnifique sont des considérations suffisantes et de nature à justifier le choix fait ; aujourd'hui, il serait impossible de déplacer le siège du gouvernement colonial, sans porter atteinte à de nombreux intérêts.

La question de l'eau, si souvent discutée, a paru assez grave cependant pour qu'on ne laisse pas la ville beaucoup plus longtemps sans un service assuré ; mais loin d'entreprendre immédiatement la conduite d'un aqueduc amenant en ville l'eau du ruisseau le plus voisin, les fortes têtes qui ont dirigé les affaires de la colonie ont imaginé la construction d'une machine distillatoire que l'on fit fabriquer à Sydney et qu'il fallut ensuite amener de Sydney à Nouméa, le tout à un prix dont l'énormité semble hors de toute proportion avec la valeur de l'objet en vue ; cette détermination fut d'autant plus malheureuse que la machine en question n'a jamais été qu'un four et qu'aujourd'hui il s'agit, pour tout de bon cette fois, d'amener l'eau douce à Nouméa à l'aide de conduits *subterranéens* reliant la ville à la rivière de Saint-Louis, près du Pont-des-Français : une distance d'environ deux lieues.

Machine à distiller l'eau de mer. Coll. M.V.N.

Il y a plus de quatre ans que l'exécution de ce projet est résolue ; on a même reçu les tuyaux destinés à servir de conduits, mais pas une goutte d'eau n'est encore arrivée au réservoir de Nouméa[107].

Il y a bien un plan parfaitement conçu et sur lequel tout le monde semble d'accord, mais de graves et sérieuses raisons s'opposent à son adoption définitive. En effet, l'auteur de ce plan n'est qu'un quart de mandarin et il ne peut présenter son plan sans le concours d'une moitié de mandarin dont il relève. Or, cette moitié de mandarin veut s'attribuer l'idée du plan et les droits d'auteur, ce à quoi le quart de mandarin objecte et refuse, en conséquence, de montrer son plan.

---

107   Ce réservoir n'existe pas, il est à construire comme tout le reste.

Il est bien difficile pour nous de nous prononcer sur une matière aussi délicate ; mais si l'on veut nous le permettre, nous exprimerons nos regrets de voir les besoins de la ville rester en souffrance par suite de l'entêtement et du désaccord de deux mandarins !

Espérons qu'un mandarin, plus fort que les deux autres à la fois, trouvera bientôt le moyen de se procurer le plan si bien gardé et tant désiré !

Il est d'autant plus à souhaiter que cette intervention soit prompte, qu'une diversion de plus est à craindre de la part de l'Administration. Son idée serait en effet d'avoir l'électricité à son service. On vient de voir arriver à Nouméa un directeur[108] du service télégraphique, et à moins que ce soit un prétexte pour négliger l'aqueduc, chacun se demande, mais en vain, ce que ce fonctionnaire vient faire en Calédonie.

Pour ainsi dire, après une promenade autour et dans les rues de Nouméa, le voyageur de 1874 ne trouve rien de plus à dire à l'avantage de la ville, que le voyageur de 1870.

Nonobstant les immenses moyens d'action dont on disposait en fait de main-d'œuvre et de matériaux, les travaux, même de première nécessité pour l'assainissement de la ville, et son amélioration en général, ont été, nous le répétons une fois de plus, absolument négligés.

Nous avons eu occasion de visiter chacune des colonies du continent australien ; nous les avons traversées dans leurs parties les plus peuplées aussi bien que dans leurs parties les plus sauvages, et il n'est pas de village, de hameau de l'intérieur, qui ne nous aient paru MILLE FOIS SUPÉRIEUR EN TOUS POINTS À LA CAPITALE DE LA NOUVELLE-CALÉDONIE.

Il n'y est point de centre quelconque qui, après quelques années seulement d'existence, ne possède un édifice relativement remarquable, dans lequel sont concentrés tous les services locaux, depuis la municipalité ou la *commune* et le service judiciaire, jusqu'à la bibliothèque publique et la salle des comices locaux, salle dans laquelle se réunissent tous les habitants de la localité et du voisinage, pour y examiner et discuter leurs intérêts ou pour entendre les promesses des candidats à l'Assemblée législative lors des élections, soit pour recevoir le compte que ces mêmes candidats, après leur élection, sont tenus, sinon d'après la Constitution, du moins d'après l'usage, de rendre à leurs électeurs ou mandataires de la gestion des intérêts qui leur ont été confiés.

Rien de ce genre n'existe à Nouméa !

---

108   Suivi de son administration et de tous ses agents.

Les services métropolitains à Nouméa sont, à l'exception des casernes d'infanterie et d'artillerie, établis dans de misérables bicoques qu'aucune compagnie d'assurances ne voudrait consentir à garantir, même à des taux très élevés. Le *Government House* sans doute est confortable, point n'est besoin de le dire : un jardin vaste et des plus agréables contribue à faire de cette résidence un endroit charmant, mais seulement pour celui qui l'habite et en jouit à l'exclusion de ceux aux dépens desquels le tout est si bien entretenu.

Avec les moyens et la main-d'œuvre dont on dispose, il nous semble fort étonnant qu'on n'ait pas depuis déjà longtemps construit à Nouméa presque un monument en briques, tant pour les services métropolitains que pour les services locaux. Le bâtiment de la rue Magenta, où se rend la justice, s'il est vrai qu'il se trouve fort heureusement disposé intérieurement pour les besoins du service judiciaire, est loin, par son apparence extérieure, de mériter la distinction dont il est l'objet. De plus, il y a quelques années, lorsque certains procès attiraient un grand nombre d'assistants, le plancher a menacé, en diverses circonstances, de céder sous le poids qu'il avait à supporter.

Les habitants s'estimeraient assez heureux de posséder un large marché couvert, au lieu d'une niche allongée où la circulation est impossible et qui, conséquemment, est absolument inutile.

Pourquoi, enfin, le jardin qui entoure le Gouvernement n'est-il pas régulièrement ouvert au public ?

À son arrivée à Nouméa, M. le commandement Gaultier en avait promis le libre accès à certains jours, mais nous tenons d'un haut fonctionnaire, que si l'on venait en demander l'entrée, on ne tardait pas à vous faire voir que vous étiez *gênant*, si toutefois on avait trouvé la clef pour vous en ouvrir la porte !

Il n'y a guère que les familiers du *château* qui puissent aller se reposer sous les ombrages des arbres verdoyants que la vile populace est obligée de se contenter d'admirer de loin !

Les habitants de Nouméa préféreraient que l'Administration se montre un peu plus soucieuse de l'achèvement de la ville au moins, sinon de son embellissement.

Mais pour que de tels vœux se réalisent, il faudrait une Administration un tant soit peu plus sérieuse et mieux organisée que celle dont la colonie est actuellement dotée.

Si le temps n'est pas encore venu d'établir un Conseil colonial, ce que nous questionnons fort, on admettra bien du moins que dans la population actuelle on peut facilement trouver des éléments d'un conseil municipal. Il n'y a pas de ville de 2 ou 3000 habitants, en France, qui ne jouisse d'une telle institution, et ce, pour son plus grand bien.

Assisté d'un tel conseil, les administrateurs délégués par la Métropole ne pourraient manquer d'être au moins quelque peu mieux éclairés sur les vrais besoins du pays, choses qu'ils ont jusqu'à ce jour paru presque complètement ignorer ; d'un autre côté aussi, ils éviteraient bien des actes que le mécontentement public attribue à des motifs souvent appréciés fort sévèrement et qualifiés d'adjectifs fort peu flatteurs.

Le bon sens public ne se trompe guère et ceux qui prennent la peine d'aller au fond des choses ne sont pas longtemps sans voir clair.

Indépendamment du peu de satisfaction que l'administration actuelle a donné au point de vue matériel, on peut encore lui reprocher, en bien des cas, les marques de favoritisme qu'elle n'a point hésité à prodiguer sur certaines personnes avec lesquelles on a soupçonné, à tort ou à raison, certains légumes, de partager les bénéfices.

C'est ainsi que certains impôts et certaines conditions ont été imposés à diverses industries et sont venus gêner le commerce local en général.

Pour percevoir les droits de cette douane, on a organisé un personnel dont l'entretien coûte certainement une somme supérieure à celle que ce personnel est chargé de percevoir.

Une industrie qui a été fortement atteinte par les mesures néfastes prises par l'administration de M. de la Richerie est celle des corroyeurs qui a eu tout le mal et les pertes que coûtent les expériences dans un pays aussi neuf que l'est la Nouvelle-Calédonie.

On a aussi, croyant sans doute faire preuve d'une grande intelligence, imposé un droit de 60 centimes par litre sur la fabrication du *tafia*, ce qui revient à interdire cette fabrication.

Tout en étant convaincu de l'excellence du libre-échange, nous croyons aussi qu'on doit favoriser dans une large mesure l'établissement d'industries locales et leur prospérité, au lieu de l'enrayer !

Nous croyons encore que tout monopole est mauvais et qu'aucune administration honnête ne doit ni ne peut l'encourager. Tel n'est pas, il faut le croire, l'opinion de l'administration Gaultier-Hervé[109].

On a vu dernièrement s'établir à Nouméa une boucherie paraissant, par la concurrence loyale et légitime que ses propriétaires enten-

---

109   M. Hervé est le secrétaire colonial.

daient faire à la boucherie semi-officielle, être destinée à améliorer les conditions dans lesquelles la population se trouvait par rapport au prix de la viande et à sa qualité.

Pour on ne sait quelle excellente raison, l'usage d'un abattoir public, situé presque aux portes de Nouméa, aurait, nous a-t-on écrit, été interdit aux propriétaires de la *boucherie civile*, et on leur aurait aussi refusé la permission d'en établir un ailleurs qu'à Koutio-Kouéta, à environ huit kilomètres de la ville, en sorte que la viande abattue nécessairement le matin, arrivait à Nouméa, en grande partie gâtée par suite du voyage qu'elle venait de faire et de l'exposition au soleil que, malgré toutes les précautions prises, elle avait inévitablement dû plus ou moins subir avant son arrivée en ville.

Dans l'intérêt de qui ou de quoi les hautes capacités administratives de Nouméa ont-elles cru bien faire de favoriser de cette manière la liberté du commerce en Calédonie ?

Nous ne comprenons pas quel avantage peut trouver l'habitant, qu'il soit colon ou fonctionnaire, à manger de la mauvaise viande ou à la payer cher.

Nous toucherons en passant un fait presque analogue, au sujet duquel l'Administration nous semble avoir fait preuve d'un mauvais esprit et d'une affectation de mauvais goût.

Il nous est revenu qu'un docteur en médecine[110], d'une capacité reconnue, et dont la présence en Nouvelle-Calédonie est due à d'autres motifs que le besoin de changer d'air, offrit volontairement et gratuitement au secrétaire colonial, pour les besoins de l'hôpital de Nouméa, une certaine quantité de produits pharmaceutiques, qui lui avaient été expédiés de France.

Le désir du donateur était que tous ces médicaments fussent distribués *gratuitement* aux malades des deux sociétés de secours mutuel, la *Fraternelle* et l'*Union*, aussi bien qu'à toutes autres personnes résidant dans la colonie qui auraient pu en avoir besoin.

Ne voulant sans doute faire aucun tort à une pharmacie civile nouvellement créée, le donateur de ces médicaments demandait également qu'ils soient délivrés *gratuitement* pour le compte de cette pharmacie, si l'occasion s'en présentait.

À deux reprises consécutives, le docteur Rastoul, puisqu'il se nomme ainsi, pria par écrit Son Excellence M. le secrétaire colonial

---

110 Rastoul, celui qui vient de périr avec dix-huit autres déportés en voulant fuir la Nouvelle-Calédonie.

* Le 20 mars 1875.

d'accepter comme don, au profit de la classe nécessiteuse de Nouméa et des sociétés de secours mutuel, tous ces produits pharmaceutiques ; l'Administration, personnifiée par M. Hervé, ne daigna répondre que par un profond silence.

Pourquoi ce don a-t-il été refusé ? Les opinions politiques du docteur Rastoul, opinions qui peuvent lui paraître excellentes, sont loin d'être les nôtres, mais cela n'a rien à faire avec les médicaments en question ; néanmoins, l'Administration nous paraît avoir craint que les médicaments, à elle offerts, aient été de nature à insinuer aux malades les opinions du donateur !

Nous ne voyons pas d'autres causes à assigner à une conduite qui, si nous sommes bien renseignés, peut hardiment être qualifiée de mesquine et gratuitement vexatoire !

Elle est en outre injurieuse au Trésor public, puisqu'elle néglige de restreindre la dépense, laquelle, il faut croire, doit être considérable, car on n'admet point les civils à l'hôpital pour moins de *huit* francs (8 F) par jour[111].

Le malheur veut que ce ne soit pas un fait isolé, mais que, dans toutes les diverses branches du service colonial, la masse des colons rencontre le même esprit ridicule et méchant tout à la fois.

La marine du commerce français, en particulier, reçoit fort peu d'encouragement à fréquenter le port de Nouméa ; plusieurs capitaines au long cours venus de Calédonie en Australie nous ont exposé leurs griefs contre divers employés subalternes dont il est impossible d'obtenir raison, mais qui apportent dans l'exercice de leurs fonctions le ton le plus acerbe et les prétentions les plus extrêmes.

C'est ainsi que les formalités administratives, nécessaires et souvent indispensables, mais toujours insipides par elles-mêmes, deviennent vexatoires par le fait des employés d'administration.

Il est grand temps, croyons-nous, que l'administration de la Nouvelle-Calédonie soit l'objet de changements sérieux, si l'on veut que la colonie s'avance dans une voie définitive de prospérité avec un peu moins de lenteur ; le pays a tous les éléments de succès, mais au lieu d'un système par suite duquel il se commet, comme on nous l'écrit, *toutes sortes de bévues et en conséquence duquel on fait un véritable gaspillage des fonds, lesquels sont employés en futilités, en créations*

---

111 Ce sont ces 8 F par jour que l'Administration de la déportation nous fait engager à payer dans le cas où nous serions obligés de réclamer les soins de l'hospice.

de nouveaux emplois[112], etc., etc., il faut une organisation telle que le pouvoir exécutif ne puisse toucher au budget sans l'avis préalable des intéressés ni sans avoir réellement la responsabilité de ses actes.

Une Administration forte est chose nécessaire et indiscutable, mais les intérêts locaux ne seront jamais mieux protégés que par une Administration composée en majorité d'hommes du pays ; la centralisation absolue de tous les pouvoirs, quels qu'ils soient, entre les mains d'un seul administrateur irresponsable, est nécessairement et presque toujours fatale aux administrés et aux pays qui ont à les subir, et c'est à ce système que peut s'appliquer cette ancienne définition :

L'Administration est la plaie du pays, sept fois plus ruineuse et plus dévastatrice que les sept plaies d'Égypte. Sans parler des insolences de la bureaucratie, l'Administration n'existe que par l'arbitraire et ne vit que de monopole. Elle coûte à la France plusieurs milliards qui servent à perpétuer et à faire pulluler la race innombrable et inutile des fonctionnaires publics. L'Administration est l'ennemi irréconciliable de la liberté. Napoléon, qui l'a créée, l'a faite pour son despotisme. Le chef de l'État donne un ordre au ministre, qui le donne au préfet, qui le donne au maire, qui le donne à l'adjoint, qui le donne au garde-champêtre. Quel recours a le citoyen contre le garde-champêtre ? Est-ce la plainte qu'il porte à l'adjoint, qui la transmet au maire, et ainsi de suite jusqu'au chef de l'État ? de sorte que le citoyen, en définitive n'a, d'autre juge que celui-là même d'où l'ordre est parti !

Dans cet article, la *Revue australienne* n'a pu qu'esquisser à grands traits un tableau qu'elle croit exact de l'état actuel de la Nouvelle-Calédonie et de sa capitale, ainsi qu'une définition qu'elle croit juste du système administratif dont cette colonie se plaint d'être la victime. La *Revue* serait heureuse d'apprendre qu'elle est dans l'erreur, et elle s'empresserait de revenir sur ce qu'elle a dit ; mais elle doute qu'elle puisse le faire, même en admettant qu'elle ait exagéré quelque peu en quelques circonstances.

Si la Nouvelle-Calédonie est dans un état aussi déplorable, il est difficile d'en accuser la population qui a, à différentes reprises, témoigné ses vœux et ses désirs, ne demandant rien que de juste et de sage, sans qu'on ait tenu compte, nous ne dirons pas de ses réclamations ni de ses plaintes, mais de ses prières et de ses souffrances !

---

112 Comme je ne peux pas admettre qu'il n'y ait eu que des bévues, je serais heureux de voir se faire dans la colonie une expertise générale fixant le prix de revient de tous les travaux exécutés en Nouvelle-Calédonie et Dépendances depuis l'administration de M. de la Richerie.

La responsabilité de cet état de choses appartient tout entière à l'*Administration*, et quand nous nous servons de ce mot, nous voulons dire LE GOUVERNEUR. La constitution de la colonie ne lui fait pas une obligation de se conformer aux avis de son Conseil, et ses conseillers, placés d'ailleurs presqu'à sa merci, ne sont guère inclinés, en présence de l'autorité à laquelle ils peuvent tout devoir, à résister sérieusement aux *divagations*, si l'on peut employer ce mot dans le sens où nous le prenons, d'esprits qui ne savent ou ne peuvent marcher droit et ferme dans une voie d'individus partant sans savoir où ils arriveront ; allant tantôt à droite, tantôt à gauche ; qui, si quelquefois ils suivent la bonne route, ne le doivent qu'au hasard et dont on peut comparer les mouvements que leur inspire la crainte de se noyer dans leur crachat à ceux d'un hanneton qui *vole, vole, vole* et qu'un enfant retient par la patte au bout d'un fil ; il tourne de tous côtés, mais ne s'élève pas bien haut dans son vol, limité par la longueur du fil.

Ce n'est pas à d'autres motifs que la *Revue australienne* croit en effet pouvoir attribuer la regrettable dilapidation des ressources de la Nouvelle-Calédonie depuis déjà trop longtemps.

Malgré la présence dans le conseil d'administration de deux hommes sincèrement dévoués à la colonie, et dont l'un est un fonctionnaire d'un haut mérite et d'une intégrité parfaite, ce conseil n'a pas rendu tous les services qu'il aurait pu rendre. Certains de ses membres ont manqué de fermeté en différentes occasions, et nous croyons savoir que l'inspection administrative et financière qui vient d'avoir lieu en Calédonie pourrait bien avoir, pour ces mêmes membres, des résultats fâcheux.

M. Gaultier de la Richerie est sur le point, soit volontairement, soit forcément, de quitter la Nouvelle-Calédonie ; nous croyons qu'il ne se fait aucune illusion sur le degré d'impopularité et le peu de regrets qu'il emportera ou laissera derrière lui ; on ne trouve au crédit de son administration que l'organisation des Messageries maritimes entre la Calédonie et l'Australie[113], ainsi que sur la côte de la colonie ; puis l'inauguration de l'exploitation des mines de la colonie et la législation sur cette matière ; l'agrandissement à peine sensible du réseau des voies de communication vers l'intérieur de l'île[114] ; la ville de Nouméa

---

113 Avec des capitaux anglais, un navire anglais portant les couleurs anglaises, des officiers anglais – un service tout anglais et au profit des colonies australiennes, ligne sur laquelle les timbres français ne sont pas admis.

114 Je ne connais pas l'organisation sur la côte ; tout ce que je sais, c'est qu'une lettre partant de Nouméa, peut mettre un mois avant d'arriver à Bouloupari.

ne lui devra rien, à moins que ce soit l'établissement d'un siège épiscopal et des frères ignorantins ; le service de la transportation n'a pas marché comme sous l'Administration précédente ; quant au service de la déportation, nous dirons à la manière anglaise *they made a regular mess of it, from beginning to end, and from head to tail!* En français cela se traduit par : on a pataugé depuis le commencement jusqu'à la fin, et de la tête jusqu'à la queue !

On n'a pas su prévenir les évasions, et de ce chef, les autorités de Nouméa ont reçu, de la presse de Melbourne, les compliments les plus flatteurs pour leur intelligence et leur dévouement à leurs fonctions.

L'amiral Guillain a fait construire divers édifices sur lesquels il n'a point défendu d'inscrire son nom. M. de la Richerie a failli avoir une statue, mais il n'aura même pas, comme on en avait parlé, un pauvre petit buste ! Et cependant, un buste beau, joli, bien fait, ce n'était pas à dédaigner ; car, enfin, on aurait pu croire que ce n'était que faute des fonds nécessaires que, ne pouvant se payer une statue, on se serait résigné à ne contempler qu'un buste ! À ce sujet nous connaissons des individus méchants qui, restant sourds à toute indulgence, ne peuvent se décider à pardonner à M. Gaultier le désappointement plein d'amertume qu'il leur a fait éprouver ; ces hommes, en effet, avaient déjà décidé que le buste en question aurait pu majestueusement reposer sur le sommet de la machine distillatoire ; et voilà qu'il leur faut renoncer à leur projet d'embellissement de la ville de Nouméa !

Ceci ne diminuera pas l'impopularité de M. de la Richerie et, franchement, nous plaignons M. le gouverneur de ne pas avoir eu plus de chance !

Quoi qu'il arrive ou puisse arriver, la Nouvelle-Calédonie sera restée à peu près *stationnaire* depuis le départ de l'amiral Guillain, et la bonne volonté que ce journal se fait un devoir de supposer avoir sans cesse animé l'administration de M. de la Richerie n'aura pas été suffisante pour inspirer à la population de la colonie les sentiments de profonde reconnaissance et de respectueuse estime, ni les longs et affectueux souvenirs que la *Revue australienne* eût été heureuse d'enregistrer ! » [115]

Maintenant, il ne me reste plus qu'à publier une lettre émanant des Ponts et Chaussées, elle servira à compléter les renseignements sur la bonne administration de M. de la Richerie… et l'autre [lettre] adressée de Nouméa à la *Revue australienne* ; [elle servira] à montrer

---

115 Je n'ai rien voulu changer à l'article, il est conforme à ce que j'avais écrit sur la Nouvelle-Calédonie et la ville de Nouméa, c'est ce qui me décide à le publier en entier. Il ne s'occupe, du reste, que de personnages et de choses touchant ou étant bien près de notre sujet.

au public que le peu de vie, de mouvement qu'il y ait à Nouméa vient du fait des déportés tant calomniés par l'Administration.

C'est le hasard qui a fait tomber entre mes mains la note suivante, écrite sur le papier de l'Administration ; je reproduis le tout, pour établir que le mal ne vient pas d'en bas, mais de la tête, et que M. de la Richerie est le seul coupable.

Nouméa, le   187-.

Nouvelle-Calédonie et Dépendances
Direction du Génie et des Ponts et chaussées
N°   —   Modèle 1189

Le transport le *Jura* vient de nous apporter deux cent soixante hommes[116], mais sur lesquels il y en a vingt-cinq d'impotents[117].

En somme, avant son arrivée, nous avions cent trente-cinq hommes, actuellement nous en avons cent onze[118]. – On suit toujours le même système au lieu de terminer les travaux de la ville.

L'*Illustration* n° 851 août 1873. M. Gaulthier de la Richerie, gouverneur de la Nouvelle-Calédonie.

Malheureusement la confidence s'arrête là, mais je suis heureux de pouvoir la publier en sorte qu'elle soit à la suite de l'article si fondé de la *Revue australienne*.

---

116 Il s'agit de forçats. Pour les déportés, on mettait cinq ou six cents hommes dans les mêmes transports.

117 Impotents ! Pourquoi ? À cause des coups et des mauvais traitements corporels auxquels ils sont soumis ?

118 Le bagne compte plusieurs milliers de sujets. Où sont donc les autres ? À quels travaux sont-ils occupés qu'une si maigre part soit faite à la direction du Génie et des Ponts et Chaussées ?

Nouméa, le 27 février 1874

Monsieur le rédacteur en chef,

J'espère que ceux de vos lecteurs qui se figurent que la Nouvelle-Calédonie est toujours une terre inhospitalière, un pays sauvage, peuplé de cannibales féroces, modifieront singulièrement leurs idées arriérées lorsqu'ils apprendront qu'un théâtre vient de s'ouvrir à Nouméa.

C'est le 5 février qu'ont eu lieu l'inauguration de la salle et les débuts des artistes.

La salle est en bois, décorée avec goût et présente tout le confortable qu'on puisse désirer. On s'est un peu plaint de la chaleur ; en pouvait-il être autrement avec la température ordinaire de la saison que nous venons de traverser, la plus chaude de l'année ? Éclairage très complet, salle pleine, curiosité vivement excitée ; il n'y avait rien dans tout cela de bien fait pour jeter du froid ; au contraire. Ce théâtre est l'œuvre de M. Ballière, architecte.

Deux fois par semaine, notre population peut assister à des représentations des pièces du Gymnase, des Variétés, du Palais-Royal et autres, entendre quelques jolies romances ou quelques chansonnettes comiques. Vous le voyez, Nouméa est en progrès, et la troupe de M. J. Guénot, directeur, peut interpréter les œuvres délicates d'Al. Dumas fils ou celles si désopilantes de Siraudin, Choler et autres. Il y en a *pour tous les goûts.*

Mme Larroque s'est particulièrement fait remarquer jusqu'ici dans *une Visite de Noce* d'Al. Dumas.

Mme Joly rend de grands services dans des rôles plus effacés, mais qui demandent aussi du soin et de l'intelligence.

MM. Guénot, Joly, Villeval, Okolowicz font tous leurs efforts pour satisfaire un public bienveillant, il est vrai, mais composé d'éléments très variés et ayant par conséquent des goûts tout aussi variés. C'est une tâche difficile dont ces jeunes artistes commencent déjà à saisir les nuances. Cette troupe se complétera, je pense, d'ici peu ; chacun restera dans ses attributions et tout le monde y gagnera : le public, le directeur et les artistes eux-mêmes. Il y a déjà de très grands progrès accomplis depuis le jour de l'ouverture. Je ne dois pas terminer sans faire l'éloge complet et sans réserves de M. Okolowicz, tous les soirs bissé et rappelé par le public, après chacune de ses chansonnettes. Il a appris son art à la bonne école.

Un abonné.

Note de la direction[119]. – Nous devons, en toute justice aux déportés résidant à Nouméa, reconnaître que le théâtre est exclusivement dû à leur seule initiative.

---

119 Du journal la *Revue australienne.*

DEUXIÈME PARTIE

L'évasion

La fuite

The die is cast!
Vincere aut mori.[120]
Prov. anglais. — Dev∴ maç∴

---

120 * Le sort en est jeté » et « Vaincre ou mourir ». Sur le baudrier du
Maître Élu Secret, on peut lire « V. A. M ».
www.ledifice.net/3028-9.html.

Chapitre premier

De Nouméa en Australie

La fin de notre déportation

Presqu'île de Numbo (Ducos) et les installations de la déportation. — Coll. M.V.N.

Sommaire

Nouveaux préparatifs d'évasion. – Ce qu'on pensait à ce propos à l'Assemblée de Versailles. – Mangés par les sauvages ou par les requins. – Jourde se multiplie et manque se noyer. – Le déporté Parthenay est arrêté à bord de l'Egmont. – Résolution inébranlable d'aller jusqu'au bout. – Dévouement de notre camarade Granthille. – En route pour la presqu'île Ducos. – Difficultés de la navigation. – Rencontre en mer avec Olivier Pain, Henri Rochefort et P. Grousset. – Une lanterne hésitante. – Sommes-nous découverts ? – Le destin nous protège. – Un grain bienfaisant. – Retour à Nouméa. – À bord du navire sauveur. – Rochefort reconnu par le capitaine Law. – Départ de Nouméa du *P.C.E.* – La brise manque. – Stoppons ! – Rentrée dans le port. – Départ définitif. – Nous sortons de nos cachettes. – Admonestation du capitaine. – Nous nous sentons libres. – Est-ce un rêve ? – Surpris par le Whirlwind. – Noms d'emprunt des évadés. – L'île Howe. – Sauvés ! – Arrivée à Newcastle. – La terre ! la terre ![121]

---

121   * La découpe des chapitres du texte de 1875 était différente de celle qui est proposée ici. Le livre *La fuite* comportait un premier chapitre avec les sections suivantes :
Départ pour la presqu'île Ducos. – Évasion de MM. H. Rochefort, P. Grousset et O. Pain de l'enceinte fortifiée. – Un orage. – Retour à Nouméa. – La marche dans les ténèbres. – Le *P.C.E.* – Constatation d'identité. – Notre cachette à bord. – Heures d'angoisses. – La pleine mer. – Un discours perdu. – Un Whirlwind dans l'océan Pacifique. – La pyramide de Ball. – L'île de Howe. – Arrivée en vue de l'Australie.

Dans le courant du mois de février, nous avions tenté, Jourde et moi, une évasion qui échoua, faute d'avoir été suffisamment étudiée. Si elle avait réussi, elle ne nous eût coûté que le prix ordinaire des places en première classe (250 F)[122], et nous eussions été rendus à Sydney[123] ; avec chacun quatre livres de plus, nous allions dans la cité

---

122   * Ballière 1905 précise que l'évasion ne fut pas engagée car « Les canots ne purent pas, cette nuit-là, voguer dans le port. Ils auraient été brisés mille fois… » Il ajoute plus loin : « Le capitaine [de l'*Union*] nous fit savoir par courrier spécial qu'il reviendrait en avril et qu'il aurait alors deux cachettes disposées à son bord de façon que nous puissions nous y dissimuler un jour ou deux à l'avance. [...] Le capitaine répondait des cachettes en cas de visite et de fouilles. Elles seraient absolument introuvables, disait-il en son épître. » (p. 51)
Dauphiné 2004-1, au vu des mouvements des bateaux australiens, formule l'hypothèse que c'est aussi sur le *P. C. E* qu'aurait eu lieu cette première tentative d'évasion. Pour « ne pas impliquer leur sauveur », Jourde et Ballière auraient prétendu que c'était sur l'*Union* qu'ils avaient tenté de s'échapper. (p. 122-123)

123   * Ballière 1905 : « Un colon, du nom de Wallerstein, que je voyais chaque jour en allant prendre mes repas à l'hôtel Sébastopol [...] m'appela donc un bon matin pour – tout en déjeunant d'une poule au Kari – me proposer une évasion par le *P. C. E*, capitaine Law. Ce navire était actuellement à l'ancre dans le port de commerce, il terminait un déchargement de houille. C'était une offre alléchante. [...] Je demandai à parler au capitaine Law. Le soir même nous étions en conférence sur les quais, déserts pendant les heures de la nuit. Les Anglais sont gens d'affaires. *Business is Business*. Son premier geste fut un salut maçonnique. Sa poignée de mains une poignée de mains de M∴ de la Ch∴ du M∴ Je tendis un diplôme régulier que m'avait rendu le président de mon conseil de guerre. Il porte encore la cote 7 de mon dossier. Il repoussa ce parchemin en me disant :
— On peut s'en procurer !
Et il continua son tuilage.
J'aurais peut-être dû commencer par écrire plus haut qu'il avait dit à Wallerstein :
— Je suis à la disposition des francs-maçons qui sont ici pour faits politiques. Je les emmènerai tous à Newcastle pour le prix d'un passage simple en première classe (250 F). » (p. 51-53)
Ballière 1905 raconte une deuxième visite au capitaine Law qu'il commente d'abord : « *Business* ! Il y a toujours moyen de s'entendre avec des gens qui voient des affaires en tout. Seulement, il fallut se fendre un peu :
— Rochefort ! Un condamné à la forteresse ! C'était dix mille francs ou rien de fait !
— Dix mille francs ! Topez là, capitaine ; mais Wallerstein brûle du désir de revoir l'Australie, vous l'emmènerez. [...]

républicaine, dans la ville de Melbourne, qui avait si bien accueilli l'évadé de *l'Orne,* SÉRIGNE[124].

Les déportés que nous avions été obligés de mettre dans le secret de notre tentative et qui devaient nous conduire à bord du navire à l'ancre dans la rade ayant été absolument muets, nous nous empressâmes de renouer la trame et de combiner une excursion en Australie, à laquelle Jourde me proposa d'associer quelques camarades[125] de la presqu'île Ducos, et en particulier Henri Rochefort.

— *All right!* À bord, à minuit, après-demain, je serai à terre ! Vous m'attendrez sur le pont, car les hommes seront couchés, une échelle sera disposée à la coupée de bâbord.
Le lendemain, le capitaine allait prendre connaissance de Jourde à la maison de Higginson. Il tenait à voir ses têtes ! Il le tuila, par signes, à distance. C'était une manie. » (p. 55)

124 SÉRIGNE Michel, né à Narbonne en 1839, fut incorporé après sa conscription dans l'artillerie de la marine. Il prit part à l'expédition de la Syrie. Rentré en France et licencié, il s'engagea dans le régiment des francs-tireurs Mocquard-Lafon et arriva à Sedan le jour de la reddition de cette place. Revenu à Paris, il servit dans l'artillerie au fort de Noisy pendant toute la durée du siège de Paris par les troupes allemandes. Après l'évasion, arrivé à terre, il fut caché dans les greniers du consul français à Melbourne, par Brunet, un Français réfugié en Australie depuis le coup d'État.
* Marcus Clarke relate l'évasion et décrit Sérigne dans *l'Argus* du 24 avril 1873, ainsi que dans *l'Australasian* du 26, sous le titre : *The Story of a Communist.* (Voir la traduction française de Jean-Paul Delamotte : *L'Histoire d'un Communard.* Atelier franco-australien, 2006).

125 * Ballière 1905 souligne ses liens avec Olivier Pain et Paschal Grousset : « Olivier Pain était un compagnon de la loge de Caen, et nous en avions même fondé une ensemble dans le camp de Satory. C'est le commandant Maud'huy qui la fit démolir un jour de mauvaise humeur. J'avais passé aussi cinq mois dans le camp de Satory avec le frère de Grousset. J'y avais serré la main de son père. » (p. 54).
Dans un article du *Journal de la Société des Océanistes* (118, 2004-1), Joël Dauphiné démontre que la franc-maçonnerie ne peut être tenue pour responsable de l'évasion. De plus, il note que si, sur les six évadés, quatre étaient francs-maçons, un seul, Ballière, à cette époque était actif : « Achille Ballière appartient indiscutablement à la franc-maçonnerie, un tableau de la loge signale son activité à Caen en 1868. Vêtu de noir, muni de ses décors, il participe à la grande manifestation du 29 avril 1871, marche au cours de laquelle plusieurs milliers de frères processionnent dans Paris et vont aller planter leurs bannières sur les remparts de la capitale pour tenter – sans succès – d'obtenir un cessez-le-feu entre Versaillais et communards. » (p. 82)

L'appétit vient en mangeant, dit le proverbe; puis nous étions bien aises de rire un peu de ces pauvres discoureurs de la *Clownish Assembly*, aurait dit ce pauvre Gaston Crémieux, s'il s'était adressé au parlement Croupion[126], et la majorité de l'Assemblée versaillaise est certainement dans la pensée de beaucoup de Français au-dessous du parlement Croupion. Nous venions de lire le compte rendu de la séance du 12 décembre 1873, et nous y avions remarqué – en dehors des mensonges et des injures de M. l'amiral Dompierre d'Hornoy – ce passage :

M. Périn. — On a demandé comment les hommes pourraient être gardés sur la Grande Terre. Je répondrai que les évasions sont excessivement difficiles, sinon impossibles, et j'en appelle à l'amiral Saisset, qui connaît mieux que moi la Nouvelle-Calédonie.

M. l'amiral Saisset. — *Les condamnés seraient mangés, d'un côté* PAR LES NATURELS, *de l'autre* PAR LES REQUINS.

M. Périn. — Si les condamnés veulent courir le risque d'être mangés et demandent à être transportés à la Grande Terre, je ne crois pas qu'on doive s'y opposer. Chacun est maître de sa vie. L'orateur rappelle qu'en effet un certain nombre d'individus, dont il cite les noms, ont été *tués* et *mangés* PAR LES INSULAIRES.

Cette lecture nous piqua au vif, nous donna de l'émulation et nous décida à tenter l'aventure. La consolation de savoir que notre nom se trouverait un jour cité à la tribune française par quelque philanthrope ami des anthropophages, nous paraissait une compensation suffisante en cas d'accident.

Jourde, qui avait eu l'heureuse idée de sauver nos camarades, se chargea d'aller les voir à la presqu'île Ducos, et l'affaire fut arrangée.

Le bâtiment était là, vide et prêt à reprendre la mer. J'eus deux entrevues avec le capitaine Law, accompagné d'un interprète qui nous avait mis en rapport avec lui. Une traite de douze cents francs, faite par Rochefort, fut négociée à Nouméa, grâce à l'habileté de l'ancien ministre des finances de la Commune de Paris. Jourde donna quatre cents francs, j'en donnai trois cents. – C'est encore Jourde qui trouva moyen de transformer en or les papiers crasseux de la Banque calédonienne. – Cet argent devait servir à payer les premiers quinze cents

---

126 * Par référence au *Rump Parliament* mis en place par Cromwell et qui condamna à la décapitation, en 1649, le roi Charles 1er, un parlement Croupion est un parlement réduit et inféodé à un autre pouvoir.

francs[127] que nous nous étions engagés à verser au capitaine en arrivant à son bord ; le surplus était pour acheter du vin et des provisions supplémentaires que nous devions fournir pendant la durée de notre passage.

L'entreprise, au début, ne marcha pas toute seule. Jourde avait failli être noyé dans un de ses voyages à la presqu'île Ducos.

La rade est très dangereuse et nous eûmes un orage épouvantable pendant la journée où il fut obligé d'entreprendre cette excursion absolument indispensable au succès. Il joua sa vie dans l'intérêt de nos amis de la presqu'île Ducos.

Quelquefois aussi, nous avions toutes les peines du monde à faire agir notre interprète qui, ne connaissant pas toute l'étendue du secret, voulait composer, organiser des plans qui contrariaient les nôtres ; et, plus d'une fois, nous nous sommes séparés, décidés à abandonner une entreprise qui, dans ces conditions, nous paraissait trop dangereuse.

Un déporté, le citoyen Parthenay[128], venait d'être arrêté à bord de la malle anglaise l'*Egmont*, et nous redoutions son sort, quoique nous fussions décidés, dans le cas d'un accident, à pousser l'aventure jusqu'aux dernières limites du possible et même de l'impossible. L'affaire lancée, nous irions jusqu'à la mort plutôt que de subir les hideuses prisons néo-calédoniennes.

En dépit des petits accidents de détail, l'ensemble marchait, le jour de la tentative arrivait. Je me chargeai, d'accord en cela avec Jourde, de voir un déporté, B. Granthille[129], qui faisait chaque jour le voyage de

---

127　* Ballière 1905 : « … un acompte de mille cinq cents francs […] Cela faisait partie de notre convention verbale. » (p. 56)

128　* Parthenay Jean, Ernest : matricule 1205. Ce célibataire, âgé de 35 ans, était ébéniste. Pérennès précise qu'il avait été dispensé de service dans la Garde nationale pour cause d'infirmité, mais que pendant la Commune il s'occupa à distribuer des secours aux femmes nécessiteuses. Il fit une tentative d'évasion en 1874, ce qui lui valut une peine de six mois de prison. Il était arrivé à bord du *Var*, dans le 4ᵉ convoi.

129　* Bastien Charles, François : matricule 1215. Ce représentant de commerce en vins, marié et père d'un enfant, était âgé de 40 ans. Les archives Nationales et le Maitron nous apprennent qu'il avait été sous-officier dans un régiment de hussards, puis commandant du 259ᵉ bataillon pendant la Commune, mais il semble avoir disparu durant la guerre de rues. Condamné à la déportation simple par le 19ᵉ conseil de guerre, il était arrivé à bord du *Var*, dans le 4ᵉ convoi. Pérennès écrit qu'on le surnommait aussi Grathile ou même Grantil, nom de jeune fille de sa femme. Il prit ce nom de Grantil et résida à

Nouméa à la presqu'île Ducos pour y porter des provisions ? Il accepta de nous aider, vint voir Jourde à son domicile et poussa le désintéressement jusqu'à offrir de nous prêter son bachot et son office, sans profiter de l'occasion et sans imposer son passage vers la terre où nous devions trouver la liberté.

EN ROUTE !

> *Adieu, ye merchants often failing!*
> *Adieu, ye packets – without letters!*
> Byron[130].

Le 18 mars, les derniers préparatifs furent réglés, et c'est bien de ce jour que peut compter la mise à exécution de notre projet. C'est ce jour que partit la lettre de Jourde qui donnait le signal aux amis de la presqu'île Ducos, fixait l'heure pour le lendemain et arrêtait les précautions à prendre. Maintenant l'affaire était bien lancée, il ne fallait plus que de l'ensemble et de la résolution.

Le 19, en revenant de la presqu'île comme à son ordinaire, Granthille rapporta des vêtements pour les trois fuyards, car ils

---

Ixelles, en Belgique, puis à Genève un an après, en 1876, avant d'aller demeurer en zone prussienne à Montigny-lès-Metz.

Ballière 1905 : « Entre temps, j'avais parlé à un brave camarade de l'île des Pins, Bastien Granthille, qui faisait le service de la cantine entre Nouméa et la presqu'île Ducos pour le compte du Munitionnaire. Ce bon ami portait les comestibles et vins que lui donnait le cantinier de Nouméa pour les remettre à Laurence qui tenait la cantine de la presqu'île Ducos pour le compte de Dusserre. Il nous fallait le concours de Bastien pour aller à la presqu'île Ducos chercher les déportés fortifiés dans leur enceinte. Il se mit à notre entière disposition. Je le conduisis chez Jourde et tout fut réglé définitivement. Il porta le lendemain un mot indiquant l'heure de départ aux amis de la presqu'île Ducos. Nos co-évadants devaient nous attendre dans l'ombre de l'îlot Knauri [Kuauri] avant 10 heures de la nuit.

Le soir, en rentrant, Bastien ne désarma pas son canot. Il laissa à bord les vêtements des trois évadants et il s'en fut remettre sa feuille d'approvisionnements à son patron, le cantinier Dusserre. » (p. 56).

130 * « Adieu, négociants aux fréquentes faillites ! Adieu, paquebots qui ne m'apportez point de lettres ! », Byron, George Gordon, *Farewell to Malta*, 26 mars 1811. Traduction de Benjamin Laroche dans *Œuvres complètes de Lord Byron*, V. Lecou, Paris, 1847, p. 211.

étaient obligés de venir au lieu du rendez-vous – trois cents mètres environ – soit à la nage, soit au moins dans l'eau jusqu'au cou, et prêts à disparaître en cas d'alarme.

Nous fûmes, Jourde et moi, dîner comme à notre habitude, et, pendant toute la durée de notre repas, nous pûmes jouir une dernière fois de la vue du directeur de la déportation, qui prenait l'air à son balcon en attendant que l'appétit lui vînt.

L'heure allait sonner, nous étions prêts, et les plus habiles n'auraient pas pu lire la plus légère trace d'émotion sur nos visages ; les cœurs battaient peut-être un peu plus fort à cette pensée : Liberté ! Mais la raison nous disait d'en comprimer les élans et surtout de les contenir.

À 8 heures précises, nous quittions nos sièges et nous partions gaiement vers le quai (?) où Granthille nous attendait avec le canot prêt à prendre la mer[131].

Descendre dedans, prendre le large, fut l'affaire d'un instant. Nous avions profité d'un moment où pas un seul agent, pas un marin pût nous apercevoir. C'était pendant cette heure où tout s'arrête, même le mouvement, même le bruit. Ce n'est plus le jour, ce n'est pas encore la nuit. L'œil hésitant entre les effets du jour éblouissant et les ténèbres n'est pas encore accoutumé à l'obscurité et semble ne plus pouvoir rien distinguer. C'est une sorte de cécité temporaire, commune aux pays tropicaux.

La journée avait été chaude, lourde ; l'air était chargé d'électricité et les bulles phosphorescentes étaient montées à la surface de la mer. Nos

---

131* Ballière 1905 : « Après son repas du soir, il [Bastien G.] revint dans son esquif : une mauvaise barque, dix fois radoubée avec des feuilles de zinc clouées sur des planches très mûres, et il fit semblant de se livrer à un écopage qui n'était certainement pas inutile, mais qu'il exagéra à dessein. Il nous attendait.
Notre dîner terminé à l'hôtel Sébastopol, nous vînmes, Jourde et moi, près de la rade, faire une partie de cartes au *The Albion*, le principal café de Nouméa. Je ne me souviens plus qui de nous deux gagna la partie, mais je sais qu'après avoir vu passer les gens du port, nous nous glissâmes dans la barque… » (p. 60)
Au sujet de la barque, Ballière raconte (p. 59-60) comment son propriétaire, Dusserre, après son expulsion, essaya, dans un procès qu'il perdit, d'en obtenir une importante indemnité. Mais « la barque avait été repêchée et vendue pour quelques pièces de cent sous dans la salle de l'encanteur Bouillaud à Nouméa. » De son côté, Rochefort affirme avoir remboursé le prix du « canot sauveur » au « cantinier Dusser » (*Les Aventures de ma vie*, tome troisième, pp. 312-313 et 341).

avirons faisaient jaillir des millions d'étincelles. On aurait pu croire que nous naviguions au-dessus d'un immense bol de punch, tant la clarté lumineuse laissée dans notre sillage était longue et persistante.

Jourde tenait la barre et faisait fonction de patron. Au début, il y eut un peu de fièvre. À deux ou trois reprises, je frappai l'eau du plat de mon aviron et fis des efforts infructueux, la lame n'ayant pas mordu dans l'eau. Ce fut l'affaire de deux ou trois minutes, peut-être moins. Rien ne donne du sang-froid comme les grandes entreprises. Le salut étant dans la fermeté et le courage, on en trouve. Mais il y a près de cinq kilomètres de cette maudite ville de Nouméa à cette non moins maudite presqu'île Ducos, et il fallut bien du travail pour y arriver, ce que nous réussîmes cependant vers les 9 heures et demie du soir.

Là, Jourde donna encore une preuve d'habileté. Il est en effet assez difficile de ne pas s'égarer dans la nuit au milieu de tous ces promontoires et de ces golfes ; il nous conduisit droit au débarcadère.

Arrivés en face de la pointe convenue (îlot Knauri [Kuauri], en face l'anse Paddon), nous nous dirigeâmes au milieu des rochers et des récifs, n'ayant pour nous guider que la phosphorescence du choc de nos avirons, que nous étions obligés de modérer, afin de ne pas donner l'alarme aux gardiens ou aux soldats placés en sentinelle sur le rivage.

Territoire de la presqu'île de Ducos vers 1875. — Collection Louis Viale.

Enfin, nous pûmes saisir et distinguer quelques bruits de voix, la parole humaine étant le son qui porte à la plus grande distance pendant la nuit, même quand la conversation est faite à voix basse. Une grande joie, bientôt mêlée d'inquiétude, nous saisit : — Était-ce la voix de nos amis, ou celle des gardiens ?

Nous ne pouvions fuir, engagés comme nous l'étions, et nous allions être une véritable cible pour ces braves gens, qui ne cherchaient – et ne cherchent encore, probablement – qu'une occasion d'essayer leurs revolvers sur des poitrines de déportés[132] et de faire preuve de zèle.

Un bruit sourd s'entendit. La mer s'illumina ; un corps qui nous paraissait énorme à cause de la lumière qui l'enveloppait, nageait dans notre direction. C'étaient bien nos amis ! Je saisis le nageur sous les bras et l'attirai près de moi, c'était Olivier Pain !

Presque en même temps arrivaient par tribord et bâbord Henri Rochefort et P. Grousset.

Ce dernier s'était blessé en tombant sur les saillies des rochers, mais c'était une blessure légère et que l'on ne sent pas au milieu des joies de la liberté naissante qu'on convoitait et que l'on commence à ressaisir. Henri Rochefort et Pain avaient des écorchures insignifiantes.

Ces trois excellents amis avaient été obligés de venir par la mer, et ils nous attendaient, semblables à des tritons, et nus comme eux, accrochés tant bien que mal aux anfractuosités des rochers, couverts de fucus et de goémons qui les abritaient contre les regards indiscrets de la police militaire et kanaque.

Une fois tout le monde à bord, notre premier soin fut de sortir du milieu des écueils où nous nous étions engagés. La mer grossissait, et notre barque s'était profondément enfoncée sous ce surcroît de charge ; à la moindre fausse manœuvre, une saillie de rocher sous-marin raclant et trouant le fond de notre embarcation, un rien pouvait nous perdre.

C'était le moment critique ; nous voyions se mouvoir dans l'eau, où ils paraissaient en feu, de gros poissons qui n'auraient vraisemblablement pas été fâchés de notre naufrage ; mais, soit hasard, soit excessive habileté, nous nous dégageâmes heureusement, sans le plus léger choc et sans le moindre accident.

---

132   Un surveillant de première classe a été condamné pour tentative de meurtre ; un surveillant de première classe a été condamné pour tentative de suicide étant en état d'ivresse ; un autre, chevalier de la *Légion d'honneur*, a été condamné à sept années de travaux forcés pour meurtre sur la personne de sa femme.

La sombre île Nou, avec les feux de son bagne, nous servait de point de repère. Nous nous guidions sur des interstices, sur des replis, sur des silhouettes de montagnes, sur les pignons des dortoirs où sommeillaient de malheureux condamnés des derniers conseils de guerre.

Il nous fallait éviter non seulement la vigilance des factionnaires de la presqu'île Ducos, mais encore celle des gardiens du bagne, qui pouvaient nous héler et même nous demander ce que nous faisions à cette heure dans la rade, ordinairement si paisible.

Un de nos gros soucis, c'était de rencontrer la chaloupe à vapeur qui voyage circulairement, à deux ou trois reprises dans la nuit, autour de l'île Nou et devant la presqu'île Ducos ; mais nous ne la vîmes pas.

Arrivés à la hauteur du futur pont de la transportation, nous aperçûmes une lanterne qui se mouvait, certainement portée par un gardien en tournée. On parut hésiter ; la lanterne, mue par une main de geôlier, s'éleva comme pour fouiller la rade. Nous stoppâmes ; ce fut un moment plein d'anxiété. Puis, soit que l'homme portant la lanterne n'eût rien vu, soit qu'il préférât la tranquillité et son lit aux plaisirs d'une perquisition plus minutieuse, il disparut en sifflotant un air de chanson bretonne. Nous respirâmes et reprîmes notre course, mais nous allions de Charybde en Scylla ; une barque montée par des hommes coiffés de képis quittait l'île Nou et paraissait se diriger sur nous.

Peut-être l'homme, si calme en apparence, avait-il donné l'alarme ! Ces mouvements du falot pouvaient être des signes télégraphiques.

On parla de stopper à nouveau. Nous fûmes, Jourde et moi, d'un avis contraire, et, comme je tenais l'aviron et lui le gouvernail, je poussai avec rapidité, pendant qu'il mettait droit sur les trouble-fêtes, comme si nous avions voulu couper sous l'avant de leur barque. Il arriva ce qui arrive presque toujours en pareil cas : c'est que l'esprit de rivalité s'empara de nos concurrents, qu'ils firent force de rames et portèrent toute leur attention et leur pensée sur la direction de leur canot et ne songèrent pas à scruter les visages de leurs rivaux en natation.

Peut-être avaient-ils autant d'intérêt que nous à n'être pas vus rôdant la nuit[133]. Peut-être aussi nous prirent-ils pour des officiers en promenade.

---

133 C'étaient des surveillants en bordée qui, chaque nuit, à tour de rôle, s'en allaient à Nouméa y faire un bout de noce dans la cave d'une pâtisserie mal famée.

Comme ils étaient plus nombreux, et peut-être aussi plus adroits, ce sont eux qui nous coupèrent la route et qui furent se perdre dans la nuit et dans Nouméa, près duquel nous allions arriver.

Nos camarades trouvèrent à bord leurs vêtements, qui avaient été apportés par Granthille[134], et ils s'étaient jusqu'alors presque exclusivement occupés de se vêtir – ce qui était un tour de force, étant donné l'exiguïté de notre embarcation. Mais à cette heure, il allait falloir l'attention de tous pour éviter les embûches.

La clarté relative du ciel, qui nous avait servis jusqu'ici pour reconnaître notre route et éviter les écueils du chemin, allait devenir dangereuse. Heureusement que le destin et les hasards étaient pour nous.

Un grain qui se formait depuis le coucher du soleil, derrière le mont d'Or, envahit brusquement le ciel, avec cette rapidité propre aux contrées tropicales, et bientôt l'éclat de la foudre vint se mêler au bruit du choc de nos avirons, comme pour y faire diversion. Nous marchions assez rapidement, quoique un peu gênés par l'obscurité. Nous avions besoin de ténèbres, mais franchement, nous étions trop bien servis : on ne distinguait plus les traits de la figure la plus rapprochée de la sienne, et nous étions SIX dans un bateau de deux mètres cinquante centimètres de longueur.

---

134   Cet envoi des vêtements à Nouméa par la barque de Granthille est une des grosses fautes de notre expédition. Si ces vêtements avaient été saisis, nous étions tous compromis inutilement. Je sais bien que depuis on a essayé de pallier cette faute en parlant de lettres* que j'avais adressées à mon patron. Mais ces lettres n'ont été écrites que longtemps après que les vêtements étaient arrivés ; par conséquent la première et la plus grosse imprudence a été commise par ces MM. de la presqu'île. Puis les lettres placées en lieu sûr ne pouvaient être découvertes qu'après la constatation de mon départ, et c'était certainement celui de Granthille qui devait l'être et qui l'a été le premier.
* Ballière 1905 donne des précisions sur les lettres de l'auteur : « … elles ont été postées alors que notre navire avait depuis longtemps franchi la passe de la Dumbéa, par mon ami Sauvan, gardien de la loge *l'Union calédonienne*, aujourd'hui chevalier de la Légion d'honneur et maire de Nouméa. Il l'était encore en 1894. Les lettres n'auraient pas été postées si l'évasion eût raté […].
Le F∴ Sauvan, gardien fidèle du temple de Nouméa, ne fut pas le seul à être initié à cette escapade dangereuse. » (p. 56-57)
Ballière raconte ensuite comment le « vénérable F∴ Gerdolle », qui ne croyait pas à la réussite de l'entreprise, lui a cependant donné 300 F en or, « prêt couvert avec un reçu sur une créance que j'avais à recouvrer près de M. Sohn », écrit-il en se demandant, plus de trente ans après, si Gerdolle a été remboursé.

J'avais lâché la rame et je fouillais la rade avec une très bonne paire de jumelles que Paschal Grousset avait pensé à joindre à ses vêtements ; mais je ne distinguais plus rien. Une pluie torrentielle avait succédé au tonnerre, et sa chute dans l'eau produisait un bruit qui couvrait tous les autres, y compris celui de nos rames. Les ondes sonores étaient noyées. Bien nous en prit, car nous venions de nous jeter sur un des avisos qui ont mission de surveiller la rade[135].

C'était un danger, mais en même temps c'était un jalon qui allait me servir à reconnaître ma route ; je fis passer sur l'avant, et les éléments qui nous avaient servis jusqu'à ce moment continuèrent à nous être propices, en empêchant le factionnaire de bord d'être à son poste.

Cet aviso derrière nous, je n'en restais pas moins quelque peu embarrassé : un jalon n'est pas suffisant pour tracer une ligne. Les lumières de Nouméa s'étaient éteintes au coup de canon de 10 heures[136], et je ne savais plus trop où se trouvait la soi-disant ville. Je commençais à être accablé de récriminations, ayant été chargé de m'assurer de la position de notre bateau sauveur, et j'avais perdu à peu près toutes les bonnes grâces de mes compagnons, – celles de Paschal Grousset et de Jourde exceptées – quand je pus distinguer par bâbord une silhouette de navire se dessinant vaguement sur un fond noir qui était la terre, des montagnes ou le ciel, nul n'aurait pu le dire. Je sondai avec la jumelle dans cette nuit. Cette silhouette, à peine distincte, était une goélette.

Les navires ne sont pas si communs à Nouméa qu'il y ait lieu de s'y tromper.

C'était l'*Ellen Morris* qui se trouvait amarrée au petit quai en bois, que notre navire avait quitté pour lui faire place, dans le courant de la matinée (deux bâtiments ne pouvant se décharger à la fois dans le bon port de Nouméa).

---

135   * Ballière 1905 précise : « … tout à coup, nous nous jetâmes dans un des avisos qui gardaient la rade, c'était *La Vire* ! L'autre aviso, *Le Cher*, était parti avec le gouverneur pour faire le tour de côtes, un service régulier, tout au moins en ce temps-là. » (p. 65)

136   * Ballière 1905 : « Au fond, vers le sud, au-delà de la fausse-passe est la pointe Chaleix. C'est là que, chaque soir, on tirait le canon du couvre-feu. Ce sont ces pièces d'artillerie qui, enfilant la rade en longueur par le travers de la ville de Nouméa et la base de l'île Nou, nous auraient balayés avec notre barque, si on nous avait aperçus. De la pointe Chaleix, on peut voir jusqu'à l'îlot Knauri [Kuauri] par-dessus l'éperon de l'île Nou ; mais les canons n'auraient pas pu porter jusque là. Depuis, on a établi de nouvelles pièces sur différents points de ces îles et îlots, mais cela n'existait pas au moment de notre évasion. » (p. 9-10)

Nous étions dans le port de commerce. Donc, en appuyant à droite, je trouverais notre trois-mâts barque. Cette manœuvre fut rapidement exécutée et, quelques minutes après, sous une pluie toujours battante, nous abordions un gros bâtiment ayant bien la forme de celui que nous cherchions. Cependant, et pour plus de sûreté, nous en fîmes le tour ; en passant sous l'arrière, je pus distinguer – en me tenant debout – au milieu des guirlandes de fleurs peintes en blanc, les trois lettres P.C.E., initiales des trois mots anglais : *Peace, Comfort, Ease*, le nom de notre bateau tant désiré.

À bâbord pendait une échelle. Je grimpai sur le pont, où je ne trouvai personne. Là, comme ailleurs, la pluie avait chassé les promeneurs et même les hommes de garde. Je pénétrai dans les cabines de l'arrière et finis par découvrir, dans une espèce d'armoire – qui se trouvait être aussi une alcôve – un homme qui dormait. Je réussis, tant bien que mal, à l'arracher à son somme ; mais, comme il parlait un anglais très patoisé, je n'en pus tirer aucun renseignement, si ce n'est que le capitaine Law[137] allait rentrer.

Comme la pluie continuait, j'appelai mes cinq camarades, qui étaient restés dans notre léger esquif, lequel commençait à s'emplir d'eau. Ils arrivèrent un à un, en suivant le même chemin que j'avais pris, et nous nous entassâmes dans la salle à manger, à peine assez grande pour nous contenir tous les six.

Sur la table se trouvait une série de fascicules d'un journal anglais illustré, le *Bow Bells*, journal très répandu dans le populaire anglais.

Il était ouvert à l'endroit d'une gravure représentant Henri Rochefort !

Ce portrait était accompagné d'une biographie dont nous avions à peine commencé la traduction quand le capitaine Law rentra. Il était suivi de l'interprète qui avait été chargé des premiers pourparlers et qui voulait nous accompagner en Australie.

Le premier soin du capitaine fut de s'assurer de l'identité de notre camarade Rochefort, en comparant ses traits à leur plus ou moins habile reproduction.

Son opinion fut vite formée, car il nous tendit la main à tous et nous assura de son dévouement et des dispositions guerrières dans lesquelles il se trouvait, pour le cas peu probable d'une poursuite.

---

137 * Ballière 1905 : « … absent pour le moment, conformément à nos conventions… » (p. 67)

Le premier moment d'enthousiasme passé, nous fîmes ouvrir une des caisses de vin et en prîmes chacun un demi-verre. Rarement un mauvais verre de vin, frelaté pour l'exportation, ne trouva un aussi bon accueil. J'avoue qu'ayant ramé dix kilomètres, je bus le mien avec délices[138].

Ceci fait, nous prîmes officiellement congé du capitaine et nous gagnâmes le pont, où le *chief officer* nous attendait pour nous conduire dans le faux pont de la poupe que nous devions habiter jusqu'au moment où l'évasion serait consommée.

Après notre départ pour notre résidence provisoire, où nous ne trouvâmes que quelques bouts de cordes pour lits et des fragments de voiles pour oreillers, le capitaine raconta à l'homme de l'armoire que nous étions des employés de la maison Higginson et que nous étions repartis pour la ville.

À cette même heure et directement après nous avoir quittés, le *chief officer* était allé couler la vieille embarcation à quelques mètres du rivage : travail facile si l'on veut se rappeler que nous l'avions laissée fort remplie par l'eau de l'orage[139].

À 6 heures du matin, un pilote vint à bord, on dérapa les ancres, on fit la manœuvre d'appareillage et le navire commença à évoluer.

Placés où nous étions, nous ne voyions rien, et longtemps nous pûmes croire que nous ne faisions aucun mouvement. Nous marchions cependant, nous dirigeant lentement vers la petite passe de l'îlot aux Lapins. C'est à peine si la brise était suffisante pour donner une impulsion à notre *ship* à peine lesté. Chargé, il n'aurait pas bougé[140].

Enfin, mètre par mètre, minute après minute, nous parcourûmes la petite distance qu'il y avait du lieu du mouillage à l'îlot. Arrivés à la passe, la brise manqua, ou plutôt l'îlot nous masqua et… plus rien… les voiles flasques pendaient aux mâts et nous n'avancions pas d'un centimètre. L'immobilité la plus complète.

138　* Ballière 1905 précise : « … il [le capitaine] ouvrit une de nos caisses de vin de Bourgogne. Il nous en distribua une large rasade et, pour atténuer son émotion, il en prit deux ou trois, coup sur coup. Il était légèrement *tipsy*, notre capitaine. Puis d'une voix très forte et avec l'émotion communicative des vins généreux, il prit congé de nous. Il avait amené Wallerstein avec lui, il le garda sur le pont. » (p. 68)

139　Elle a été rejetée sur la plage par la première marée du lendemain.

140　* Ballière 1905 : « Notre navire était un voilier, un de ces vieux navires aujourd'hui assez dépréciés qui ne marchaient qu'avec des voiles et poussés par un bon vent. » (p. 71)

« Stoppons ! dit le pilote, nous n'aurons pas de brise, il faut attendre ce soir ou demain. »

C'était une sentence de mort pour chacun de nous, ou tout au moins de longs mois, peut-être des années, dans les prisons de M. le gouverneur[141].

Le capitaine[142] insista pour un départ immédiat, prétexta d'affaires pressantes, de paris engagés, et commanda une manœuvre qui nous ramenait sur nos pas.

Nous rentrâmes dans le port ; nous traversâmes toute la rade avec la lenteur d'une tortue. Nous revînmes passer sous la presqu'île, à une portée de pistolet de l'endroit où nous avions pris nos camarades la veille au soir – et, enfin, nous réussîmes à sortir de l'autre côté de l'île Nou et à traverser les récifs par la passe de la Dumbéa[143].

Du fond de notre réduit, nous commencions à sentir les mouvements d'une mer plus agitée. Nous avions ignoré, en grande partie, toutes ces dernières péripéties, le capitaine n'ayant pas voulu nous faire connaître notre retour dans le port de Nouméa[144].

---

141 Nous avons appris depuis – par les officiers de l'*Ellen Morris* – que c'eût été probablement la mort : les soldats qui ont fouillé les navires restant sur la rade et dans le port avaient leurs fusils chargés et paraissaient très animés. On eût dit : « Ils ont résisté, etc. » et la farce était jouée avec une bonne dépêche télégraphique à ce cher gouvernement versaillais qui se serait joyeusement frotté les mains ; sans compter la partie des membres, le *pack of fools* de l'Assemblée, qui eussent jubilé, et cet excellent amiral Saisset qui se serait écrié :
— Là, qu'est-ce que j'avais dit ? Les requins… ce sont les requins… à moins que ce ne soient les cannibales !…

142   * Ballière 1905 : « Le capitaine Law qui jouait gros jeu (quinze ans de travaux forcés) ne voulut rien entendre. » (p. 71)

143   Et non par la passe Bulari, comme l'a dit à tort l'Almanach de *La Lanterne*. Si nous avions pu sortir par la passe de l'îlot aux Lapins, nous aurions traversé les récifs par la passe Bulari.

144   L'interprète Wallerstein [dans ses éditions de 1875 et 1889, Ballière écrit « Wallenstein »] – au sujet duquel un journal de Melbourne me communique la note suivante : « *Advices from New-Caledonia report that Wallerstein has been brought to trial on the charge of aiding in the escape of Rochefort and his companions, and has been acquitted.*
– Une note qui nous parvient de Nouvelle-Calédonie nous apprend que Wallerstein a été poursuivi sous l'inculpation d'avoir été complice de l'évasion de Rochefort et de ses compagnons, et qu'il a été acquitté. » –
Wallerstein pourra témoigner un jour que, quoi qu'en ait dit l'Almanach

Enfin, à 2 heures et demie du soir, nous fûmes avertis que nous pouvions nous présenter sur le pont, où le capitaine nous attendait pour nous manifester toute sa *surprise* de notre découverte à son bord et nous *admonester* à ce sujet par un long discours en rapport avec les circonstances ! Mais que nous importaient alors les discours et les précautions du capitaine vis-à-vis de son équipage ! Quatre Boyardais[145] et deux autres déportés étaient sauvés ! Nous étions libres. Bien que nous ne comprissions qu'imparfaitement l'anglais, fort mâtiné de patois, du brave capitaine Law, je répondis cependant quelques mots à sa *mercuriale* et l'engageai à nous offrir à déjeuner[146].

On ne peut pas dépeindre la joie qu'éprouve un prisonnier à rompre ses fers, ne fussent-ils rivés que pour vingt-quatre heures ; il

---

de *La Lanterne*, nous n'avons pas été avertis de notre rentrée dans le port ni dans la rade de Nouméa ; les deux notes qu'il nous a envoyées au début nous disaient simplement : « *All right!* Bon courage. Tout va bien ! » – « La brise augmente. Encore un peu de patience ! »
Et enfin une dernière, expédiée au moment du départ du pilote, contient ces mots : « Passé les récifs, vous êtes sauvés ! »
* Ballière 1905 retranscrit aussi dans ce même livre une lettre de Wallerstein, écrite de Strasbourg et datée du 21 octobre 1877. En voici un extrait : « Il aurait été peu raisonnable de ma part d'augmenter votre anxiété en vous communiquant ce qui se passait à bord, mais vous avez oublié [dans l'œuvre de 1875] une première note dans laquelle je vous annonçais que nous levions l'ancre. C'est à ce moment que j'ai profité de l'inattention du pilote pour vous envoyer deux bouteilles de vin et des sardines. » (p. 73)
Ballière précise, dans ce texte de 1905, comment Wallerstein avait envoyé ses messages : par une note roulée autour d'un pavé qu'il faisait parvenir à l'écoutille.

145   Les quatre Boyardais étaient : Henri Rochefort, Paschal Grousset, Francis Jourde (lequel y était inscrit sous le numéro 1), et Achille Ballière (n° 208).

146   * Ballière 1905 : « cette petite scène faisait partie de la convention arrêtée à Nouméa. Le capitaine y tenait beaucoup.
— Qu'est-ce à dire, des hommes cachés dans mon navire ? Malédiction du ciel, pourvu que ces hommes ne soient pas des forçats échappés du bagne !
Je le rassurai en lui présentant tous nos camarades et je terminai en lui disant :
— Capitaine, la petite fête est terminée. Vous avez rendu de braves gens et de bons citoyens à leurs familles et à la France que nous pourrons bientôt revoir ensemble, je l'espère. Les grandes émotions creusent l'estomac. Il est déjà tard. Si vous nous faisiez servir à déjeuner ? »

est donc bien plus impossible de décrire les sensations que l'on ressent quand on est parvenu à se soustraire à une condamnation perpétuelle qui s'exécute à six ou sept mille lieues de votre pays natal, que des soldats vous avaient condamné à ne jamais revoir.

Je passe donc sous silence les muettes poignées de main et ne veux pas chercher à me rappeler si quelques larmes ne vinrent pas au bord de ces paupières que l'excès de la douleur avait cependant depuis bien longtemps endurcies et séchées[147].

Mais sûrement, tous les cœurs battaient à l'unisson. Il y a des heures solennelles pendant lesquelles on se regarde, on se presse les mains, on s'embrasse même, mais on ne peut pas parler[148].

La joie et le bonheur font souvent ce que les plus cuisantes douleurs n'avaient pu faire, et tant de souvenirs vous attendent au seuil de cette porte – que ce soit la loi ou la justice qui vous l'ouvre, ou même seulement le hasard qui l'entrebâille – que vous ne savez plus trop, au juste, auxquels donner la préférence.

Les malheurs, la misère, la géhenne des prisons, tout cela n'existe plus pour vous ; c'est à peine un mauvais jour, une mauvaise nuit, une sorte de cauchemar qui ne réussit même pas à assombrir les pensées de votre esprit – cette partie que les métaphysiciens ont nommée âme – qui plane, renoue, reconstitue les bonheurs passés et refait la chaîne de votre vie que des hommes méchants avaient brisée.

Il vous semble que pendant cette période néfaste vous n'avez pas vécu, que vos organes n'ont pas fonctionné, écrasés, tenus, paralysés qu'ils étaient sous un poids énorme, étrange, qui les comprimait dans tous les sens sans les broyer.

Vous ressentez ce que doivent éprouver les magnétisés au dire des magnétiseurs : c'est comme le réveil d'une vie lourde, inconsciente. Vous sentez encore le froissement des fers, vous entendez encore la grossière injure, la liberté arrive, tout s'efface ! Et quand vous relisez vos souvenirs écrits, vous vous demandez à vous-même s'il est bien vrai que vous ayez souffert tout cela sans mourir vingt fois de honte et de douleur.

---

147 Paschal Grousset me parut le plus profondément touché de ce que nous avions eu la chance de pouvoir faire pour lui et pour nous.

148 * Ballière 1905 : « Rochefort ne nous injuria pas, il ne récrimina même plus ; il avait été happé par le mal de mer qui ne devait plus le lâcher jusqu'au port de Newcastle. »

Pendant que nous sommes ainsi muets, la main dans la main, pensant à la vie nouvelle, au bonheur qui peut renaître, le vent…, le vent qui n'avait voulu que nous effrayer, revenait à la rescousse et nous portait maintenant très rapidement vers une terre libre, où nous pourrions respirer un air pur qui n'aurait pas passé par les poitrines de nos geôliers avant d'arriver à nos lèvres.

La nuit nous trouva encore rêvant silencieusement à l'avenir, et c'est à grand-peine que nous nous décidâmes à céder aux pressantes instances du sommeil, tant nous avions peur que le mauvais rêve ne recommençât, et que la liberté n'eût été qu'une vision que le sommeil chasserait.

Mais toute résistance a son terme, et la fatigue nous força à chercher le meilleur coin où nous pourrions nous étendre et trouver, dans quelques heures de repos, la réparation nécessaire après cette tension morale et nos efforts physiques si bien récompensés par le succès.

Il n'est pas inutile de dire que la *Vire* avait quitté la rade de Nouméa presque en même temps que nous, pendant que nous faisions nos évolutions dans le port[149]. Il fallait que le *Cher* – parti en tournée avec le gouverneur – revînt pour nous poursuivre ; or, pendant ce temps, nous gagnions le large, poussés que nous étions par un vent favorable auquel s'adjoignirent quelques grains pendant la matinée du 21. Ces grains, qui nous semblaient d'assez bons auxiliaires, sans méchanceté vinrent tous, à tour de rôle, se ranger autour de nous, qui à droite, qui à gauche, qui devant, qui derrière, qui dans les intervalles, et enfin qui dans les intervalles des intervalles. Cette bonhomie apparente cachait cependant de noirs desseins que Jourde pressentit le premier. Il en fit part au *chief master,* lequel, après avoir consulté le baromètre, répondit :

« *Never mind!* — Ce n'est rien ! »

Et nous continuions à voguer, rapides comme la zagaie… sagaie… d'un Kanak, quand, tout à coup, le vent fit une saute qui fut immédiatement suivie d'une seconde, qui fut suivie d'une troisième. Six sautes en moins de dix minutes… et toutes les voiles étaient dehors. Le petit hunier craqua et se fendit ; les cordages se rompirent sur plusieurs points ; la foudre éclatait de tous les côtés et déchirait

---

149   * Ballière 1905 précise qu'au moment où les évadants étaient installés
      sur le *P. C. E*, « La *Vire* chauffait, afin de pouvoir s'en aller sur la route de
      l'île des Pins, porter des secours et des provisions à des naufragés. » (p. 68)

l'air avec un fracas épouvantable, jusqu'à ce que la pluie, une pluie épaisse, serrée comme celle de la rade de Nouméa, fût venue un peu calmer ses ébats, sans apaiser le vent – ou les vents, –, car il en venait de tous les points cardinaux.

Et pendant cette tempête, cette pluie, ce vent, les officiers et les matelots, accrochés aux mâts, carguaient ce qu'ils pouvaient de voiles ; attrapant au vol les cordes qui se balançaient en sifflant dans l'espace, ou se plongeaient dans la mer selon que le navire se trouvait couché sur bâbord ou tribord.

L'obscurité se faisait, quoique le soleil fût encore très haut derrière les nuages qui nous enserraient et semblaient vouloir nous absorber. Souvent l'étincelle électrique s'allumait à quelques centimètres seulement au-dessus du niveau de l'Océan. Un instant j'essayai de tenir sur le pont, mais ses brusques secousses et les inclinaisons trop rapides à droite et à gauche me privèrent du plaisir de contempler tous les effets de ce spectacle grandiose, qui n'était plus éclairé que par la lueur des éclairs.

La foudre, quoiqu'éclatant au-dessus de nos têtes, ne pouvait pas nous atteindre, la pluie noyant l'étincelle électrique avant qu'elle pût parvenir jusqu'à notre pont, recouvert, du reste, par plusieurs quintaux d'eau douce et d'eau salée qui couraient avec un bruit effroyable d'un bord à l'autre, nettoyant et emportant tout sur leur passage.

Mouillé jusqu'aux os, ne voyant plus rien, exposé à tomber sur le pont où la quantité d'eau sans cesse remuante ne m'eût pas permis de me relever, je me décidai à abandonner la place et à aller me fourrer au-dessus des sacs de farine, où je ne tardai pas à m'endormir au milieu du bruit et du fracas.

C'est, du reste, ce que tout le monde fait durant ces tempêtes particulières au Pacifique. Quand on a réussi à carguer les voiles, à condamner les panneaux, on va se coucher et on attend un jour, deux, trois, quatre jours que le *whirlwind* se calme, ou qu'il vous envoie au fond de la mer.

Heureusement, nous ne nous trouvions pris que dans la queue, ou plutôt dans la partie extérieure du cyclone ; le déchaînement des flots se calma après trois ou quatre heures de tapage, et, de tout ce grand bruit, il ne nous resta qu'un bon vent qui nous servit à réparer les désordres de la route. Avant la nuit, le plancher fut complètement sec et nous pûmes coucher sur le pont sous un ciel plus étoilé et plus brillant que jamais.

Si nous avions sombré – et qu'on eût trouvé les papiers du bord – on aurait eu à constater six décès d'Henri Rochefort et pas un seul des nôtres. Nous avions été inscrits sous les noms… du marquis littérateur… et titres appartenant au célèbre pamphlétaire. Les voici :

Henri Luçay	Rochefort.
Paschal Perigère	Grousset.
Francis Courtenay	Jourde.
Olivier Gargilès	Pain.
Bastien Courvol	Granthille.
Achille Curnieux	Ballière.

Dans la journée, le matin avant l'orage, un oiseau était venu plusieurs fois se reposer à notre bord ; longtemps je l'avais tenu dans mes mains, il avait repris son vol et était revenu à cinq ou six reprises s'abattre sur nous, se tenant gravement sur le poing de celui qui voulait bien le caresser. Cet état de prostration – qui n'est probablement pas dans sa nature, quoique sa familiarité aille jusqu'à ce point qu'il prend dans votre main la nourriture qui lui est offerte – était un effet de l'état de l'atmosphère. Son instinct l'avertissait du danger, et il venait se réfugier auprès de nous, se confier à nous, afin de n'être pas noyé pendant l'heure d'accolade que se donnent les nuages et l'océan, durant laquelle tout se transforme en eau, laissant à peine passer l'air nécessaire à la respiration.

Cette tempête est le gros événement de la traversée, et il me reste seulement à signaler la vue de l'île Howe et de la pyramide de Ball, que nous aperçûmes, l'une et l'autre, le 24 mars au matin. (Nous étions alors à 390 *miles* anglais de Newcastle.)

Il y aurait toute une histoire à faire sur cette île microscopique – et cependant habitée – et sur sa voisine, la pyramide de Ball, immense morceau de basalte mesurant cinq cents mètres de hauteur ; espèce de muraille à pic, qui de loin a l'aspect d'une main dont trois doigts seraient à moitié fermés avec l'index ouvert et tourné vers le ciel[150]. Mais cette histoire a été faite par ordre du Parlement de New South Wales, et a été faite par un habitant qui, par conséquent, en sait beaucoup plus que moi sur l'île et la pyramide, que nous contournâmes pour nous diriger directement sur l'Australie, où nous sommes arrivés, sains et saufs, le 27 mars 1874, à midi, après une traversée de sept jours.

---

150 * Ballière 1905 : « C'est là que Jules Verne a placé son île mystérieuse. C'est là qu'est enlisé le fameux *Nautilus*. » (p. 76)

Chapitre II

La ville de Newcastle (Australie), qui rappelle sa sœur d'Angleterre par l'immense quantité de panaches de fumée noire qui la couvrent, est construite à l'embouchure de la rivière des Chasseurs (*Hunter River*).

De loin, on aperçoit la mer qui se brise sur un banc de récifs à fleur d'eau, et il faut être un marin du pays pour risquer son navire sans pilote dans l'étroit espace qui est le seul passage permettant d'entrer dans le port ou de remonter le cours du *Hunter River*.

Mais notre capitaine est un habile homme, il refuse le concours des bateaux remorqueurs et il ne daigne pas non plus arborer le pavillon qui sert à demander un pilote.

Quand nous nous trouvons assez près pour distinguer les détails, nous ne sommes pas peu surpris de voir tous les bâtiments pavoisés, le sémaphore et le phare sont couverts d'oriflammes ; la ville paraît toute joyeuse et nous semblons faire une entrée triomphale au milieu d'une cité se parant pour nous recevoir.

La bizarrerie qui nous fait arriver juste à l'heure où l'on vient d'arborer le dernier pavillon, de déployer le dernier drapeau, a, du reste, été relevée dans un des journaux de la localité[151].

---

151 Le journal australien *The Newcastle Chronicle* de samedi publie, sur notre évasion, un long article dont je détache les lignes suivantes :
"Escape of six state prisoners from New Caledonia.
Yesterday, the city was thrown into a state of some excitement, by the arrival of the *P.C.E.* from New Caledonia, having on board six of the most prominent French State prisoners, recently exiled to that colony. It was somewhat singular that these men should arrive while all the vessels in the harbour were arrayed with a display of flags, in honour of his Excellency the Governor, Sir Hercules Robinson, who was expected hourly at the time… "
* On trouve dans la plaquette annotée par J.-P. Delamotte, Henri Rochefort, *De Nouméa à Newcastle*, le texte complet de cet article (28 mars 1874) ainsi que le texte de deux autres articles du même journal et sur le même sujet (31 mars 1874 et 2 avril 1874).

Le capitaine Law consulte son calendrier ; nous sommes un ven-dredi, et rien dans les fastes de la cité, qu'il habite depuis son enfance, ne lui paraît motiver cette profusion de *couleurs*.

Nous franchissons la passe et nous commençons à défiler au milieu de navires français, américains, hollandais, espagnols, anglais, australiens – qui portent le pavillon anglais, avec la constellation de la Croix du Sud brochée dans le centre – et nous allons tout au fond nous ranger près de deux bâtiments, un français et un australien, qui déchargent leur cargaison, se composant des débris de la butte Conneau.

C'est, du reste, ce que va faire aussi le *P.C.E.* dans quelques heures. Car il ne faut pas oublier que j'ai déjà dit que c'était la colonie française qui fournit, sous le nom de lest, les moellons qui servent à la construc-tion d'une jetée ou d'un quai pour une des cités du New South Wales.

Il paraît, du reste, que la Nouvelle-Calédonie n'est connue dans le pays où nous arrivons que sous le nom de *Vache à lait de Sydney*.

L'Administration française et ses nombreux fonctionnaires et officiers consomment assez, mais ne produisent rien, rien, rien autre chose qu'un peu de fumée quand ils flambent leur cigare en buvant le verre d'absinthe.

Maintenant que l'évasion a bien réussi, nous avons hâte de quitter notre bateau ; nous voudrions toucher la terre ! Il nous semble que nous n'arriverons jamais à mettre les pieds sur le sol tant désiré, à fouler les verts gazons, à gravir les montagnes que nous apercevons à l'horizon au-dessus de la ville.

Enfin la chaîne crie, l'ancre descend à pic ; nous venons de mouiller ! Maintenant il faut attendre la douane. Pour abréger les ins-tants, le capitaine Law nous fait servir le dernier repas que nous man-gerons à son bord ; mais nous n'y touchons que peu. La terre ! La terre ! C'est la seule chose que nous demandions. Le capitaine se décide à faire mettre son canot à la mer. Au lieu d'attendre la douane, nous irons la trouver ; mais, pendant les préparatifs de la mise à la mer, une embarcation, portant un fanion orné des lettres H. M. C. (*Her Majesty's Customs*), nous accoste par bâbord ; quelques minutes après, les formalités sont remplies ; le capitaine Law a déclaré qu'il avait à son bord six passagers ; l'employé prend les noms, s'en va et nous aussi.

Nous étions sauvés ! Enfin, nous étions libres !

« *All's well that ends well* », dit Shakespeare dans sa comédie.

Mais notre entreprise était chose plus grave qu'une comédie. En effet, si la tentative eût avorté, c'en était fait de nous, soit que nous soyons ramenés sur la terre maudite que nous venions de quitter et jetés dans d'affreuses prisons au milieu de forçats, soit que nous eussions été jugés et condamnés sommairement à être passés par les armes[152].

Aussi, en touchant le sol australien, à l'idée que nous étions désormais sur une terre libre, à l'abri de toute atteinte de nos geôliers, notre émotion fut-elle grande, indescriptible…

Ô liberté! don le plus précieux que l'homme puisse ambitionner, jamais comme ce jour-là je ne t'ai autant aimée!

---

152   À la suite de notre évasion, l'administration coloniale… les membres du gouvernement de l'ordre Moral, ceux-là qui s'intitulent les défenseurs de la propriété, les Versaillais cléricaux… ruina quelques négociants et industriels qui avaient fondé des établissements à Nouméa. Exaspérée, elle se vengea en rappelant en France MM. CHANLOU, directeur de la déportation, et GERDOLLE, receveur de l'enregistrement et des domaines. Cet acte de rigueur contre des agents qui lui appartenaient n'ayant pas suffi, elle s'attaqua aux colons; le *Morning Herald* de Sydney (New South Wales, Australie) du 23 janvier 1875 raconte, d'après une lettre du chef-lieu de la colonie française, datée du 11 du même mois, qu'un ordre arrivé de Paris a prescrit l'expulsion de la Nouvelle-Calédonie de plusieurs résidents civils, au nombre desquels se trouvent MM. PUECH, de la maison *Rataboul et Puech*; S. SOHN, marchand de bois et propriétaire d'une scierie à vapeur; BLAISE, épicier; CASSAN, négociant, et DUSSERRE [Ballière orthographie «Dussert»], restaurateur et marchand de vin. Deux mois ont été accordés aux expulsés pour régler leurs affaires. La même pièce ordonnait la fermeture de la loge maçonnique de Nouméa (l'*Union calédonienne*), avec interdiction d'ouvrir une autre loge dans la colonie ou ses dépendances.
* On trouvera, au dernier chapitre du livre de Joël Dauphiné 2004a, des informations précises sur le sort de ceux qui ont été jugés, à tort ou à raison, impliqués dans l'évasion : les fonctionnaires, y compris le chef de la colonie, les commerçants et industriels, l'interprète Wallerstein, le capitaine Law, le propriétaire de l'Hôtel de France à Sydney, Courvoisier, beau-frère de Puech… On remarque, alors que les francs-maçons étaient les premiers suspectés, que P. Sauvan, le *frère* avec lequel Ballière était en contact et auquel il devra son retour à Nouméa en 1892, ne semble avoir été été ni interrogé, ni inquiété. (p. 209-241)

TROISIÈME PARTIE

L'Australie

Arrêtons-nous ici, l'aspect de ces montagnes,
D'ivresse et de plaisir fait tressaillir nos cœurs.
Scribe et Adam (*Le Chalet*)[153]

---

153   * Ballière a écrit « fait tressaillir nos cœurs ! » alors que dans l'opéra-comique d'Adolphe Adam, *Le Chalet* (1834), les paroles exactes d'Eugène Scribe sont « fait tressaillir mon cœur ! » Barbey d'Aurevilly, *Correspondance générale, III, 1851-1853*, Annales littéraires de l'université de Besançon, Paris, 1983. Les éditeurs du livre précisent l'origine de cette citation en signalant l'erreur de Barbey d'Aurevilly qui l'avait attribuée à l'opéra de Rossini, *Guillaume Tell*.

Chapitre premier

Newcastle – Sydney – Melbourne

Sommaire

Aussitôt à terre, on se met en quête d'une maison de banque qui, se trouvant en rapport avec les commerçants de Nouméa, veuille bien escompter des billets de la Banque coloniale de la Nouvelle-Calédonie appartenant à Paschal Grousset. C'est pour le moment toute notre fortune et il faut envoyer une dépêche télégraphique[154] qui va porter la joie dans le sein de nos familles et la désolation dans le cœur des versaillais.

Cette négociation est difficile, et il faut tout l'intérêt qui s'attache déjà à nous – la nouvelle de notre arrivée s'étant très rapidement répandue – pour que nous réussissions à échanger nos bons coloniaux contre de l'or ou même de simples *banknotes*.

Cette affaire terminée et la dépêche expédiée, nous allons nous installer au *Great Northern Hotel*, en face d'une des stations du chemin de fer.

Ce chemin de fer, en dehors du service des voyageurs, apporte les chargements de charbon de terre sur le quai, qu'il longe dans toute son étendue.

L'hôtel où nous sommes descendus est le plus aristocratique de la ville et la vie y coûte fort cher, environ une livre sterling par jour (25 F). Nous y trouvons un confortable et un luxe auquel nous n'étions plus accoutumés depuis bien longtemps. Les soins de la toilette absorbèrent les premières heures ; les préparatifs de départ prirent les autres. Trois de nos camarades partiront pour Sydney, dès ce jour même, par le *Kembla*.

---

154 * Ballière 1905 donne les détails : Paschal Grousset se charge de payer la dépêche, mais la négociation est difficile, car on refuse les billets de la Banque nouméenne. Finalement «un banquier en rapport d'affaires avec Nouméa, voulut bien, étant donné notre qualité d'évadés, nous donner quatre cent et quelques francs – c'était à un rien près ce que coûtait la dépêche.» (p. 80)

Avant de quitter le capitaine Law, nous l'avions engagé de venir, en compagnie de son armateur, partager notre dîner. Ces messieurs restent avec nous jusqu'à 11 heures du soir, heure à laquelle part le steamer qui emporte Henri Rochefort, Paschal Grousset et F. Jourde.

Nous, nous resterons à Newcastle, en attendant la réponse à la dépêche télégraphique. Pour occuper nos loisirs, on nous confie la mission de traiter le *chief master* Edward Calmer et le second B. Janson[155]. Nous nous trouvons en quelque sorte otages de la convention qui ne pourra être remplie qu'après l'arrivée de la dépêche venant d'Europe.

Nous avons pris cette mesure par convenance. Il faut rendre cette justice au capitaine Law qu'il n'avait pas exigé cette condition.

Tout l'après-midi, nous avons reçu la visite des journalistes de Newcastle, et nous avons fini par connaître la cause du déploiement extraordinaire de pavillons multicolores qui nous avait tant intrigués à l'heure de notre arrivée. Il s'agit de célébrer le passage de sir Hercules Robinson, le représentant de l'Angleterre en Australie, qui fait une excursion en remontant *Hunter River*.

Nos camarades partis, nous continuons à être fort visités par les journalistes qui voudraient publier une longue histoire très détaillée de notre évasion. Mais nous nous obstinons à garder le silence, ne voulant rien dire sans l'assentiment de ceux qui nous ont quittés et que nous devons rejoindre un de ces jours à Sydney.

Nous passons un samedi assez ennuyeux ; nous sommes chagrinés d'être délaissés ; nous ressemblons à des écoliers en pénitence, et pour tuer le temps et éviter les rues de la ville, où notre présence excite une certaine curiosité, nous allons nous promener sur les rivages de la mer. La plage n'est pas longue, et bientôt nous sommes obligés de gravir les rochers qui forment la base d'une haute falaise dont la cime est quelquefois à plus de cent mètres au-dessus de nos têtes. Nous courons sans savoir où, sautant d'une saillie sur l'autre, jusqu'à ce que la mer, à l'heure de la marée, vienne nous barrer la route, après nous avoir inondés d'écume.

Heureusement, pour nos jambes au moins, qu'une dépression de terrain avait lieu juste en cet endroit et qu'un petit escalier avait été taillé dans la roche ; nous gagnons la terre ferme : c'est une magnifique prairie pleine de chevaux, de vaches, animaux domestiques qui

---

155   * Ballière 1905 : « De braves gens dont je suis heureux de regarder
      les bonnes têtes sur les photographies qu'ils voulurent bien me donner
      après notre arrivée à Newcastle. »

servent à l'approvisionnement de la ville que nous avons maintenant au-dessous de nous et qui cependant projette quelques-unes de ses maisons jusque-là, sur une route qui passe à quelque distance de l'endroit où nous sommes. Cette route paraît longer la mer à un demi-kilomètre du rivage.

La soirée est un peu plus intéressante. Il est en usage dans les villes anglaises de consacrer la soirée du samedi aux plaisirs, le dimanche étant spécialement un jour de prières. Aussi, dès que le dîner est terminé, toutes les jeunes filles montent à leur cabinet de toilette et revêtent leurs plus beaux atours.

Pendant cette promenade, nous rencontrons M. Bonnard, le rédacteur de la *Revue australienne*, qui nous présente à un de ses amis, rédacteur du *Journal de Maitland*, lequel nous offre de nous emmener dans sa cité. Nous acceptons avec empressement cette occasion de passer le dimanche sans trop d'ennui.

Aussi sommes-nous prêts beaucoup trop tôt et obligés d'attendre longtemps dans la gare, où se pressent une foule de voyageurs qui, comme nous, prennent leur volée dans la plaine pour éviter la monotonie du dimanche anglais.

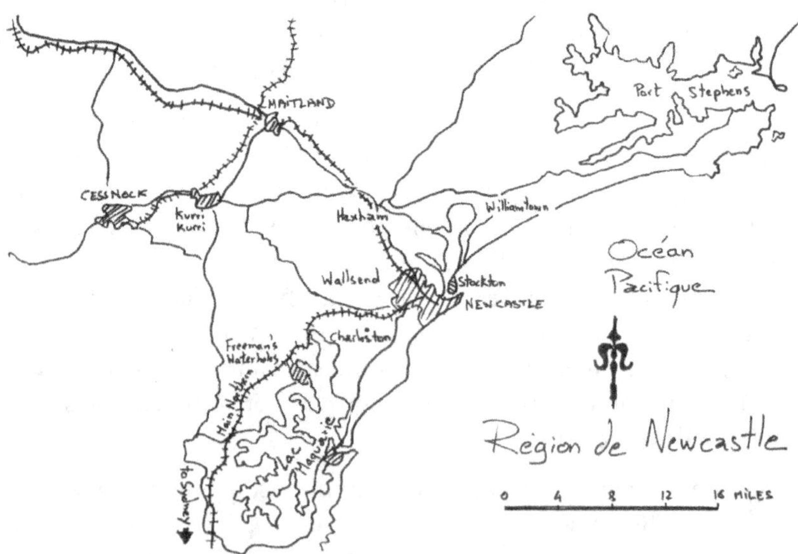

Une fois en route et sortis de la ville, nous n'avons pas assez d'yeux pour admirer tous ces divers panoramas qui sont sans cesse du nouveau pour nous. La structure, l'essence des arbres, les oiseaux et le gibier que le bruit de notre locomotive fait envoler, les canards des marais, les arbustes, l'herbe, tout nous paraît merveilleux. Au fond, des montagnes bleues, rouges, vertes ; et, de place en place, les habitations des fermiers, des gardiens de troupeaux. Enfin, après je ne sais plus combien de stations, nous arrivons à Maitland.

C'est une grande ville intérieure ayant ses trois stations de chemin de fer.

L'architecture des maisons et des hôtels de Maitland, plus que celle de Newcastle, a un caractère bizarre ; les maisons y sont ou très primitives ou surchargées de détails d'architecture et surtout de sculpture. Pauvre sculpture, hélas ! qui n'est qu'un modelage ; les maisons étant simplement enduites d'un ciment noirâtre qui devient très dur et avec lequel sont faites toutes les saillies et les ornementations.

Nous ne séjournons à Maitland que juste le temps de trouver deux chevaux et deux voitures, et nous filons par une route qui longe pendant quelques mètres *Hunter River*, que nous avons retrouvée là, pour aller jusqu'au village de Looking-War, où habitent des amis du rédacteur du journal maitlandais. Ces Australiens sont des Français des environs de Reims. Ils sont, dit-il, très heureux de recevoir leurs concitoyens qui viennent visiter l'Australie.

La route, très belle au début, va perdant de sa régularité au fur et à mesure que nous enfonçons dans les terres ; mais, si nous avons des cahots, nous gagnons encore en pittoresque, et rien ne peut rendre, autre qu'un tableau, le cadre charmant qui nous entoure, la multitude d'oiseaux qui crient, piaillent, perchés dans les *gumtrees* ; les *opossums*, qui grimpent de branche en branche ; le bétail qui s'enfuit à travers l'herbe verte ; les chevaux à moitié sauvages qui courent à perte de vue, et toujours à l'horizon, pour fermer le tableau, les montagnes bleues.

Mon mentor me fait voir, près des bâtiments d'une ferme australienne, l'instrument de supplice de ce joyeux bétail. C'est là que chaque saison on marque, les uns après les autres, les nouveau-nés, au moyen de fers rougis que l'on fait pénétrer jusque dans les chairs, afin d'obtenir une marque indélébile.

Après avoir traversé plusieurs villages possédant chacun cinq ou six chapelles appartenant chacune à un culte ou au moins à une secte différente qui l'a fait construire et l'entretient à ses frais, nous arrivons au but de notre voyage.

C'est une charmante habitation, entourée de vérandas, perdue au milieu d'arbres à fruits apportés d'Europe. Nous sommes très bien reçus par M. et Mme Terrier, charmantes gens, qui sont devenus de gros propriétaires australiens, mais n'ont pas oublié la France, ni même les militants de la politique ; pour nous le prouver, Mme Terrier ouvre un album placé sur la table du salon et nous fait voir, au milieu des photographies des membres de sa famille, celles de MM. Ledru-Rollin, Gambetta et Rochefort,

Nous acceptons un dîner, qui nous paraît d'autant meilleur que nous avons très faim et qu'il est préparé à la française ; j'ai déjà horreur des mets, des *pickles*, des sauces et des confitures anglais. À la fin de ce repas, nous buvons à la France, à la République, et nous portons ces précieuses santés avec du champagne, du vrai champagne… australien.

M. Terrier, notre amphitryon, était venu en Australie spécialement pour s'occuper de la fabrication de ce vin, mais ce champagne ne veut pas tenir enfermé ; soit qu'il soit trop capiteux, soit que la température continue la fermentation, on n'en peut sauver qu'environ un millier de bouteilles sur dix mille, ce qui rend le prix de revient de celles qui résistent trop élevé pour la consommation.

Nous revenons à la fraîche par le même chemin que nous avons déjà parcouru ; souvent nous sommes obligés de nous arrêter pour laisser au bétail qui encombre la route le temps de se lever. Ces courses dans les terres ne sont pas sans quelques dangers : le premier est d'y briser sa voiture, le second de tomber sur un animal quinteux qui éventre votre cheval, et le troisième de rencontrer quelques aventuriers ; mais je ne cite celui-ci que pour mémoire, notre nombre rendant toute attaque très difficile et aussi dangereuse pour les assaillants que pour nous-mêmes.

De mauvaises routes en bonnes, nous arrivons à Maitland à une heure assez avancée de la nuit, sans avoir de gîte. Tout le monde est couché et personne ne répond au bruit des sonnettes que nous agitons ; enfin une auberge se décide à parlementer, et nous y prenons quatre lits. Nous nous trouvions d'autant plus embarrassés que le cher Maitlandais, avec un sans-façon tout colonial, nous avait brusquement souhaité le bonsoir. Après avoir rendu les chevaux, il s'en était tranquillement allé se coucher près de sa femme, qui devait être – nous dit-il – très inquiète de sa longue absence.

Au jour, et après avoir déjeuné dans un hôtel plus confortable que celui où nous avions couché, nous prenons le train de Newcastle et refaisons, en sens inverse, la route de la veille.

L'accueil de la population, les visites que nous recevons, tout cela sont charmantes choses, mais il est toujours ennuyeux d'être séparés au début d'une entreprise pendant la durée de laquelle nous devions jouir d'un sort commun. Aussi Olivier Pain s'empressa-t-il de télégraphier à nos camarades que nous avions hâte de les rejoindre et qu'ils s'arrangent pour nous envoyer l'argent nécessaire au paiement de notre dépense au *Great Northern Hotel*.

Nous recevons aussitôt leur réponse et des fonds, et après avoir traité MM. Calmer et Janson, nous nous embarquons sur le *Coonambara*, qui doit arriver dans la soirée à Sydney.

Dans la journée j'ai vu le capitaine Law, qui a bien voulu tracer sur une carte géographique de la Nouvelle-Calédonie les évolutions de son navire dans la rade et le port de Nouméa le jour de notre évasion[156].

Il a été convenu de plus avec lui et les autres intéressés, qu'ils viendront à Sydney aussitôt que nous serons en mesure de leur payer la somme promise pour leur bon et si efficace concours.

Nous n'avons, du reste, pas pu quitter cette rade sans rendre une visite au *P.C.E.* Franchement, nous lui devions bien cette politesse. Il nous a rendu un de ces services qu'on n'oublie jamais.

---

156   * Ballière 1905 : « Il me donna cette carte géographique. J'aurais bien
       voulu la placer ici. » (p. 81)

Chapitre II

Sydney

Après une traversée des plus heureuses et des plus agréables, une déchirure ayant ses deux côtés à pic se présente à nos yeux. C'est l'entrée du *Harbour of Sydney*. Il y a si peu de raisons qui motivent cette ouverture dans cette longue ligne de rochers taillés à pic qu'on pourrait croire qu'elle est le fait de la main de l'homme, si la nature, si bizarre en ses effets, n'avait pris soin de créer, au-delà de cette entaille si correcte, un des ports les plus pittoresques du monde.

La présence de cette entrée n'est signalée de loin que par le *lighthouse* ; mais on n'a pas plus tôt franchi l'étroite porte que le spectacle le plus attrayant se présente à vos yeux. C'est toute une série de surprises qui se déroulent sans cesse en se modifiant continuellement.

Nous sommes tous les trois sur le pont, ne pouvant pas nous lasser d'admirer cette mise en scène si pittoresque, quand tout à coup la cloche du débarquement nous apprend que nous pouvons descendre.

À 5 heures du soir, nous mettons pied à terre sur un des nombreux *wharfs* de la cité et nous y trouvons seulement Wallerstein – continuant ses fonctions d'interprète – qui nous attend, accompagné de M. Courvoisier, le propriétaire de l'Hôtel de France, hôtel également appelé et plus connu sous le nom de *Courvoisier's Hotel*.

Quant à nos camarades, ils nous attendent à l'hôtel. Ils se sont, nous disent-ils, trompés de *wharf* et ils nous attendent pour manger un dîner d'autant plus vite servi que nous arrivons à l'heure où ces MM. ont l'habitude de prendre leur repas du soir.

Nous apprenons que les journaux de Sydney, principalement le *Sydney Morning Herald*, agissant sous la pression du consul français, avaient été généralement peu amicaux ; c'est d'autant plus désagréable que l'accueil avait été très chaleureux à Newcastle. J'ai, du reste, avec moi tous les articles publiés dans cette dernière ville ; ils nous préparaient peu à l'accueil du grand journal de la capitale.

Le *Sydney Morning Herald*, auquel avait été adressée la dépêche télégraphique pour l'agence Reuter, s'était exécuté de si mauvaise grâce et il avait fait suivre dans ses colonnes le contenu de la dépêche de lignes si peu bienveillantes qu'elles motivèrent une gravure charmante et un article fort spirituel du *Sydney Punch*. Tous les rieurs ne furent pas du côté du vieux journal tory, représenté sous les traits d'une vieille commère ayant à ses côtés deux rédacteurs complètement rasés, aux cheveux plats, l'un gras et replet, l'autre maigre et long, qui rappellent assez la gravure française de l'anatomie comparée. Ce groupe regarde de travers, avec des yeux effarés, les *escaped communists* qui s'avancent vers eux le chapeau à la main, dans l'intention de réclamer de confrères en littérature le service d'expédier en Europe la fameuse dépêche qui surprit si fort Versailles, qu'il fallut la renouveler quatre fois.

Le soir nous assistons à une séance du Parlement de la Nouvelle-Galles du Sud où nous entendons les principaux orateurs, et particulièrement M. Buchanan, le chef de l'opposition, qui possède un talent fort apprécié et fort applaudi par ses collègues de la Chambre.

La salle du Parlement est nue et froide comme un temple de puritains et n'offre rien de remarquable qu'une longue table couverte d'un tapis vert sur laquelle sont placés tous les documents et pièces ayant trait à la délibération du jour ou plutôt de la nuit.

Quand on se trouve dans une ville éloignée de son pays, on veut tout voir ; aussi, les visites aux monuments se succèdent-elles rapidement ; les hôpitaux de Sydney méritent surtout une mention particulière ; le service y est fait par des infirmières et des infirmiers civils qui s'acquittent fort bien de leur service... il y règne une gaieté de bon aloi qui doit produire le meilleur effet sur l'esprit des malades et non les glacer et les pétrifier dès avant leur décès, comme le font les religieuses françaises avec leurs *patenôtres*, leurs mômeries et leurs règlements si égoïstes, si durs et si dénués de bons sens et de raison.

Je sais que ce n'est pas la faute de ces pauvres filles ; mais pourquoi ne pas utiliser leurs services, sans les abrutir, les *impassibiliser* extérieurement, car tout est faux dans cette rigidité de marbre, et plus d'une tressaillirait, si elle trouvait une main amie assez puissante pour l'arracher du tombeau dans lequel elle est descendue vivante.

Une chose plus gaie que la visite aux hôpitaux, si bien tenus qu'ils soient, est notre promenade dans le port enchanté : un rédacteur du *Sydney Morning Herald* – tous n'y sont pas de même complexion – nous avait invités à une partie de bateau à travers les innombrables petits canaux, culs-de-sac, qui sont les rayons du port central de Sydney.

Notre admiration sans bornes pour le paysage ne se trouve être dérangée que par une collection des plus variées et des plus nombreuses de tous les genres de méduses, qui se promènent tranquillement et nonchalamment à la surface de la mer. Ces plantes ou ces bêtes, terminées, les unes par des cordons semblables à des franges de tapisserie, les autres par une couronne de fleurs semblable à celle d'une certaine variété de choux ; ces grosses et lourdes choses, lesquelles sont peut-être un animal, peut-être un végétal, et qui, dans tous les cas, vivent d'une vie calme, les pieds dans l'eau, la tête au soleil, sont une des grandes bizarreries du port de Sydney qui les compte par milliards.

En les regardant et en les voyant nager si doucement, je leur ai supposé une vie tranquille, peut-être tout simplement parce que je ne les connais pas suffisamment. Qui pourrait dire, qui sait, après tout, si cette placidité apparente ne couvre pas des organisations chaudes et bouillantes comme la température du pays ? Peut-être leur vie, qui nous paraît si douce et si suave, a-t-elle ses déboires, ses amours malheureux, ses ambitions déçues ! Il est peut-être très important pour eux d'être nés plus à l'est ou plus à l'ouest, plus au nord ou plus au sud.

La vie et ses hasards, ses mauvaises compagnies et ses bonnes rencontres, produit peut-être là aussi ses bons et ses pernicieux effets.

La quiétude et les angoisses sont les mêmes relativement pour tous les êtres qui s'échelonnent et s'étalent sur cet herbier tournant que les Français appellent la terre ou le monde, les Anglais *the earth or the world*, et le paillard moineau souffre autant, en voyant son vainqueur caresser la belle qu'il convoitait, que le riche héritier qui se suicide pour Cora Pearl.

Qui pourrait dire combien de combats a eu à soutenir le jars qui dirige les bandes que nous voyons passer l'hiver au-dessus de nos têtes, avant d'occuper la place importante qu'il tient à l'avant de la compagnie, et combien d'ambitions déçues volent dans le sillage tracé par l'envergure de ses ailes ? Qui pourra jamais connaître la profondeur de la pensée de celui qui guette l'heure, la minute exacte où la fatigue ou le dégoût des obstacles à vaincre forceront le premier à lui céder la place, et quel est le sentiment d'orgueil satisfait qui gonfle et soulève sa poitrine, quand ce moment est enfin arrivé ?

Toutes les âmes humaines n'ont pas la même volée, et certaines ne respirent que là où d'autres seraient étouffées ; qui peut nous assurer qu'il n'en est pas de même parmi les bêtes, et nous dire si les faibles n'appellent pas quelquefois la ruse à leur aide pour triompher et se débarrasser de forts-à-bras ?

Qui pourra nous dire si, parmi les bêtes comme parmi les gens, tout n'est pas ingratitude, égoïsme et si, là aussi, la timidité, la réserve, ne sont pas bêtise et sottise ?

Peut-être aussi les animaux ont-ils leurs doctrines et quelques connaissances du cœur humain. Le chien, qui suit de préférence tel ou tel homme, a dû étudier son caractère et ses habitudes, et les a trouvés l'un et l'autre le plus qu'il est possible en conformité avec les siennes propres.

Pourquoi le cheval, qui renverse les plus solides cavaliers, est-il quelquefois si docile dans la main d'un enfant ?

Il y a là bien des questions à formuler, trop de problèmes à résoudre, et je préfère m'en tenir à admirer simplement dans leurs formes extérieures mes méduses, causes premières de cette longue digression, sans vouloir m'inquiéter si ceux ou celles qui passent sont des amants malheureux, des politiques exilés, des rois déchus ou des papes détrônés n'ayant plus entre les mains qu'une tiare aplatie par des chutes excessives et pour arme une excommunication devenue grotesque par ses nombreux ratés, une sorte de revalescière[157] qui n'opère plus sur les tempéraments robustes ni sur les consciences solides.

Nous devions revoir, du reste, le lendemain un des bras, un des longs bras effilés du *Sydney's harbour* qu'ils ont appelé *Parramatta River*. Ce lendemain étant le jour du Vendredi saint, un excellent docteur du pays, le docteur Evans, sachant combien la ville est triste et morne en ce jour de deuil religieux, avait eu l'idée d'organiser une chasse aux wallabies et de nous y associer. Je crois même qu'il l'organisa absolument à notre intention. Un nombre fabuleux de fusils avait été amené à l'hôtel, et bien longtemps avant que le soleil pense à venir éclairer nos exploits, nous sommes sur pied, grâce aux appels de M. Courvoisier, le maître de l'hôtel, qui est, du reste, lui-même de la partie.

Des barques nous attendent sur le quai; nous sommes armés jusqu'aux dents, bondés de provisions. On ne sait pas où placer tant de monde. Enfin, quand on a réussi à se caser, les mariniers poussent au large et tout le monde se tait pour écouter les milliers d'oiseaux qui s'éveillent et semblent saluer notre départ en nous accompagnant de leur musique et de leurs petits cris.

---

157 * « Autre forme de revalenta. Substance alimentaire qui a pour base la farine de lentilles décortiquées, avec des proportions variables de farines de pois, de maïs, etc. » Cf. *Comment j'ai fait mon dictionnaire –* Causerie d'Émile Littré.

Pendant longtemps, nous voyons les deux bords du Parramatta défiler sous nos yeux et nous remontons toujours à travers les bois tranquilles où s'abritent les innocents animaux qui vont servir à notre récréation.

Après deux heures de course, nous apercevons un campement au milieu duquel nous distinguons des feux et des colonnes de fumée qui s'élèvent verticalement. Il n'y a pas une miette de brise et la solitude n'est troublée ici, comme à Sydney, que par le chant matinal des oiseaux, auquel se mêle le cri discordant des *magpies* et des perruches.

Ce bivouac est le nôtre, et c'est M. Evans et ses amis qui, arrivés avant nous, préparent le déjeuner, du thé et du café. Quand on est en chasse, il faut se conformer aux habitudes des chasseurs. Nous nous assoyons sur l'herbe, après l'avoir piétinée pour en chasser les serpents, et nous nous partageons d'énormes tranches de mouton et de volaille sur de très petits morceaux de pain, suivant la mode anglaise, encore exagérée aux colonies, où la viande est moins rare et à meilleur marché que dans la métropole. Puis, ce repas terminé, on découple les chiens ; les organisateurs prennent sous le bras les invités et nous conduisent à travers la forêt et les cours d'eau jusqu'à une crête de rochers où nous devrons attendre le passage des bêtes traquées par la meute.

Nous sommes à peine depuis une demi-heure à nos postes de combat, quand j'entends Henri Rochefort, qui est à ma droite, s'écrier : « Oh ! en voilà un ! Ah ! la vilaine bête !... Dieu ! qu'il est gros ! » Comme je n'entends pas de détonations se mêler à ces exclamations, je crois que c'est une plaisanterie d'apprenti chasseur qui s'ennuie à son poste. Mais pas du tout, il s'agissait bel et bien d'un énorme wallaby, le plus gros que nous ayons vu de toute la journée, qui, effrayé par les chiens, était venu tomber dans le piège, rendu peu dangereux par la présence d'un chasseur peu aguerri et plein de bons sentiments pour les wallabies et tous les animaux en général.

Cette journée devait cependant être mauvaise pour la pauvre bête ; car, si Rochefort ne pense pas à inquiéter ce kangourou, il va se charger lui-même de se faire faire prisonnier. Averti du danger qu'il court par la voix de mon voisin, le pauvre animal fait un crochet et songe à traverser le Parramatta à la nage ; mais il a compté sans les bateliers qui, aussitôt qu'ils le voient, mettent les embarcations à flot, le cernent, l'assomment à moitié d'un coup d'aviron et l'enchaînent au pied d'un arbre où nous le trouverons, quand les chiens, ayant fini leur longue tournée, demanderont un repas dont nous avons nous-mêmes un grand besoin.

Nous dégringolons de nos rochers, les pieds dans l'eau, le ventre dans la brousse, et nous regagnons comme nous le pouvons le bivouac où le dîner se prépare. De tous les côtés on entend des coups de fusil. Ce sont les chasseurs qui s'appellent ou qui tirent des oiseaux qui voltigent de branche en branche et paraissent ne rien comprendre au tapage que nous faisons dans ces lieux ordinairement si calmes. Les échos vont répercutant les détonations de nos armes à feu, et de l'endroit où je me trouve, j'entends toute une série de crépitements qui feraient presque croire à des feux de deux rangs exécutés avec une précision mathématique.

Tout le monde réuni, on compte les victimes : il y a deux morts et un prisonnier blessé, celui dont je viens de parler plus haut[158]. Il est inutile de dire que nous ne sommes pour rien dans la mort des victimes ; ce sont les rabatteurs qui en ont toute la gloire et qui ont rapporté ces pauvres bêtes, les pattes liées ensemble et accrochées après un bâton qu'ils portent sur l'épaule.

Malgré notre peu de succès, nous sommes très heureux, nous n'avons pas vu de serpents, et c'est ce que je redoute le plus au milieu de ces hautes herbes, n'ayant pas de bottes ni de guêtres en cuir. Probablement que la détonation des armes à feu les a un peu effrayés et qu'ils ont pris le large.

Après le repas pantagruélique auquel nous nous livrons, et comme il ne faut pas perdre une heure de plaisir, même quand nos jambes n'en peuvent plus, on organise une course de canots ; les bateliers prennent leurs numéros ; il s'agit de gagner un prix de deux livres sterling (50 F) pour le premier arrivant.

Le signal est donné, les avirons se courbent sous les efforts de bras vigoureux. Bientôt deux embarcations se dégagent du milieu des autres et prennent l'avance. C'est sur elles que tout l'intérêt se

---

158   * Ballière 1905 : « Quand Rochefort m'eut abandonné à Sydney, je fus un jour me promener au Zoological Garden et je trouvai son kangourou installé avec, sur sa porte, l'inscription suivante : *Wallaby Géant - donné au Zoological Garden - par le Marquis de Rochefort*. Le vétérinaire lui avait recollé l'oreille ; il a dû faire bonne figure quand sa plaie a été cicatrisée. » (p. 87-88)
Rochefort raconte aussi, avec d'autres détails, cette chasse et cette pêche. Il signale également le dépôt du kangourou au Jardin botanique avec l'inscription en son honneur (formulée en termes différents). Rochefort, Henri, *Retour de la Nouvelle-Calédonie. De Nouméa en Europe*, Ancienne librairie Martinon, Jeanmaire, Paris, [1877]. (p. 114)

concentre. L'une a environ 1,50 mètre d'avantage sur sa concurrente. Les rameurs parviendront à maintenir cette distance jusqu'au poteau d'arrivée où les attendent nos bravos et les deux *banknotes*.

Les régates terminées, on passe à un autre exercice beaucoup plus intéressant pour nous qui ne le connaissions pas. M. Modini, l'armurier qui a prêté la plus grande partie des fusils, au moins à tous les étrangers se trouvant de la fête, a apporté avec lui des engins préparés avec la dynamite et appelés par lui *torpilles* de pêche.

La torpille est enveloppée dans un corps gras recouvert de papier. On prend une mèche préparée *ad hoc*, que l'on coupe par bouts plus ou moins longs, suivant la profondeur à laquelle on veut que la torpille puisse pénétrer. À l'extrémité de la mèche on place une grosse et longue capsule que l'on enfonce dans le corps gras jusqu'à ce qu'on rencontre le corps inflammable. Ceci fait, on allume l'autre extrémité de la mèche au moyen d'une allumette ordinaire et on jette le tout à l'eau. La torpille, entraînée par son poids, plonge et quelques secondes après une détonation, qui secoue la terre jusque sous nos pieds, se fait entendre au fond des eaux, et immédiatement des compagnies de poissons de toutes les tailles et de tous les âges arrivent se débattant à la surface de l'eau. La commotion a brisé leur appareil respiratoire et ils se noient, ni plus ni moins que de mauvais nageurs ayant pris trop au large.

Le travail de la digestion ayant eu le temps de se faire, nous nous décidons à prendre un bain dans le Parramatta ; les détonations sous-marines ont éloigné les squales, s'il y en avait, et l'amiral Saisset lui-même pourrait se baigner où nous prenons notre bain[159].

Notre baignade finie, le soleil étant devenu moins chaud, nous nous embarquons pour aller fouiller un autre bois également situé sur les bords du Parramatta, où nous faisons encore deux autres victimes ; puis, la nuit venant, on casse la dernière croûte, on vide les dernières bouteilles, et les embarcations redescendent le Parramatta, travail beaucoup plus facile que de le remonter. Enfin nous arrivons à Sydney pour recevoir un grain qui nous force à débarquer dans une autre partie de l'immense cité ; heureusement que des steamers font toutes les cinq minutes un service de promontoire à promontoire, indispensable du reste, étant donné la forme particulière de la ville et des cités qui s'y rattachent. Nous étions partis en canots, nous rentrons en *steamboat*.

---

159   * Ballière 1905 précise : « Nous fîmes de la natation, Olivier Pain et
    moi. » (p. 89)

En revenant de notre chasse, nous trouvons dans le *Sydney Morning Herald* une lettre de M. le consul français, dont je place ici la traduction :

« Au rédacteur du *Sydney Morning Herald*.

Monsieur,

Comme quelques habitants de Sydney, poussés par un sentiment généreux, paraissent se méprendre sur la véritable situation des hommes qui ont été condamnés à la transportation et à la détention en Nouvelle-Calédonie, je crois de mon devoir de faire connaître la vérité au public : ce ne sont pas des *exilés* ou des *délinquants politiques* dans l'acception ordinaire de ces mots, ils ont été condamnés à la *transportation* et à la *détention* pour crimes punis en tout temps par les lois criminelles de leur pays. Ils ont été jugés par une juridiction militaire spéciale, parce que Paris et une portion de la France étaient alors en état de siège, et non pas seulement parce que les tribunaux militaires pouvaient seuls connaître des crimes pour lesquels ils ont été déportés. Ils n'ont jamais été considérés comme des hommes politiques, et ils n'ont aucun droit à revendiquer ce nom, qui, dans aucun cas, ne pourrait pallier des crimes tels que pillage à main armée, extorsions de toutes natures, assassinat des otages, qui ont été commis dans Paris, sous le gouvernement de la Commune[160].

Je vous serais très obligé de vouloir bien insérer cette lettre dans votre journal, si vous le jugez nécessaire dans l'intérêt de la justice et de la vérité.

G. Eugène SIMON,

Consul de France.

Sydney, Consulat de France, le 2 avril 1874. »

Cette lettre, dans laquelle M. Simon nous dénonce comme étant des criminels de droit commun, nous qui n'avons été jugés par des conseils de guerre que parce que la France *était* en état de siège, lui attire, en dehors de nos cinq réponses, une brillante réplique d'un avocat, membre du Parlement.

---

160 * Dans l'édition de 1875, cette lettre est rapportée en anglais, sans traduction, mais le passage suivant (après « gouvernement de la Commune ») n'a pas été traduit pour l'édition de 1889 : "…and complicity in which, however indirect it might be, these men cannot now repudiate".

Je la publie[161] in *extenso* et sans relever la confusion que M. Buchanan paraît faire entre *communist* et *communalist*, ce qui n'est pas cependant exactement la même chose. L'intention était bonne, voilà tout ce que je veux voir et faire connaître au public :

« Au rédacteur du journal l'*Empire*.

Monsieur,

Je lis dans l'*Herald* d'aujourd'hui une lettre du consul français dont le but est de tromper le public. M. Simon dit que M. Rochefort et ses amis ne sont pas des prisonniers politiques, mais des criminels de droit commun condamnés par les tribunaux ordinaires de leur pays. Quoique le consul français affirme le contraire, nous savons qu'ils ont été jugés pour des actes politiques commis à une époque d'effervescence et de péril public, et je pense que le moins qu'on pourra parler de leur procès sera le mieux ; je ne me sens pas la patience de suivre sans emportement les semblants de procédure qui ont été pratiqués dans les procès de ces messieurs. Il est facile de les dénoncer comme des *communists*. Pas un homme sur mille ne connaît la signification exacte de ce mot. Beaucoup de personnes emploient ce terme comme équivalent de voleur, de bandit. Il n'entre pas dans mes vues de faire ici une exposition des principes du communisme ; mais je puis dire qu'ils se trouvent dans beaucoup de cas enseignés par le Nouveau Testament. Ces réfugiés français qui se trouvent maintenant au milieu de nous, et particulièrement M. Rochefort, sont connus pour avoir voulu renverser le gouvernement despotique de Napoléon III, auquel la France doit ses infortunes présentes.

Ce sont des hommes complètement désintéressés. Que ceux qui se sentent entraînés à les blâmer veuillent bien réfléchir aux circonstances effroyables au milieu desquelles ils se trouvaient avant de juger trop sévèrement leur conduite.

Je félicite Rochefort et ses compagnons de leur retour à la liberté et de leur rentrée dans le monde.

Je suis, Monsieur, votre très obéissant serviteur.

David BUCHANAN,

Chambers, 95, Elisabeth Street, Sydney, 3 avril 1874. »

---

161 … et que je publie également dans la langue dans laquelle elle a été écrite, afin de ne pas modifier les termes, ce qui a toujours lieu dans une traduction quelque soigneusement qu'elle soit faite.

* La lettre est également traduite par Rochefort 1877, mais avec moins de précisions et quelques omissions. (p. 82-83)

Cette furibonde apostrophe du représentant français à Sydney aura encore pour effet de provoquer un immense *meeting* qui votera aux évadés une adresse de félicitations[162].

Le lendemain de cette journée si remplie d'incidents, on nous prépare notre gibier que nous trouvons exquis, mais qui sera bien meilleur dans quelques jours, nous assure-t-on, quand les insectes auront eu le temps de s'y mettre.

Ne sachant plus quoi faire pour occuper la journée du samedi, nous allons, Rochefort et moi, accompagnés de M. Puech, un habitant de Nouméa qui se trouve à Sydney pour affaires, jusqu'à Cook River chez une brave dame qui nous a invités à lui faire une visite dans la châtellenie qui porte le même nom que la propriétaire et la rivière.

Nous arrivons assez tard dans l'après-midi dans ce bon pays où nous découvrons une chaumière très ordinaire à l'extérieur, mais bondée d'excentricités à l'intérieur. Les tapisseries des portes sont de vieux drapeaux qui, s'ils n'ont pris part à aucun combat sérieux, n'en sont pas moins horriblement troués. Les murs sont tapissés de portraits depuis la plinthe jusqu'au plafond. Les acteurs, les artistes, les hommes politiques, tout est là pêle-mêle, petits, grands, bleus, rouges, la tête en haut, la tête en bas.

C'est une macédoine incroyable au milieu de laquelle nous découvrons les portraits de tous les hommes ayant joué un rôle apparent depuis la chute du second Bonaparte qui s'est fait appeler troisième Napoléon ; et brochant sur le tout, deux vieilles fées, la propriétaire et sa domestique, aussi étranges l'une que l'autre, et qui portent des fleurs artificielles à 99 ans et quelques mois. Quelle aventure ! Un véritable conte fantastique ; malheureusement il nous manquait les secrets de Perrault pour rendre la jeunesse, la fraîcheur et la beauté aux femmes et au décor.

Nous nous empressons de battre en retraite, n'ayant pour nous consoler de notre mésaventure que la vue d'un *steeple-chase* australien dans la plaine de Cook River.

Ces courses sont absolument semblables aux courses européennes, avec la différence qu'il s'agit de chevaux spéciaux au pays et qu'il n'est par conséquent pas possible de prendre part aux émotions de la lutte, puisqu'on ne peut pas faire choix d'un préféré.

162* Ballière 1905 : « La copie du document, reliée, avec enluminures, fut remise solennellement entre les mains du marquis qui a dû l'égarer comme il fit du portrait de sa fille à Nouméa. » (p. 90)

Les connaisseurs parient des sommes formidables ; le gouverneur, Sir Hercules Robinson, tient le premier rang parmi les *sportsmen* et les parieurs.

Enfin, l'*Australasian Bank* nous annonce qu'un crédit de 1000 £ (25 000 francs) nous est ouvert et que nous pouvons toucher la somme immédiatement.

L'encaissement fait, on télégraphie au capitaine Law pour lui solder les 8500 francs restant dus.

Ici je dois consigner un aveu pénible : c'est qu'aussitôt que l'argent tant attendu est enfin arrivé, que Rochefort a entre les mains les 25 000 F expédiés de France, nos £relations ne sont plus les mêmes, chacun tire de son côté, et ceux qui avaient joué la plus grosse part dans l'entreprise si périlleuse d'aller chercher des camarades à la presqu'île Ducos, quand ils pouvaient si facilement s'en aller seuls en risquant beaucoup moins, se trouvent presque rejetés de côté.

Bastien se trouve le premier désigné pour le sacrifice. Du voyage en commun, il n'est plus question, pas plus que de cette fameuse arrivée à Londres, où nous devions aller au spectacle tous les six dans la même loge.

Les frères siamois ont passé leur vie à vouloir se séparer ; il commence à en être de même des six échappés de la Nouvelle-Calédonie. On n'entendait plus que décisions personnelles. – Moi, je ferai ceci ou cela.

D'association pour les périls de la fin, comme pour ceux du commencement, il n'est plus question. Il semble à chacun de nous que nous sommes arrivés à Newcastle à la nage et sans que le concours de Pierre ait été utile ou nécessaire à Paul. Les intrigues se nouent, les fins se placent du côté de l'argent et cherchent à s'assurer l'avenir ; les dévoués, froissés ou piqués au vif, se renferment en eux-mêmes et admirent l'immense égoïsme des hommes. Paschal Grousset continue cependant à témoigner des mêmes sentiments de reconnaissance ; mais il est aussi embarrassé que les autres, n'ayant pas reçu de réponse d'Europe.

On paye à l'hôtel Courvoisier, on donne 2500 francs à P. Grousset ; à Jourde et à moi chacun 1500 francs ; 1000 francs à Bastien Granthille, et chacun s'en va de son côté.

B. Granthille s'embarque sur un voilier qui s'en va sur les côtes d'Amérique.

On conseille à Bastien de s'établir à Melbourne ; mais en présence du peu de succès de la proposition, on se rabat sur San Francisco, où il a, du reste déclaré qu'il avait dû avoir dans le temps un oncle qui vivait peut-être encore !

On se débarrasse de lui avec mille francs... et il s'en va à Newcastle prendre un voilier qui doit le conduire en Amérique.

Pendant ces entrefaites, M. de Greslan, propriétaire en Nouvelle-Calédonie, est arrivé à Sydney. Il a apporté mon projet de théâtre. Tout le monde s'extasie sur les beautés et le fini du dessin, et chacun me conseille de tenter la fortune en Australie. Je n'y crois pas, mais je ne veux plus protester.

Henri Rochefort et O. Pain avaient fait retenir des places à bord du *Cyphrenes*, en partance pour San Francisco. Paschal Grousset et F. Jourde en font autant.

Un soir, à dîner, Rochefort nous apprend qu'il a pris deux places à bord du *Cyphrenes* et qu'il part le surlendemain.

Il donne 2500 F à Paschal Grousset et 1500 F à Jourde.

Le capitaine Law a été mandé par dépêche et est venu toucher, avec ses officiers, les 8500 F qui forment le complément du montant de la transaction (nous lui avions déjà remis 1500 F).

Je suis appelé à mon tour et je reçois également 1500 F, avec lesquels je ferai certainement fortune à Sydney, je reste sans vêtements et sans linge.

Rochefort a déclaré que les deux places qu'il avait prises étaient les seules vacantes à bord du *Cyphrenes*.

Le lendemain matin, Paschal Grousset et Jourde risquent l'aventure et s'en vont retenir des places à bord de la même malle, le *Cyphrenes*. Ils en trouvent ; ils ne pourront aller que jusqu'à San Francisco, mais une fois là, ils espèrent trouver moyen de communiquer plus facilement avec l'Europe, ou bien ils rencontreront des amis, des réfugiés qui leur faciliteront les moyens d'arriver à Londres.

Leurs places retenues, ils viennent me prévenir que, si je veux m'associer à leur sort, mes 1500 F me permettent d'arriver tant bien que mal en Amérique.

Je devrais accepter, mais si je suis si peiné de cette séparation que je la préfère complète – j'attendrai, je verrai. J'ai une occasion de voir l'Australie, de revoir Melbourne qui nous avait si bien accueillis pendant le séjour de *l'Orne*, j'en profiterai, je donne une foule de raisons plus ou moins bonnes, mais qui servent à dissimuler les profondes ulcérations de mon cœur.

Une nouvelle déception attendait Jourde ; le maître d'hôtel Courvoisier lui présenta, au moment du départ, une note de deux cents et quelques francs, montant des factures du tailleur et du chemisier, factures qu'il croyait avoir été réglées par Rochefort en même temps que les notes de l'hôtel. Heureusement pour lui que M. Courvoisier voulut bien accepter une traite payable en France à dix jours de vue.

Le 11 avril, à 11 heures du matin, tout le monde part et je reste seul sur le sol australien avec 1500 F qui vont fuir et s'écouler rapidement au prix où sont les pensions et les hôtels en Australie.

Avant de partir, Rochefort avait rétribué Wallerstein (250 F), l'interprète qui nous avait suivis depuis Nouméa, espérant être ramené en Europe.

Je restais donc tout à fait abandonné sur le sol australien, n'ayant pas de quoi y faire le faraud. Tous mes vêtements, mon linge de rechange, tous mes bibelots étaient restés aux mains du gouvernement calédonien qui les a fait vendre en même temps que mon mobilier.

Quelques jours avant et pendant que s'accomplissent tous ces événements, prélude de la séparation, M. Greslan m'avait apporté mes plans, les avait fait mettre sous verres et ils avaient été accrochés dans les galeries de l'Exposition. Une fois seul, je me donne à l'Exposition intercoloniale ; nous allons, avec M. Greslan, ranger les produits, les nettoyer… En arrivant, je trouve mes plans… absents.

Un coup de vent versaillais les a pris et les a broyés. Ils sont jetés dans un coin et personne ne les verra plus, même les examinateurs. C'est à peine si un journal avait eu le temps de publier l'entrefilet suivant : – *"M. Ballière, the communist prisoner, on the opening day of the Agricultural Society's show, exhibited a perspective drawing of a new opera house, and it deservedly attracted considerable attention. The interior and exterior of the theatre are of a novel description, and appear to be superior to any of our colonial theatres. M. Ballière was very assiduous in pointing out the attractive and superior features of his exhibit. It would be well for M. Ballière, in more senses than one, if he confined himself to his profession… "* – que crac ! tout disparaît au milieu d'une tempête qui ne touche à rien, ne défrise même pas les plumes des chapeaux exposés, mais s'attaque avec fureur à ce malheureux projet. Il est vrai que c'est un coup de vent nocturne et par conséquent de mauvaise foi.

Cet accident me privera dans l'avenir d'un bon projet que j'avais bien étudié et dont je n'ai même pas pu avoir de photographies ; mais c'est, je le reconnais, tout le préjudice que cela m'a causé, car tous les exposants qui ont eu le malheur de dire qu'ils étaient déportés n'ont rien obtenu, tandis que ceux, plus discrets, qui ont exposé comme colons ont obtenu des médailles ou des mentions.

Cet accident arrivé, je ne m'occupe plus de rien, c'est trop de malheur et je n'ose plus rien risquer ; je me mets en rapport avec deux capitaines français que je connaissais depuis quelques jours déjà et je ne m'occupe plus de la cité que j'ai hâte de quitter.

Je profite cependant d'une occasion qui me permet de voir le chemin de fer dont la cité de New South Wales est si fière, je veux parler du *Zig-Zag*. C'est une voie ferrée qui sert à faire l'ascension d'une chaîne de montagnes. C'est assez hardi, mais ce n'est pas, somme toute, un tour de force, quoique ce soit de beaucoup supérieur à la plupart des travaux du pays, et particulièrement au palais de l'Exposition qui est au-dessous de tout ce qui a été fait dans ce genre dans les plus petites bourgades européennes.

Je vais déjeuner, tantôt à bord de la *Bayonnaise*, tantôt à bord de la *Thisbé*. Puis je retrouve à Wooloomooloo des habitants de Nouméa qui, quoique non prisonniers, ont voulu fuir ce pays ingrat et abrutissant par son soleil et ses sabres.

Le temps se passe ainsi tant bien que mal, et bientôt va sonner l'heure du paquebot qui me portera vers Melbourne.

Je récapitule mes souvenirs et je ne veux pas quitter la ville de Sydney sans dire quelques mots des jolies filles qui y pullulent. Elles descendent des colons hollandais mélangés aux diverses races anglaises et sont vraiment admirables. Ce tribut payé à leur beauté, j'aurai le droit de dire quelques mots de leur vertu. La femme mariée ne sort plus ou presque plus et se trouve par conséquent, et du premier coup, mise hors concours avec un prix exceptionnel de vertu dont la date remonte sans conteste au jour de son mariage. Aussitôt que la fille anglaise se marie et devient mère, c'est fini ! C'est une tout autre femme.

Mais, avant le mariage, que de liberté, que d'audace, que d'habileté elles déploient pour prendre dans leurs rets les gars affairés qui passent dans la rue sans faire attention à elles.

L'homme anglais, au milieu de ses affaires, regarde la femme comme un accessoire. S'il en a besoin, il paye et méprise. S'il est maladroit, il s'emballe et épouse. Dans tous les cas, c'est une affaire comme les autres, comme toutes celles qu'il brasse ; elle sera plus ou moins bonne, si elle est trop mauvaise, il a le divorce.

On comprendra que les jeunes filles vivant dans ce milieu se fassent vite rouées, cependant il y a toujours quelques sensitives qui courent d'elles-mêmes se bruler les ailes, celles-là se suicident assez fréquemment le jour où il leur arrive un *accident* – être mère – qu'elles ont cependant bien combattu, à moins cependant qu'elles ne veuillent devenir des filles de la rue.

L'Australie n'a pas de prostituées régulières ; c'est une profession libre qui n'est soumise à aucun contrôle, et malgré cette liberté, le nombre en est restreint par cette raison toute simple qu'il est facile d'avoir mieux dans ce milieu de petites ouvrières qui, jusqu'au jour du mariage, se croient absolument libres de leur corps. Elles n'accordent du reste pas plus de différence à un travail qu'à un autre : elles cousent pour tant de shillings par jour et donnent tant d'heures de nuit pour tel prix.

Pour cela, les villes anglaises sont un mystère que seuls connaissent ceux qui les ont fréquentées et qui y ont été intelligemment pilotés.

M. Alphonse Karr a, dans un de ses livres, raconté une aventure qui a dû lui être inspirée par la connaissance des mœurs anglaises : ce livre se nomme *Am Rauchen*, et on y trouve un monsieur qui, le soir, suit une femme très élégante et à tournure très modeste, et pour laquelle il se sent pris d'amour, d'un amour ardent. Il n'ose pas lui parler, et c'est à peine s'il ose regarder le bas d'une jambe que laisse entrevoir sa jupe légèrement relevée, qu'elle ne veut pas souiller au contact de la rue. – il suit pensif et rêveur, lorsque brusquement la femme s'arrête, le regarde dans les yeux, lui sourit et lui demande s'il ne veut pas monter chez elle.

La jeune fille de Sydney n'a pas de chambre et demeure chez ses parents qui jamais ne lui demandent compte de sa conduite. Elle vaque à ses affaires et soigne sa réputation. C'est à elle d'agir et de ne jamais se laisser prendre par la maternité : c'est la seule chose que la société et son futur lui demandent.

Le 16 avril, je passe la journée à Wooloomooloo chez des Français établis en Australie et qui me chargent de commissions pour Melbourne[163].

163* Ballière 1905 précise que, pour lui faire plaisir, Wallerstein avait pris
   le soin de câbler une dépêche à Melbourne qu'il qualifie de « la plus belle
   ville d'Australie », pour y annoncer son arrivée. (p. 158)

Le 17, je prends un ticket pour Londres à l'office de Messrs Metcalfe and C° agents, 9, Bridge Streets, Sydney, et à 4 heures du soir j'embarque sur un petit vapeur qui me conduit à bord de l'*Ellora*, grand steamer de la Compagnie orientale. Fuyant pour toujours ce pays des tribulations, qui, en dehors de ses jolies filles et de quelques courageux citoyens qui protestent contre les tendances générales, n'a que des hypocrites de religion qui déclament des prières dans les jardins publics au grand ébattement de badauds aussi religieux qu'eux-mêmes, qui s'extasient et qui se pâment aux simagrées, aux contorsions et aux hurlements de ces épileptiques qui opèrent en plein vent, se convulsent le corps et la face, se tordent les bras en appelant à eux un Dieu qui est bien ingrat s'il n'est pas touché par des travaux aussi écœurants et aussi fatigants.

Il est vrai qu'il y a quelques-uns de ces orateurs qui sont plus calmes et visent à l'inspiration ; leur livre sous le bras, les mains jointes, sans mouvement autre que celui des lèvres ils débitent pendant des heures entières des insanités qui prennent le titre d'invocations et qui feraient pâmer de rire les carpes du bassin de Versailles, elles qui sont cependant accoutumées à entendre tant d'énormités.

Chapitre III

Melbourne

J'étais à peine installé sur le steamer *Ellora* que je retrouve là deux Français qui, comme moi, fuient la Nouvelle-Calédonie. Le premier est le fils d'un négociant de Bordeaux qui a voulu connaître la nouvelle terre tant vantée par les journaux de la réaction, et qui s'en retourne bien désillusionné; le second est un des médecins de l'hôpital qui a fini son temps de service aux colonies et qui rentre en Europe.

Je n'ai rien à dire de ce petit trajet de trois jours, si ce n'est que nous avons eu presque un abordage cette nuit. Nous étions sur le pont et nous pouvions apercevoir par notre avant un bâtiment à voiles venant à notre rencontre; le capitaine fait prendre à droite, lorsque tout à coup, au moment où nous allons bientôt l'atteindre, le voilier se met par le travers. Heureusement que nous avons le temps d'évoluer; nous rasons ses bordages et il s'en va se perdre dans la nuit, bien près des côtes.

Je pourrais dire encore la somptueuse richesse de ces grands bateaux où tous les services sont si bien organisés; mais cela a déjà été écrit tant de fois que j'estime inutile de m'y arrêter.

Au matin, nous voyons toujours les rivages australiens, mais souvent de trop loin pour y rien distinguer. Aussitôt que nous avons la nuit, nous voyons briller les phares des promontoires. Nous stoppons pour attendre le pilote, et c'est au jour seulement que nous reprendrons notre route dans le détroit de Bass.

Nous arrivons par un temps superbe, sous un ciel bleu de la plus grande transparence, dans ce beau port que les Anglais ont appelé *Hobson's bay*[164].

Comme j'ai, cette fois, l'avantage d'être libre et sur le pont, je peux jouir davantage du magnifique panorama qui se déroule sous mes yeux et qui dépasse encore en grandeur le souvenir de ce qui m'était resté de ce pays que j'avais seulement entrevu à travers les barreaux de notre cage flottante.

Le port de Sydney est cependant encore de beaucoup plus pittoresque que celui de Melbourne. Que l'on se figure une main énorme,

---

164 * Ballière 1905 : « C'est presqu'une mer intérieure ayant ses petites tempêtes comme le grand océan d'en face. » (p. 158)

armée d'une dizaine de longs doigts inégalement écartés, qui se serait fortement appuyée dans le continent australien avant qu'il se soit suffisamment refroidi, et vous aurez le plan du *harbour of Sydney*.

L'eau a pénétré de tous les côtés dans cette gigantesque empreinte, faisant des parties creuses autant de petits golfes, et cette comparaison est d'autant plus exacte que l'entrée de ce port est formée par des rochers coupés à pic, absolument comme le ferait l'avant-bras plongeant dans une galette de beurre, où une ménagère voudrait figurer sa main tout entière.

Le lecteur, s'étant bien identifié avec ce plan, arrivera facilement à comprendre toutes les surprises panoramiques qui attendent l'explorateur. Il a à peine eu le temps d'admirer les villages qui se sont blottis sur la déclivité du premier écrasement, que déjà la scène a changé et que l'autre côté du promontoire laissé par l'interstice des doigts lui montre des bois soigneusement entretenus, lesquels abritent de charmants cottages qui rappellent Villers-sur-Mer.

D'un côté, c'est un pont en bois sur pilotis qui conduit dans une petite ville, excroissance de Sydney. Partout des clochers, de grands arbres, des colonnes commémoratives, de la verdure, de l'eau, la mer, des steamers qui grouillent, crient, sifflent, hurlent, et enfin, à l'extrémité des doigts du centre de la double main, Sydney qui domine le tout. Là, les promontoires sont devenus des jetées qui sont couvertes de grands bâtiments dans lesquels on empile les marchandises pour l'exportation. Mais tous ces tableaux mouvants, changeants, ne se présentent que graduellement ; vos yeux sont pleins de souvenirs que vous voudriez fixer.

Il est trop tard ! Deux tours de roue ou d'hélice, et l'immense kaléidoscope a changé la mise en scène avant que vous ayez fini d'admirer l'ancienne. Vous ne respirez plus ; vous êtes sans cesse sous cette crainte que le tableau charmant ne s'envole trop vite avant que vous en ayez bien joui. Vous avez peur des surprises tant recherchées des voyageurs, parce que vous craignez toujours que le tableau suivant ne vaille pas le premier, et toujours cependant il lui est supérieur. C'est une miniature en grand ; un joujou d'enfant ayant de colossales proportions ; et tout contribue à enjoliver, à rendre bizarre, extravagant, charmant, ce beau port ; les arbres du pays y sont mêlés avec ceux d'Europe. Les constructions n'ont pas d'architecture particulière ; à côté d'un cottage, comme ceux dont je parlais tout à l'heure, se trouve une habitation russe, qui est à son tour la voisine d'une chinoise, qui s'est collée à côté d'un palais turc.

Il serait absolument impossible de raconter toutes les merveilles qui se succèdent, comme les décors de nos féeries dans les grands théâtres parisiens, avec la grandeur de la vérité et de la nature en plus ; il semble même que la guerre – qui déforme tout – ait voulu prendre dans ce pays une allure coquette, mettre des gants à ses rudes doigts. Dans le temps où il fut question d'un conflit entre l'Amérique et l'Angleterre, l'État du New South Wales crut nécessaire de prendre des précautions, et on construisit dans un des petits golfes – celui faisant face à l'entrée – un charmant petit fortin d'une architecture plus pittoresque qu'agressive, ou même défensive, et qui n'indique bien ses intentions d'être un engin de destruction que par les quelques canons qui ornent son sommet. Tout cela est petit, mignon, et l'on devine aisément que c'est là pour la forme et rien de plus. La ville de Sydney a voulu montrer les dents ; mais cela n'a été qu'un sourire, quand elle voulait essayer d'un grincement.

Hobson's bay est tout le contraire : c'est l'immensité, c'est la grandeur, c'est la majesté. Les forts de Bomarsund, et même ceux de Sébastopol, paraîtraient de simples guérites au milieu de cette vaste étendue d'eau, au fond de laquelle on aperçoit Sandridge, Williamstown, Melbourne. Si jamais l'état de Victoria voulait s'armer en guerre – ce que je ne lui souhaite pas – il lui faudrait des milliards pour construire des forts et des forteresses dignes de sa rade.

C'est à 1 heure de l'après-midi seulement que nous pouvons mettre pied à terre ; depuis plus d'une heure nous attendons que la marée nous permette d'approcher de la jetée, tout en faisant le tour du vaisseau le *Nelson*, qui est toujours là comme l'année passée ; il nous salue avec le pavillon anglais surchargé de la Croix du Sud. C'est à la jetée de Williamstown que nous abordons. Le chemin de fer seul peut de là conduire les voyageurs à Melbourne.

Arrivés sur le sol, l'exploitation du voyageur commence : on conduit votre malle à la douane, un shilling ; de la douane à la gare, un autre shilling. Le chemin de fer en première classe coûte également *one shilling*. Les stations à parcourir sont : *Yarraville, Footscray, North Melbourne*, et enfin le *terminus* ou gare centrale.

Les commissionnaires, après avoir reçu des pourboires pour le débarquement sur le quai, vous livrent aux cochers qui vous écorchent tout vif.

Pour aller de la gare au 208 de *Lonsdale Street East*, dix minutes à peine, ils ne craignent pas de demander quatre shillings. Il faut faire son prix d'avance ou en passer par là. Il y a bien un tarif, mais il est si vague avec les suppléments de colis que vous pourriez encore perdre quelques *pence* à discuter. Le cocher a, du reste, vu qu'il avait affaire à un étranger ignorant les prix du pays, et il y met la même bonne foi que tous ses camarades des villes les plus civilisées, j'ai nommé Paris[165].

Je descends à la Pension française, établissement qui m'avait été recommandé à Sydney et dont les cartes portent : First class Board and Residence, Superior accomodations for visitors from the country, Shower and plunge baths.

Je ne trouve rien de tout cela, mais j'ai, par exemple, un excellent accueil. Le télégraphe avait annoncé mon arrivée, et M. Didier, le propriétaire de l'établissement, était très heureux de me voir descendre chez lui.

Ce pauvre diable, que la guerre avait presque ruiné en France, était venu perdre ses derniers écus et sa femme en Australie. Le confortable se ressentait beaucoup de toutes ces pertes, mais l'important en voyage est de trouver des gens complaisants qui vous initient rapidement à tous les mystères de la cité que vous venez visiter, et sous ce rapport M. Didier se met complètement à ma disposition, se joignant aussi souvent qu'il le peut à mes excursions.

Je trouve aussi dans cette pension un ancien employé français des Ponts et Chaussées de la Cochinchine, qui me donne des détails stupéfiants sur la colonisation que l'on disait si prospère. Les jeux forment le fonds des revenus et rapportent 4 millions de francs par année ; ils ne le cèdent qu'à une autre exploitation aussi malsaine et aussi malhonnête, celle de l'opium, qui rapporte 5 millions ; les patentes, qui forment le complément des recettes, s'élèvent à peine à 2 ou 3 millions.

165* Ballière 1905 présente une version sensiblement différente de cette arrivée à Melbourne : « Par suite du télégramme qui avait été lancé de Sydney pour annoncer mon arrivée, une foule énorme se pressait sur les quais pour entrevoir le convict français, évadé de Nouméa.
La foule était si dense que je serais encore sur le quai, occupé à distribuer des poignées de main, si de bons Français, entre autres celui qui avait recueilli Michel Sérigne, qui s'évada du bord de *l'Orne*, lors de notre premier passage dans Hobson's bay, ne m'avaient jeté dans le chemin de fer puis hissé dans un cab qui m'emmena à fond de train à la pension française, 208, *Lonsdale Street East*.
J'avais les épaules disloquées par les poignées de main à l'américaine qui sont à la mode là-bas et j'allais me coucher après dîner, mais j'avais compté sans les barnums australiens. Un carrosse s'arrêtait devant l'hôtel et bon gré mal gré, il me fallut aller entendre *La Juive* à l'opéra. »
(p. 158-159)

Le jeu qui fournit de si bonnes recettes à l'Administration française est le *trois points*. Je n'ai pas suffisamment compris les finesses de ce jeu pour l'expliquer au lecteur ; dans tous les cas il est, comme tous ses congénères, un jeu de filous, d'escrocs, et je ne comprends pas comment, les jeux étant défendus en France, on puisse les permettre dans les colonies françaises.

Un réfugié français de la proscription impériale vient me remettre une lettre qu'il avait été porter au steamer *Baroda*, croyant que je partais par ce navire.

Les demandes qu'il adresse à ce sujet à tous ceux qu'il rencontre sur le bateau font croire à la présence de *détectives* qui veulent, sinon s'assurer de ma personne, au moins de mes actes, pendant mon séjour à Melbourne.

Ce brave M. Gustave Brunet, dont le nom est fort connu en Australie, commence le premier cette série de chaleureux accueils, qu'il m'est impossible de reproduire ici sous peine d'être accusé de manque de modestie. J'étais d'autant plus touché de ces visites et de ces déclarations amicales, que je venais d'essuyer pas mal de petits revers et que j'avais le cœur bien plein des amertumes de toutes sortes que m'avaient procurées les quelques derniers jours de résidence à Sydney.

Je n'ose pas publier les lettres qui m'ont été adressées ou remises tant par les Français habitant Melbourne que par les différents peuples qui résident dans cette cité. Mais je les garde bien précieusement ; dans mes jours d'épreuve, je les relirai avec plaisir et elles suffiront pour me ramener un peu de joie et de confiance en mon cœur.

J'ai dit que la visite de M. Brunet et d'autres Français qui m'attendaient à Williamstown avait éveillé l'attention des *reporters*. Dès le soir même, je lisais dans un des journaux de la localité :

« Prior to the departure of the steamer and up to the time of her leaving, an anxious solicitude was evinced by one or more intelligent police functionaries for the escaped communist, who was not forthcoming however, and whose name does not appear in the list of passengers. »[166]

---

166   * « Avant le départ du steamer et jusqu'au moment même où il a quitté
le port, l'évadé communiste a été l'objet d'une attention soutenue de
la part d'un ou de plusieurs fonctionnaires de police avisés. Il est resté
dans l'ombre et son nom n'est pas apparu sur la liste des passagers. »

Les autres feuilles donnent d'autres renseignements ; certaines affirment que je pars par le *Baroda*.

N'ayant que peu de jours à dépenser dans cette ville qui me rappelle Paris, je me hâte de jouir de toutes ses beautés et de ses plaisirs. C'est ainsi que le soir de mon arrivée je vais au théâtre de l'Opéra italien. La salle est très belle, très confortable, mais on a voulu trop aérer et le public perd beaucoup des notes parties de la scène. On ne peut pas avoir tout à la fois, de la musique et de la brise.

Je trouve des voyageurs qui sont arrivés comme moi par l'*Ellora* et qui sont venus au théâtre avec leur famille au débotté du paquebot. Parmi eux se trouve un jeune homme qui parle assez bien le français et que je suppose appartenir à la religion juive. Toute la soirée, nous échangeons nos appréciations sur la pièce, les beautés de la musique, et j'avoue que c'est une des grandes émotions de ma vie d'évadé que j'éprouve ce soir-là. C'est la première fois, depuis si longtemps, que j'entends un bon orchestre, de la bonne musique et d'excellents chanteurs.

La nouvelle de la présence d'un des *escaped communists* est vite répandue dans la salle et bientôt tous les yeux et toutes les lorgnettes se tournent du côté de la place qui m'avait été réservée par la direction.

Lors de l'entracte, le foule se presse au foyer ; des bars y sont établis où se tiennent constamment de gracieuses sirènes qui ne demandent pas mieux que de nouer connaissance avec les étrangers.

Elles sont, du reste, charmantes, mieux élevées et moins bruyantes que leurs rivales françaises. Comme signe distinctif, elles portent généralement à la main d'énormes bouquets dont elles offrent quelques fleurs aux *gentlemen* indépendants et non encore en puissance d'épouse.

Leur attitude est telle que les couples les plus réguliers peuvent se promener dans la même salle et les coudoyer sans être exposés à saisir au passage des expressions blessantes ou même choquantes. Ce n'est peut-être qu'hypocrisie, mais enfin c'est plus correct, quant aux apparences du moins.

Pour bien conserver le souvenir de cette excellente soirée et de ceux qui me l'ont procurée, je veux en consigner ici le programme avec leurs noms.

THE OPERA HOUSE

DIRECTORS – MESSRS LYSTER AND CAGL.

ROYAL ITALIAN OPERA SEASON 1874

****

THIS EVENING,

WILL BE GIVEN, WITH UNPRECEDENTED MAGNIFICENCE,

HALEVY'S GRAND OPERA

LA JUIVE :

CHRISTIANS:

Cardinal de Brogni (President of the Council of Constance)	Signor Dondi.
Leopoldo (Prince of the Empire)	Sign. Leandro Coy.
Ruggiero (Chief Magistrate of the City)	Sign. Baldassari.
Alberto (Officer of the Imperial Guards)	Sign. Pietro Favas.
Citizens	Mr G. A. Johnston, S. Benso Rivolta.
Endossia (Niece of the Emperor)	Signora Tamburini Coy.

JEWS:

Lazaro (A Goldsmith)	S. Ferante Rosnati.
Rachele (The Jewess)	Sa. Zenoni Gamboa

Knight of the Empire, Nobles, Ladies, Heralds, Men at Arms, Ecclesiastics, Guards, Familiars of the Inquisition, Executioners, Citizens, Populace, etc.

Je dois dire que les décors ne sont pas au-dessous du mérite des chanteurs et que la mise en scène est aussi soignée que sur nos plus grands théâtres de province français[167].

---

167 * Ballière 1905 présente cette soirée sous un angle différent : « La pièce était montée avec une troupe italienne et fort bien chantée. Les décors fort beaux n'étaient pas au-dessous des chanteurs. Il y avait un maître de ballet français et des danseuses italiennes et anglaises. Je pus assister aux répétitions du foyer, et tout cela se faisait fort sérieusement et très

Je devais revenir le mercredi pour entendre l'opéra de Donizetti, *Lucia di Lammermoor*; mais ce ne seront plus les mêmes artistes, le théâtre ayant trois troupes complètes qui se succèdent et se relèvent à tour de rôle, et c'est la première et la meilleure que je viens d'entendre.

Je suis enchanté de ma soirée, mais absolument sur les dents; le paquebot, le chemin de fer, les cabs, les promenades à pied, les changements continuels de climat et de nourriture commencent à me peser.

Le lendemain, on vient m'arracher au repos que je goûtais si bien dans un lit qui ne remue pas; il n'y a pas à dire, il faut me lever; dix personnes sont là qui m'attendent, veulent me serrer la main et me faire voir une des fêtes commémoratives les plus observées et les plus populaires de Melbourne, il s'agit de la fête des *huit heures de travail*.

C'est le 21 avril que cette fête a eu, a et aura lieu tous les ans. Les ouvriers se réunissent sur une grande place, chaque corporation portant une large et haute bannière peinte à l'huile et représentant les principales occupations des ouvriers qui la suivent. Il y a des fondeurs coulant des gueuses, des mineurs arrachant le charbon, des menuisiers en train d'assembler des pièces de bois, etc.

Elles sont généralement portées par six hommes, trois de chaque côté, plus quatre autres qui maintiennent le devers en tenant des cordons sur lesquels ils résistent selon la direction du vent. Être porteur de bannière dans sa corporation n'est pas une sinécure, car, je l'ai dit, elles sont prodigieuses de dimensions et tiennent tout le travers d'un boulevard dans l'espace compris entre les trottoirs. La principale et la première est la bannière générale et commémorative qui porte seulement ces mots en lettres immenses : *Eight hours labour, Eight hours recreation, Eight hours rest.*

La seconde est celle des sculpteurs et tailleurs de pierre, et porte ces mots : *Our art over all* (notre art avant tout).

La troisième est celle des menuisiers et charpentiers.

---

bien. À la fin du spectacle, on me fit l'honneur grand de souper avec les premiers sujets. Ils étaient bien les messieurs, aussi bien que les dames, quoique moins gracieux bien entendu. Le ténor buvait du vin du grand Hôtel de Paris qu'il recevait par caisses à chaque courrier. Il en envoya quérir sur la demande de la signora Tamburini qui y fit honneur. » (p. 159)

Il y en a comme cela dix-neuf qui se succèdent à deux cents mètres de distance les unes des autres, les intervalles remplis d'ouvriers et d'artisans de chacune des professions mentionnées ou désignées sur la bannière; chaque bannière est suivie d'une fanfare. C'est donc dix-neuf orchestres que nous entendons pendant ce long défilé, auquel se sont joints quelques ateliers franc-maçonniques précédés de leurs oriflammes, les membres portant leurs cordons en sautoir.

Rien n'est beau comme ces grandes fêtes ouvrières où s'inspire l'idée du travail, mais du travail également et justement réparti. À la fin du cortège, sur un char, on fête l'agriculture : des épis de blé font guirlande, au milieu est une charrue étincelante de propreté; des fruits, des légumes de toutes sortes, artistement arrangés, agencés, enveloppent des jeunes filles qui figurent les attributs des produits de la terre.

La procession finie, ces mots : huit heures de travail, huit heures de récréation, huit heures de repos, de sommeil, me reviennent sans cesse à l'esprit. Ces gens qui viennent de passer, suivis, accompagnés des cris et des bravos de leurs épouses, des enfants, paraissent heureux.

Ils sont bien payés; ils travaillent huit heures par jour; ils ont huit heures pour vaquer à leurs propres occupations, sans prendre sur leur sommeil et leur repos. Ils ont tous ou presque tous un jardin, un coin de terre où ils passent en famille ces heures de liberté, qui leur font paraître légères celles qu'ils donnent à la société, qui les en récompense avec dix, douze et même quinze shillings, suivant leur intelligence et leur profession.

Qui sait si les mots si simples que porte la première bannière de cette longue procession ne sont pas la solution d'un des grands problèmes sociaux de l'humanité affranchie de l'esclavage et du servage ?

Qui pourrait dire si cette devise n'est et ne sera pas le critérium de l'avenir et la fin de nos révolutions ?

Peut-être un jour même six heures de travail à l'atelier suffiront à chaque citoyen et lui permettront de promener le soir sa femme et ses enfants ?

En diminuant le nombre d'heures de travail, on donne de l'occupation à tous. Et si cette diminution d'heures se fait en élevant les prix du salaire, on arrive à augmenter la valeur des objets de consommation, ce qui forcera les petites bourses à rentrer à l'atelier pour y donner quelques heures au travail manuel.

Tous enfin auront des heures pour le labeur, des heures pour le plaisir, des heures pour le repos.

L'équilibre sera meilleur. Le travail est la liberté, à la condition de ne pas devenir un fardeau. Il sera pour ceux qu'il ramènera à la besogne, faute de moyens suffisants de vivre, un curatif excellent contre la débauche et l'ennui, nés de l'oisiveté[168].

Je ne m'illusionne pas sur les difficultés pratiques que rencontreront les ouvriers dans la vieille Europe, pleine de potentats ayant intérêt à les asservir et à les diviser. On se rejettera sur les concurrences de l'étranger. Mais je suis convaincu que, quelque lente que soit la marche des événements, nous allons à un accord général des peuples… qui sera vite fait quand il n'y aura plus trop d'évêques, de prêtres, de généraux et de soldats… qui ne demandent qu'à s'aimer, à s'entraider, à fraterniser. Ce sont les chefs qui les divisent, sèment la haine qui les rend indispensables en apparence et leur permet de faire tuer des générations qui paraissent vouloir s'éveiller à la liberté.

La manifestation terminée, comme je n'ai pas le temps de suivre tous les détails de la fête qui va se continuer dans une prairie pleine de tentes, de palais en toile, ornés des oriflammes et des drapeaux de toutes les nations, je suis mes cicérones qui me conduisent voir quelques-uns des principaux monuments de la ville.

---

168   * Ballière 1905 reprend quasiment dans les mêmes termes le reportage de cette fête, et à la fin du récit, on comprend pourquoi l'auteur accorde une grande importance à l'épisode : « C'est le soleil des colonies qui a inspiré cette solution là-bas ; mais cela pourra peut-être s'implanter dans les métropoles grâce au travail des machines.
Si les électeurs de Clignancourt n'ont pas voulu croire à mon dévouement à la cause qui doit se résoudre, doucement et pacifiquement, il n'en est pas de même en Espagne. Si j'ai été battu le 1er mai 1904 à Paris, j'aurais été élu à Madrid. En voici la preuve. Elle m'a été adressée de là-bas. »
Suit la citation en espagnol d'un article du *Heraldo* de Madrid : « La Fuerza de los Obreros », « étayé sur le récit de la fête des travailleurs que j'avais fait connaître au public, en 1877, à Strasbourg, chez Hubert et Haberer, dans un volume ayant pour titre, *Un voyage de circumnavigation.* » (p. 161-163). On ne trouve pas trace de cet ouvrage, il s'agit probablement de l'édition de 1875 qui porte effectivement la mention « imprimerie Hubert et Haberer, Strasbourg » et il est probable que, dans son édition de 1905, Ballière ait fait une erreur sur la date : 1877 au lieu de 1875.

Je profite de ce que je suis à la Public Library pour prendre les renseignements généraux sur l'Australie et la province de Victoria en particulier.

Les positions géographiques des deux principales capitales australiennes sont pour :

Méridien de Greenwich.

Victoria : Melbourne ; 37° 49' 53" South lat., et 144° 58' 42" East long.

New South Wales : Sydney ; 33° 51' 41" South lat., et 151° 12' 39" East long.

Après celles-là, les deux plus connues en Europe, se trouvent : une à l'extrémité de l'Australie, vers l'Équateur ; j'ai nommé Brisbane, capitale du Queensland, qui se trouve par le 27° 27' S. lat. et le 152° 58' E. long. ; et enfin Hobart-Town dans la Tasmanie, contrée dont le climat est exactement celui de la France, et dont la capitale se trouve par le 42° 53' S. lat., et le 147° 21' E. long.

J'ai vu aussi que l'État de Victoria possède quatre grandes lignes de chemin de fer partant de Melbourne pour aller à Benala, à Echuca, à Geelong et Ballarat et enfin celle qui relie les faubourgs et fait le tour de Port-Phillip et rattache entre elles et à Melbourne les villes de Williamstown et Sandridge.

Melbourne compte, en-dehors du Public Library and Museum, où je me trouve actuellement, l'University Museum, la Photographic Gallery, la National School of Design, la National School of Painting, la National Gallery, l'Industrial and Technological Museum, sa monnaie, le palais du gouvernement, Botanical Gardens, Carlton Gardens, Fitzroy Gardens, South-Parc, University Grounds, Zoological and Acclimatisation Society's Gardens, Flagstaff Gardens, Acclimatisation Society's Grounds, etc.

Tous ces monuments, tous ces jardins, tous ces parcs sont ouverts journellement et gratuitement au public.

Melbourne ne possède qu'une seule statue élevée à la mémoire d'un de ses hardis explorateurs mort assassiné pendant une de ses excursions. Le revolver trouvé près du cadavre de Bourke est là dans le musée, précieusement conservé et soigneusement placé sur un coussin en velours. Il est probable que les sauvages, ses assassins n'ont pas osé s'emparer de cette arme qui venait de faire quelques victimes dans leurs rangs.

Je copie la liste des journaux publiés à Melbourne :

Daily (quotidiens): *The Argus, The Age, The Telegraph* (morning), *The Herald* (evening).

Weekly (hebdomadaires): *The Advocate, The Australasian, The Economist, Deutsche Zeitung, The Government Gazette, The Journal of Commerce, The Leader, The Licensed Victuallers'Gazette, The Punch, The Town and Country Journal, The Weekly Times.*

Fortnightly (bimensuel): *Christian Revue.*

Monthly (mensuel): *The Australian Journal, The Australian Medical Journal, The Australasian Sketcher, The Australian Israelite, The Australasian Trade Revue, The Church of England Messenger, The Illustrated Australian News, The Temperance News, The Victorian Independent,* et enfin *The Wesleyen Chronical.*

Le 22 avril est aussi un jour plein d'activité. C'est aujourd'hui qu'ont lieu les élections pour le Parlement. Les rues sont sillonnées de voitures payées par les candidats pour porter les électeurs au scrutin. Les voies sont traversées par d'immenses pancartes allant d'une fenêtre à l'autre sur lesquelles les concurrents ont fait peindre leurs portraits. Les orateurs prônent leurs candidats sur tous les tons et profitent de toutes les bornes pour lancer à la foule quelques phrases bien senties sur les mérites de monsieur *tel* ou *tel*[169].

Le soir, je vais au Théâtre-Royal pour assister à une représentation de *Geneva Cross* (la Croix de Genève). Le directeur, ou plutôt un des trois directeurs du Théâtre-Royal, ancien acteur parti de Londres pour tenter la fortune aux colonies, vient d'être élu membre du Parlement.

C'est M. Dampier, le premier rôle, qui vient annoncer pendant l'entracte le résultat du scrutin. La foule acclame les noms des vainqueurs au fur et à mesure que le résultat définitif est proclamé[170].

La pièce que l'on joue passionne, du reste, déjà très profondément le public : c'est un drame qui commence quelques mois avant la déclaration de la guerre de 1870. Un des tableaux est surtout assez joli : c'est Paris pendant le bombardement ; la faim se fait cruellement sentir, on voit de pauvres mères sollicitant une miette de pain pour de misérables petits êtres qui meurent d'inanition. Au fond, à travers

---

169* Ballière 1905 développe davantage cet événement « étourdissant et curieux à voir » en notant, les immenses portraits des candidats, peints à l'huile, promenés dans les rues, les discours des candidats, les interventions des orchestres qui interprètent des chansons de circonstance. (p. 165-166)

170* Ballière 1905 : « Je m'empressai de profiter de la circonstance pour monter sur la scène afin de féliciter l'élu. » (p. 166)

la large fenêtre du salon, on découvre les tours de Notre-Dame couvertes de neige. Dans la rue passent des gardes nationaux qui chantent *La Marseillaise*, – traduite en anglais, bien entendu[171]. – Malgré la

171 Je viens d'entendre *La Marseillaise* chantée par des acteurs anglais et je crois qu'il n'est pas sans intérêt de publier ici l'étrange traduction de notre chant national, modifié, altéré. La musique seule a été respectée dans sa forme extérieure, mais le rythme entraînant ne s'y retrouve plus autant que quand elle est exécutée par un orchestre français. Il y a toute la différence qui peut exister entre un amateur de violon qui vous jouerait une partition de Beethoven que vous avez entendue précédemment exécutée par Vieuxtemps. Les notes sont là, mais il y manque l'âme :

Ye sons of France awake to glory,
Hark! Hark! what myriads bid you rise;
Your children, wives and grandsires hoary,
Behold their tears, and hear their cries! (*bis*)
Shall lowest tyrants, mischief breeding,
With hireling host, a ruffian band,
Affright and desolate the land,
While peace and liberty lie bleeding?
To arms, to arms ye brave!
The patriot sword unsheath!
March on, march on, all hearts resolved
On liberty or death.
2
Now, now, the dang'rous storm is rolling,
Which treacherous kings Confed'rate raise;
The dogs of war, let loose are howling,
And lo, our walls and cities blaze! (bis)
And shall be basely view the ruin,
While lawless force, with guilty stride,
Spreads desolation far and wild
With crime and blood his hands imbruing!
To arms, to arms ye brave!
Etc., etc.
3
With luxury and pride surrounded,
The vile insatiate despots dare,
Their thirst of gold and pow'r unbounded,
To mete and vend the light and air, (bid)
Like beasts of burden would they load as,
Like Gods, would be their slaves adore,
But man is man – and who is more!
Then shall they longer lash and goad us?
To arms, to arms ye brave!
Etc., etc.

raideur et le composé de l'exécution, notre chant national obtient le plus grand succès et les applaudissements éclatent de tous les côtés ; on crie : *Vive la République ! Vive la Commune !* que les Anglais prononcent : *Vive la Commioune*[172] !

Enfin, arrive le second siège. Les gardes nationaux sont enfermés dans un bastion. Les versaillais arrivent, tuent, égorgent ; ils vont fusiller une ambulancière, l'héroïne du drame, qui prodigue ses soins aux blessés, lorsque les Allemands font une brèche dans le fort, montent à l'assaut, délivrent Melle Gabrielle Lebrun, l'ambulancière, qui se trouve être la fiancée du chef du détachement prussien, lequel fait passer à son tour par les armes les versaillais[173]. Ce dénouement, qui m'étonne, a un grand succès auprès du public australien ! Mais il faut tenir compte de la bonne volonté de l'auteur qui s'est basé sur des renseignements incomplets, mais qui a surtout été frappé par ce fait trop historique, c'est que les versaillais vainqueurs fusillaient les blessés, les femmes. – même quand elles portaient le brassard avec la croix rouge de la Convention de Genève. – et aussi les enfants. Miss May Howard, la principale interprète du drame, espère venir jouer cette pièce en français à Paris ; elle travaille pour cela, avec une ardeur

---

4
Oh, liberty! Can man resign thee,
Once having felt by glorious flame?
Can tyrants' bolts and bars confine thee,
And thus thy noble spirit tame? (bis)
Too long our country wept bewailing,
The blood-stain'd sword our conqu'rors wield,
But freedom is our sword and shield,
And all their arts are unavailing.
To arms, to arms ye brave!
Etc., etc.
On comprendra facilement pourquoi je n'en donne pas la traduction ;
je craindrais trop que cette traduction de la traduction ne tombât dans
des mains anglaises qui essaieraient d'en faire une nouvelle *translation*,
et on ne peut pas savoir, de *translation* en traduction, où notre chère
Marseillaise en arriverait.
Mais que ceux qui savent un peu d'anglais comparent, et ils verront
combien il y a loin du cantique anglais à notre chant de revendication.
[Suivent les quatre couplets de la Marseillaise en français, précédés de
cette mention : chant national de 1793, chanté pour la première fois à
Strasbourg, paroles et musique de Rouget de l'Isle.]

172 * Ballière 1905 : « C'était pour moi. » (p. 167)

173* Ballière 1905 donne plus de détails et de commentaires sur l'intrigue
    de cette pièce. (pp. 166-168)

tout américaine, à apprendre notre langue. Ce qui n'est pas une mince besogne quand on a surtout l'intention de la parler en public.

Après la représentation, je vais souper chez M. Massartie, un maître de ballet français qui est allé se perdre aux antipodes de Paris où il récolte beaucoup de succès et de pépites transformées en *sovereigns*.

Autour d'une table surchargée de mets et de bouteilles venant des caves du Grand Hôtel de Paris, je retrouve des artistes de connaissance, parmi lesquels figure le ténor aimé du public, *signor* Ferrante Rosnati.

Un hasard me fait aussi rencontrer la fille d'un des anciens rédacteurs du *Figaro*, Mme B..., filleule du Dr Véron. Séduite par un commandant de navire de la marine impériale, M. C..., elle le suivit jusqu'à Melbourne où il l'a laissée. Elle s'est trouvée depuis mêlée indirectement dans l'affaire du célèbre voleur Miranda de qui le nom lui est resté comme sobriquet de guerre. La justice n'a pas eu à l'inquiéter à ce sujet ; elle avait connu Miranda qui vivait là-bas en gentleman, et elle n'a profité des 20 000 livres sterling escroquées que pour la part qu'elle a mangée avec son nouvel amant.

Le lendemain, après le déjeuner, nous partons toute une bande pour visiter les parcs, les jardins et les établissements publics de toutes sortes qui abondent dans la ville de Melbourne.

Je reçois de tous les côtés des invitations que je ne puis malheureusement pas toutes accepter[174].

J'écris à MM. Dwyer et Mason pour remettre un rendez-vous.

Je reçois des livres, des volumes qui me sont adressés par les auteurs.

Le plus intéressant est certainement celui qui m'est remis par M. J. J. Thomas, ancien inspecteur des écoles de Victoria. Cet ouvrage a pour titre : *Britannia Antiquissima ; or a key to the philology of history (sacred and profane)*. Cet ouvrage a été publié par Henri Tolman Dwight et imprimé par Clarson, Shallard et Cie., imprimeurs à Melbourne [1866]. M. Thomas est assez aimable pour bien vouloir joindre à ce premier cadeau la loi votée par le Parlement sur l'instruction, qui est dans cet heureux pays tout à fait gratuite, absolument laïque et obligatoire.

174* Ballière 1905 précise : « À chacune de mes rentrées à l'hôtel, je trouvais des volumes avec des dédicaces et des lettres d'invitation en abondance. On aime à manger et à boire dans ce pays. » (p. 169)

Le soir, j'étais au Théâtre-Royal. Le directeur, m'ayant aperçu dans la salle, me fait inviter à venir voir les aménagements de la scène. Je suis, m'assure-t-il, le premier profane qui foule, pendant une représentation, le tapis des foyers. J'en suis flatté, mais plus encore de revoir miss May Howard et de faire connaissance de la charmante miss Carrey, l'artiste populaire du Théâtre de Drame.

L'heure du départ va bientôt sonner; c'est la dernière journée que je dois passer à Melbourne, dont j'emporterai tant de doux et charmants souvenirs.

J'ai promis à plusieurs membres de l'*University Club* de m'y rendre ce matin. M. Brunet s'est chargé de porter au *Norfolk* mes malles et mes bagages, la couverture en *opossumrugs*, ainsi que les divers ustensiles de literie que j'ai eu à acheter pour garnir le lit de la cabine que nous habiterons à quatre. Je trouve ces messieurs qui m'avaient présenté à plusieurs membres du Parlement, et en particulier à M. le vice-président, qui m'assure qu'un grand banquet avait été préparé pour recevoir les évadés, si nous étions venus à Melbourne[175]. Nous prenons des cabs et nous allons visiter les quelques monuments qui ne s'ouvrent pas au public; de ce nombre est la Monnaie (*Mint*). Nous visitons aussi les travaux de la cathédrale, magnifique vaisseau en pierre et brique, qui domine la ville et qui sera un des bâtiments qui auront coûté le plus d'or. Mais MM. les jésuites ne marchandent pas ; ils savent qu'ils ne manqueront jamais d'argent tant qu'il restera des ignorants et des hypocrites sur la terre, et il y en aura encore longtemps, malheureusement !

Sur notre route se trouve la propriété de M. Mason; nous entrons goûter le vin récolté sur les terres de ce jeune et riche propriétaire. Mme Mason descend et, après la présentation, veut bien prendre un verre de sherry avec nous; c'est une dame charmante, douce et mignonne. J'ai été vivement ému de me trouver au milieu de ce ménage si calme et si charmant où les désirs de l'un sont les volontés de l'autre, et je n'ai pas pu m'empêcher de le témoigner par quelques paroles que j'aurais voulu rendre plus éloquentes, si j'avais été plus maître de la langue anglaise.

Sérigne, que je n'ai pas eu le temps de voir ou à peine, me fait dire qu'il se rendra à bord du *Norfolk*.

175* Ballière 1905 : « Un grand dîner fut donné en l'honneur des évadés : je les représentais tous. » (p. 169)

Je reviens à l'hôtel ; mes colis sont partis ; nous arrivons à bord du navire et je retrouve là M. Jeremias Dwyer et sa fiancée, ainsi que plusieurs membres de l'*University Club*, et aussi MM. Brunet, J. Thomas, Massartie, etc. Toutes mes malles, toute ma literie, les bibelots et la couverture réglementaire en peau d'opossum, tout est installé dans ma cabine ! Nous avons à peine le temps d'échanger quelques poignées de main et le *Norfolk* quitte le quai[176]. Ce n'est pas encore le départ ! Nous jetons l'ancre à une centaine de mètres de la jetée et nous attendrons là encore quelques heures, peut-être un jour ou deux.

Nous sommes à peine arrêtés que, déjà, les bateliers accourent se mettre à la disposition des voyageurs qui veulent descendre à terre. Au milieu de ces gens, je retrouve le marchand de pommes qui était venu l'année précédente nous vendre quelques denrées à bord de *l'Orne*. Il vient à moi et me parle du *fameux commandant* qui leur a fait perdre vingt livres sterling (cinq cents francs) de marchandises en leur défendant de nous livrer les commandes que nous leur avions faites. Il me reconnaît, dit-il, parce que j'étais un des seuls déportés parlant un peu d'anglais.

Le lendemain dimanche, ne sachant que faire, je joins à mes notes les renseignements qui m'ont été fournis sur l'ancienne Victoria, la vie dans le bush et Melbourne. Je les supprime ici, car l'Australie est maintenant bien connue, et il me faudrait publier deux volumes au lieu d'un.

176* Ballière 1905 donne plus de détails sur ces dernières heures à Melbourne : « Les fonds que M. de Rochefort m'avaient fait remettre par la maîtresse d'hôtel étaient ébréchés et je n'avais pu prendre qu'un ticket de seconde classe, mais pour ménager les susceptibilités anglaises des hommes d'État, des grands artistes qui m'accompagnèrent sur le bateau-voilier, j'avais obtenu du commandant de recevoir ces notabilités dans le salon des *first class*. On sabla le champagne. Il y avait deux ministres, des membres du Parlement, des maîtres de ballet, des artistes, le Tout-Melbourne de ce temps-là. Le dernier verre de champagne, de *brandy* ou de *sherry* vidé, les derniers épanchements terminés, je descendis aux secondes classes pour y aménager ma literie, – qu'il m'avait fallu acheter – mes bibelots de toilette aussi, et mes malles, et ma couverture en peaux d'opossum. »

Au mot « malles », Ballière a inséré la note suivante : « Une malle et beaucoup de choses m'avaient été apportées de Nouméa par M. de Greslan, et quelques autres par le F∴ Sauvan qui les avaient adressées à son beau-père à Sydney par le courrier l'*Egmont*, qui avait apporté M. de Greslan et les plans de l'Exposition, qui furent lacérés par les ordres du consul français. » (p. 170)

Quant à Melbourne, ce qui me l'a fait aimer, c'est qu'elle peut ouvrir ses bras hospitaliers à toutes les industries, à tous ceux qui veulent du travail – et travailler – sa population, sans cesse progressant, ne laisse place à aucune crainte de rester inactif. Les ouvriers y sont largement rétribués et le travail est de huit heures seulement pour chaque jour et de six jours par semaine. La jeune cité – Melbourne compte à peine trente années d'existence – fabrique tout ce qui lui est nécessaire, à peu de chose près, depuis la simple et modeste plume d'acier qui me sert à écrire ces lignes jusqu'à la fine bijouterie… Là est cependant le côté faible : le côté absolument artistique fait défaut, et les ouvriers en sont encore à copier les vieux modèles de 1840, 1845 et 1850. Il lui faudrait de ces ouvriers artistes qui improvisent et font la mode.

Cela ajouterait à la gloire de cette belle province, que j'espère bientôt voir République, sans qu'elle ait beaucoup à changer ses lois ; car c'est la vraie terre de la liberté, et c'est peut-être parce que la charmante déesse s'est réfugiée dans cette heureuse cité, qu'on en manque tant en Europe.

Les colonies australiennes, déjà si florissantes, n'ont plus besoin que d'artistes habiles comme les nôtres pour devenir le pays béni par excellence.

Si cela arrivait, et que Melbourne ait comme Paris ses peintres, ses sculpteurs, ses ciseleurs, ses artistes en tous genres de qui la France et sa capitale si riche en talents abondaient avant la guerre et les versaillais, bientôt la renommée aux cent bouches ne parlerait plus que de cette jeune nation déjà si florissante, qui n'a plus besoin que des mains d'artistes habiles, de leurs riches imaginations, pour devenir le pays béni par excellence.

La France, cette sœur aînée de Victoria, aurait pu venir en aide à sa cadette ; il y aurait peut-être eu là des débouchés et un moyen de fortune pour ces jeunes artistes ; mais la guerre, l'affreuse guerre est venue, qui a tué quelques-uns de nos peintres, beaucoup de ces artistes qui, ayant le plus de cœur, étaient au premier rang ; puis Versailles, la cité du silence de la mort, a envoyé ses soldats-vampires qui ont bu encore le plus pur du sang de la nation représentée par sa capitale, laquelle renferme des habitants de tous les coins de la France. Notre patrie est encore riche en talents, en gloires, mais ils ne seront pas de trop pour réparer tous les désordres commis par l'armée victorieuse ou ses agents, au nom de l'*ordre* et de la monarchie.

J'avais à peine eu le temps de mettre mes souvenirs sur le papier qu'une embarcation remplie de résidents français, conduits par le marchand de pommes de *l'Orne*, vient me prendre. Tous ces bons amis me débarquent, contre mon gré, et nous allons chez un débitant français résidant à Sandridge manger le dernier dîner à terre, boire le coup de l'étrier et dire adieu à la grande cité de l'avenir, à la ville de Melbourne.

C'en est fini, cette fois, il faut partir ; mais je n'oublierai jamais les jours heureux que j'ai passés dans ce bon et beau pays aux *beautiful misses*, aux charmantes *ladies*, et qui, dans un ordre moins élevé, n'a encore que des femmes charmantes, causeuses spirituelles, et qui feraient rougir plus d'une de nos viveuses du Boulevard.

Le soir même, je fais embarquer ma valise à bord du *Norfolk*, et le lendemain nous nous mettons en route pour l'Europe.

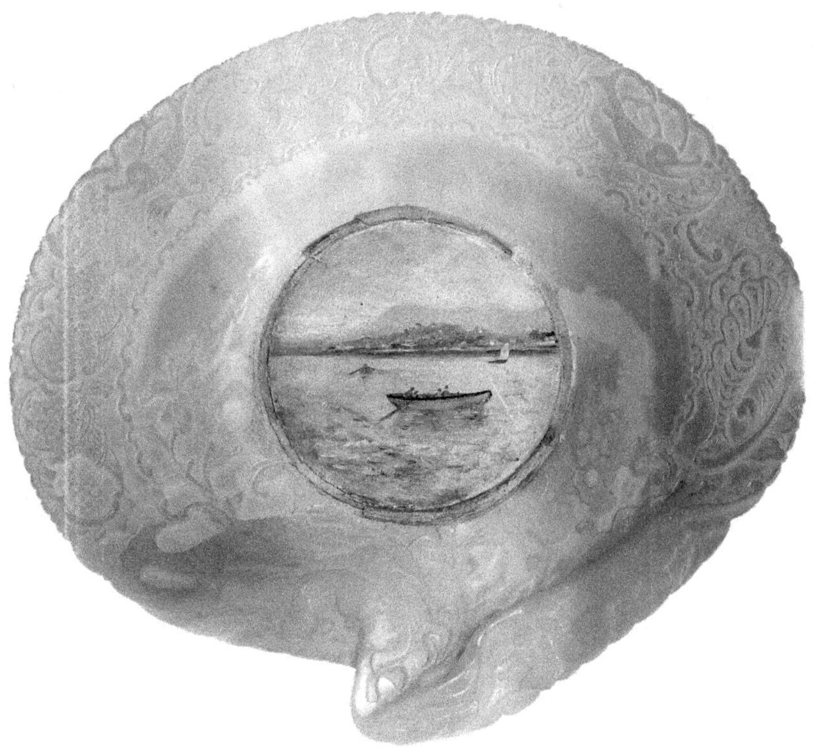

Nacre sculptée et médaillon peint. Œuvre d'un condamné.
Photo A.B.

La légende de Chépénéhé[177]

Avant que les hommes de Oui-oui[178] eussent, avec leurs villages flottants, écrasé ou dispersé nos pirogues qui couvraient la mer et que la mer vainement essayait d'arrêter dans les plis noirs de ses vagues furieuses ;

Avant que leurs balles invisibles eussent brisé aux mains de nos guerriers le casse-tête qui tue à coups précipités et la sagaie qui va en sifflant chercher l'oiseau dans les airs ou l'ennemi au fond des bois ;

Avant que les chercheurs de sandal, avides et trompeurs, eussent été conduits dans nos îles par les vents irrités ;

Avant qu'ils fussent venus troubler le cerveau de nos jeunes hommes avec l'eau-de-feu qui dévore la prudence des sages et brise la force des fils de la guerre ;

Avant que les esprits de la terre des blancs, jaloux des hommages que ceux d'ici recevaient, eussent envoyé parmi nous les hommes de la prière et les hommes de la Bible pour se disputer nos cœurs ;

Avant ces temps-là, bien avant, puisque les plus âgés de nos pères qui ont vu tous ces maux et qui ont usé leurs yeux à les pleurer ;

---

177 * Ce texte reprend exactement celui du *Moniteur* du 23 octobre 1870, à deux exceptions près : sagaie est écrit *sagaye* et esprit(s) est écrit Esprit(s).

178 Les naturels de Loyalty, de la Nouvelle-Zélande et de presque toutes les îles du Pacifique désignent les Français sous le nom de *Oui-oui*. C'est pour eux une race spéciale. S'ils font un voyage et qu'il y ait des Russes, des Anglais, voire même des Chinois, ils diront : « *Nous étions cinq blancs, quatre noirs et deux Oui-oui.* »

Puisque les plus âgés de nos pères et les plus âgés de leurs pères, ceux que dans leur jeunesse ils écoutaient racontant les vieux âges ;

Puisque ceux dont les ombres errent depuis le plus longtemps dans les sentiers de la chasse ou de la guerre, ou sur la cime des vagues d'où leurs flèches toujours sûres poursuivaient le poisson aux mille couleurs jusqu'au fond des abîmes ;

Puisque ceux-là, dis-je, n'ont point vu les temps heureux dont je parle, la terre de Chépénéhé et toute la terre de Lifou était entrecoupée de cours d'eau ;

Et les bois étaient arrosés d'une eau limpide et fécondante, et le pied des arbres s'y baignait dans l'ombre projetée par leur feuillage ;

Et du flanc des montagnes, car alors notre terre, comme toutes celles que les esprits favorisent, en était couverte ;

Et du flanc des montagnes roulaient de frais ruisseaux qui s'unissaient dans les vallées toujours vertes et y formaient de larges rivières ;

Des rivières profondes et rapides, dans lesquelles nos guerriers allaient se laver de la sueur et de la poussière glorieusement amassées dans leurs combats de tous les jours ;

Dans lesquelles leurs enfants allaient s'ébattre et fortifier leurs membres, frêles encore, mais où l'œil exercé pouvait tracer la vigueur paternelle ;

Dans lesquelles nos femmes, chaque soir, s'égayaient et retrempaient leurs charmes, suivies timidement d'abord de la troupe des jeunes filles ;

Des vierges de Chépénéhé, des vierges de la terre de Lifou à chacune desquelles un brave avait souri, disant : Tu seras ma récompense, et ton souvenir sur les mers et dans les bois me rendra dix fois plus fort et dix fois plus vaillant.

Là aussi, dans l'ombre plus épaisse de la nuit, et le matin, quand le soleil dormait encore derrière les flots bleus, là où la mer touche le ciel ;

Là aussi, les esprits venaient en foule bondir sur les tapis de verdure des rives et dans les eaux profondes, avec des rires joyeux auxquels répondaient parfois les petits enfants endormis sur le sein de leurs mères.

Et les filles des esprits partageaient leurs jeux bruyants, et ceux de nos morts que la gloire avait couronnés et doués de la vie qui ne connaît ni souffrance ni terme ;

Ceux dont les vertus et la bravoure avaient fait longtemps l'honneur et la force de nos tribus et dont les noms reviennent encore dans la mémoire de nos vieillards, plaisant comme le souvenir des festins de victoire ;

Ceux que les esprits avaient enviés à la terre, ceux-là seuls, avec la lune discrète et les étoiles qui scintillent, étaient témoins de leurs plaisirs et de leurs amours.

Et les eaux bénies par leur présence fécondaient les vallées et leur faisaient porter des fruits en abondance que les enfants et les femmes recueillaient en se jouant et la tête ceinte de fleurs.

Mais un jour la vertu des forts de Chépénéhé, la vertu des guerriers de Lifou s'amollit : ils prirent des cœurs de femmes et leurs femmes devinrent plus lâches et plus vaines que les enfants. Et quand tous, lassés de fumer et de se repaître, eux les fils des aigles changés en vils cagoux[179], à la face desquels leurs pères auraient craché ;

Quand, après de longs sommeils sur la terre nue de leurs cabanes en ruines, ils allèrent pêle-mêle au bord des rivières sacrées ;

Et qu'encore appesantis de boisson et de débauche ils s'y laissèrent tomber avec leurs infâmes souillures ;

Les esprits eurent dégoût de ces eaux maintenant impures, de ces eaux qu'ils avaient tant aimées.

Ils les prirent en aversion, les esprits de Chépénéhé et de la terre de Lifou, et ils les maudirent.

Et le ciel se voila et le soleil se couvrit la face et les montagnes s'agitèrent folles et furieuses comme ces hommes que l'esprit a remplis.

Et quand le jour de la colère fut passé, les vallées et les montagnes se trouvèrent confondues, les vallées et les montagnes de Chépénéhé, les montagnes et les vallées de la terre de Lifou.

Une longue plaine s'étendait à leur place, de l'une à l'autre mer, une longue plaine aride où les oiseaux mêmes n'avaient plus d'abri.

---

179   Sorte de volatile à l'air stupide, qui habite la Nouvelle-Calédonie et
       qui ne se retrouve pas ailleurs.

De larges trous boueux, et d'autres dont l'approche même est inconnue des mortels, marquent seuls à présent les passages par où les eaux s'étaient enfuies.

Depuis, un peu de verdure a reparu, çà et là, des arbres ont grandi, la terre que nos sueurs seules fécondent, nous ouvre un sein moins avare ; mais où sont les montagnes et les belles eaux de Chépénéhé, les montagnes et les belles eaux de Lifou, les montagnes et les belles eaux que les esprits avaient tant aimées ?

1840. 17 octobre : Naissance à Sannerville (Calvados) d'Édouard Achille Ballière, fils de Jean-François et Erminie Lucas. Les familles Ballière de cette région sont souvent rattachées à la construction : maçonnerie, taille de pierres…

Enfance. Études au collège de Pont-Lévêque. L'oncle Prosper Ballière, principal de cet établissement semble avoir eu une influence sur l'orientation du jeune Achille qui a ensuite continué ses études à Caen.

Jeunesse. Il rentre à l'école d'Architecture de Paris, et se destine à une carrière d'architecte. Secrétaire des comités démocratiques du Calvados dès 1863.

1865. 6 avril. Mariage de Ballière avec Henriette Célina Nelly Margueré.

1868. 12 janvier. Naissance de la fille de Ballière, Célina Jeanne. Un tableau de la Loge de Caen signale son activité de franc-maçon. Il dispose d'un diplôme de maître de l'Orient de Caen.

1869. *La Compagnie de Jésus*, première œuvre de Ballière, éditée à Caen par Hommais.

---

180 Les informations suivantes viennent de l'état civil du Calvados, des archives de la préfecture de police de Paris, des écrits mêmes de Ballière et de deux dictionnaires qu'il cite dans le journal *La Bataille* 26/2 du 16 août 1893 : le *Dictionnaire international des écrivains du jour*, par Angelo de Gubernatis (Louis Niccolai, Florence, 1891) ainsi que le *Dictionnaire illustré des contemporains*, par Émile Saint-Lanne, (Dentu, 1891). Quelques autres informations (surtout celles qui concernent les années 1900) sont reprises d'un autre dictionnaire : Curinier, C.-E., *Dictionnaire national des contemporains*, 6 tomes (1901-1910), tome 5, p. 117-118. Enfin, Joël Dauphiné, 2004-a, donne quelques compléments. Pour ce qui concerne l'architecture, les sources viennent principalement de la base Mérimée.

1870. Déménagement de Ballière à Paris, suite notamment à une déception : un projet d'architecture qu'il avait « choyé » n'a pas été accepté tel quel. Participation à la révolution du 4 septembre. Participation à la rédaction de « *plusieurs journaux tués sous lui* » : *Le Suffrage Universel, Le Tribun, La Tribune*. Engagement pour la guerre, alors qu'il s'était fait dispenser du service militaire sous l'Empire. Participation aux combats qui se livrèrent autour de la capitale. Nomination comme officier après Champigny, dans les derniers jours du gouvernement de la Défense nationale. Aurait été acteur de banlieue et membre de l'Internationale.

1871. Après la paix, combat avec Jules Vallès et d'autres polémistes, contre la fraction conservatrice du gouvernement.

29 avril. Participation à la grande marche des francs-maçons qui essayent de dissuader versaillais et fédérés de s'affronter.

Selon Maxime Du Camp, engagement en tant que « capitaine d'état-major au bataillon des barricadiers, commandé par le père Gaillard[181]. »

Selon la préfecture de police de Paris, pendant la guerre contre l'Allemagne, garde puis adjudant sous-officier payeur au 173ᵉ bataillon ; ensuite, sous la Commune, à laquelle il n'aurait participé qu'à partir du 15 avril, capitaine de l'État-major général et aide de camp de Delescluze et Rossel ; il aurait été chargé de la construction des barricades. Il aurait cessé son activité le 25 mai et après avoir quitté son domicile de Belleville (qu'il occupait depuis le 5 août 1870), se serait caché (dans le XIXᵉ arrondissement) sous le nom d'Edward.

18 juin. Arrestation chez lui à Paris.

7 novembre. Condamnation, par le 10ᵉ conseil de guerre, à la déportation simple, « pour avoir exercé un commandement dans les bandes insurrectionnelles ». Incarcération à l'Orangerie de Versailles, au camp de Satory, au fort d'Issy, à la manufacture de Sèvres, au Fort Boyard et enfin à Saint-Martin-de-Ré.

1872. 7 mai. Recours en grâce, demandée par Ballière, rejeté par le conseil de guerre

1873. 1ᵉʳ janvier. Embarquement sur *l'Orne* pour la Nouvelle-Calédonie.

11 mai-19 octobre. Temps de déportation à l'île des Pins.

---

181 Maxime Du Camp, *Les Convulsions de Paris - Les sauvetages pendant la Commune*, tome troisième, Paris – 1881, page 207.

19 octobre-19 mars 1874 : Nouméa, emploi de comptable auprès du marchand de bois Sohn.

1874. 19 mars : Évasion avec les déportés simples Jourde et Bastien, ainsi que les déportés en enceinte fortifiée Rochefort, Pain et Grousset.

27 mars-26 avril. Australie.

27 avril-30 juillet. Voyage à Melbourne et départ pour Londres.

26 mai. Condamnation à deux ans de prison par le conseil de guerre de Nouméa.

30 juillet. Arrivée à Londres où il reste jusqu'à la mi-octobre. Il fomente des projets d'évasion de l'île des Pins pour ses camarades déportés et il intervient, auprès de l'ambassade d'Allemagne à Londres, pour que huit déportés en enceinte fortifiée, qui ont choisi la nationalité allemande, soient réintégrés en Allemagne. Il n'a aucune activité si ce n'est d'écrire son livre et sa famille lui assure sa subsistance. Il cherche, sans succès, à s'engager dans une entreprise d'immeubles à bâtir.

Le 15 octobre il est à Bruxelles où il s'est rendu pour travailler auprès d'un architecte; il est plein d'enthousiasme, mais il est rapidement expulsé, par décret royal; on pense qu'«étant attaché en tant qu'aide de camp à Rossel et Delescluze [...], il a dû prendre une part très active à l'exécution de mesures criminelles...». Ballière quitte la Belgique le 4 novembre 1874. Après un bref passage à Genève où il arrive trop tard pour trouver un emploi dans un pays où il y a pléthore d'étrangers, sans même avoir rencontré Rochefort qui s'y est installé, il se rend à Strasbourg.

Fin 1874-1879. Séjour à Strasbourg où il a ouvert, grâce au peintre-graveur Gaston Save, un atelier pour enseigner le dessin. Il y restera jusqu'à son retour à Paris. C'est sans doute durant ce séjour à Strasbourg que paraît *Un voyage de Circumnavigation*.

1879. 20 avril. Ballière est gracié par décret. En plus de l'amnistie partielle de il bénéficie d'une remise de peine. Il était en effet encore sous le coup d'une condamnation, pour évasion, à deux ans de prison, par le conseil de guerre de Nouméa (26 mai 1874). Quelques jours avant cette remise de peine, il est revenu de Strasbourg à Paris où il réalise quelques travaux pour un cabinet d'architectes, rue des Mathurins. Il est aussi rédacteur ou correspondant de divers journaux : *La Presse, La Ligue, Le Petit Lyonnais* et devient membre du *Cercle de la Presse* de Paris.

1879-1889. Séjour de dix ans en Auvergne. Architecte de la ville de Thiers ; à Royat, construction de la quasi-totalité de la station balnéaire ; nombreuses autres réalisations architecturales.

Engagement en politique : deux fois conseiller municipal à Clermont-Ferrand et même adjoint au maire. Engagement aux côtés du général Boulanger. Échec aux élections législatives de Draguignan contre Georges Clemenceau (1889).

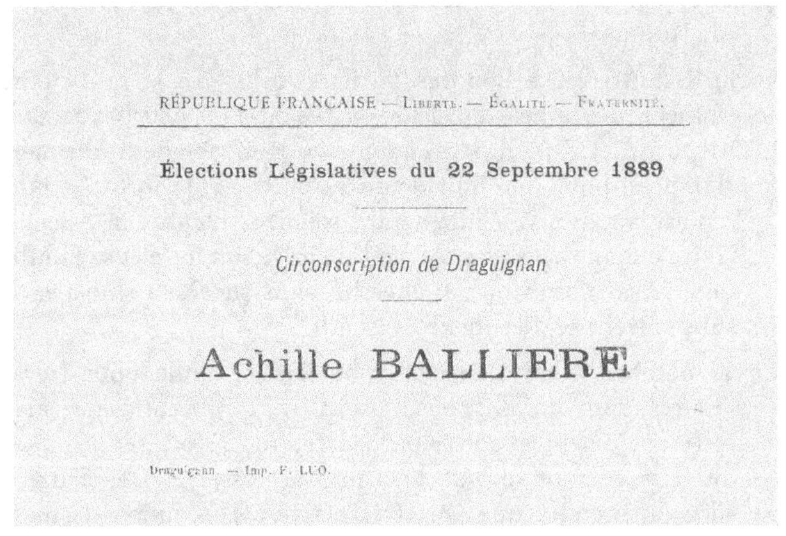

Bulletin de vote d'Achille Ballière pour l'élection de 1889 à Draguignan.

1880. Août. Séparation de corps et de biens entre Achille Ballière et Nelly Margueré.

1881. 22 septembre, décès à Caen de sa fille, Célina Jeanne Ballière.

1884. 1ᵉʳ décembre, divorce d'Achille Ballière.

1889-1890. Échec aux élections du Var (septembre 1889) ; condamnation à six mois de prison et dépens (décembre 1889) pour avoir répondu au réquisitoire prononcé par Quesnay de Beaurepaire devant le Sénat assemblé en Haute Cour. Il se présente aux élections municipales (avril-mai 1890) du quartier de Belleville (XXᵉ arrondissement), nouvel échec.

Septembre 1890-mars 1891. Emprisonnement à Sainte-Pélagie. Soutenu par la presse parisienne, Achille Ballière sort de Sainte-Pélagie sur intervention personnelle de Fallières. Préface du livre d'Émile Couret, *Le Pavillon des princes. Histoire complète de la prison politique de Sainte-Pélagie depuis sa fondation jusqu'à nos jours*, E. Flammarion, Paris.

1892-1894. Séjour à Nouméa, travaux pour la conduite d'eau et quelques établissements publics puis rédaction du journal *La Bataille*.

1894-1899. Ballière renoue avec d'anciens amis, Jourde, Grousset, Ernest Roche, Vaughan et… Rochefort, évidemment. Il pense, un temps, publier un nouveau quotidien : *La Patrie en danger*. En **1897-1898**, il travaille pour un architecte, Wattier, qui exerce aussi une action politique (Ligue des Patriotes). Il pense à nouveau à publier un journal : *Paris en 1900*.

1899. 6 août. La Ligue des Patriotes (Déroulède) fomente une petite révolution dans laquelle Ballière doit tenir la première des trois brigades. Le 11 août, Déroulède, Galli, Habert et Ballière se rencontrent pour parler du procès de Rennes.

1899. 12 août. Arrestation, prison de la Santé, prison du Sénat (il y sera contaminé par l'oxyde de carbone du calorifère et en souffrira par la suite). Décembre : acquittement par la Haute Cour de justice. Prise de position contre la révision du procès Dreyfus.

1900. 6-13 mai. Candidat «socialiste et patriote» aux élections pour le renouvellement du conseil général de la Seine et du conseil municipal de Paris, il est élu, après une intense campagne qu'a soutenue Rochefort, dans le quartier de Clignancourt (XVIIIᵉ arrondissement) par 8482 voix contre 7563 à Le Grandais, conseiller sortant.

27 juin. Mariage avec Georgina Doré. Henri de Rochefort est témoin.

1901-1902. Ballière œuvre activement au conseil municipal. Il affirme ses idées antisémites, antidreyfusardes, antimaçonniques.

1902. Ballière espérait se présenter à la députation. Rochefort, Lemaître et Guérin l'ont poussé à laisser la place à Charles Bernard. Mais finalement, il s'est tout de même présenté, ce qui lui a valu une attaque de *L'Intransigeant*, journal de Rochefort contre lequel il veut se battre en duel.

1904. Difficile campagne des élections municipales sous la bannière du comité des Patriotes socialistes indépendants. Échec et perte de nombreux soutiens, notamment celui de Rochefort.

1905. Ruiné et insuffisamment rémunéré pour son emploi à la Compagnie d'acétylène, il accumule les dettes. Il vit dans une quasi-misère. Publication de son dernier ouvrage : *Les Aventures du marquis de Rochefort et de l'auteur, dans les prisons françaises, dans la presqu'île Ducos, durant l'évasion de Nouméa et pendant l'exil, avec suite en France*.

6 novembre. Mort de Ballière à Paris, XVIIIe arrondissement.

7 novembre, obsèques, au cimetière parisien de Saint-Ouen (partie ancienne), en présence d'une centaine de personnes, dont le préfet Lépine. Deux discours (conseil municipal et conseil général) sont prononcés. Un hommage est rendu par la société *La solidarité du XVIIIe* dont Ballière était le fondateur et le bienfaiteur.

2006. Abandon de la sépulture de Ballière par arrêté (4 mai) du préfet de Paris.

Quelques réalisations architecturales

1862-1863 (?). Juste après l'obtention de son diplôme d'architecte, il collabore, sous la direction d'Alphonse Crépinet, architecte du gouvernement, aux travaux de restauration du dôme de l'église Saint-Louis des Invalides.

Nouméa, 1873-1874, conception et réalisation d'un théâtre à Nouméa. Conception d'une villa pour J. Higginson. Conception d'un opéra pour Sydney. Ces deux derniers projets devaient être présentés à l'exposition intercoloniale de Sydney.

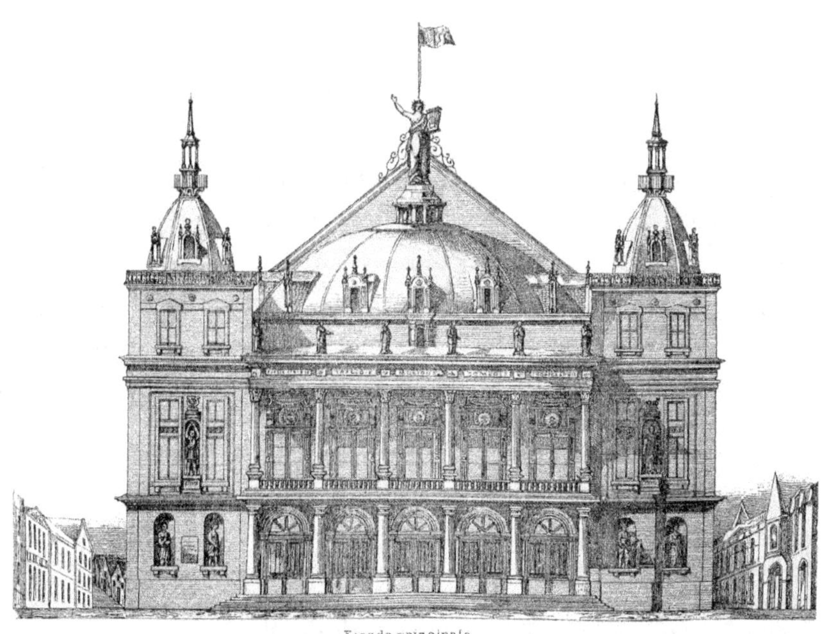

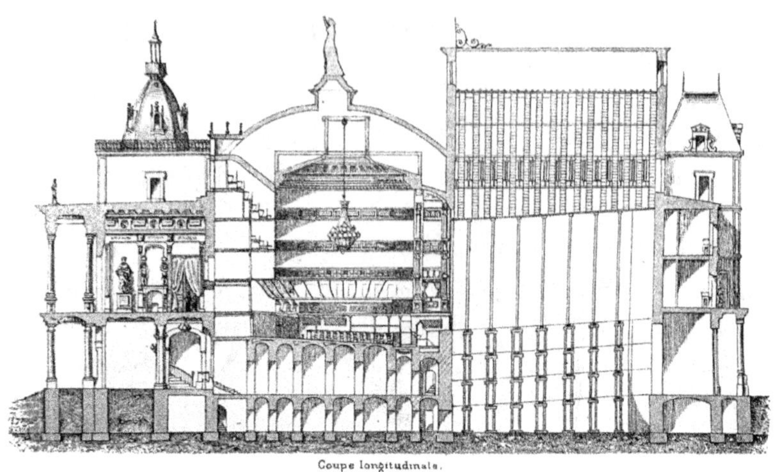

Théâtre Sydney – Ballière 1875.

1875-1878. Projet de théâtre pour la ville de Rouen. Participation au concours de l'Exposition Universelle de 1878.

1879. Participation au concours pour la statue de la République.

1880-1885. Construction en plusieurs étapes de l'ancien hôtel Castel du Parc, *Place Landouzy à Chamalières*. Les plans avaient été établis en 1879, mais la construction ne commença qu'un an après.

Réalisation des plans et construction de l'ancien hôtel Le Thermal, *Boulevard Vaquez* à Royat. La façade est décorée de manière fastueuse, avec des fenêtres à arc cintré au niveau du rez-de-chaussée, fenêtres elles-mêmes surmontées de plusieurs têtes moulées et différentes, sans oublier les garde-corps en fonte et les lambrequins qui décorent les fenêtres des divers étages.

1881-1883, commune de Saint-Laurent-Rochefort. Construction d'une école de garçons et transformation de l'ancienne école de garçons en école de filles. École bâtie en pisé et pierres.

Juin 1881, commune de Noalhat, Puy-de-Dôme. Achille Ballière, architecte de la ville de Thiers, présente plans et devis pour la construction d'une école communale mixte avec salle de mairie. Les travaux commencent en 1882, mais sont interrompus en 1883. On ignore la date d'achèvement.

1885 : Réalisation de l'école primaire et maternelle de la commune de Châteldon, lieu-dit Château-Gaillard, arrondissement de Thiers, dans le Puy-de-Dôme.

1886-1888, commune de Maringues, Puy-de-Dôme. Suivant les projets d'Achille Ballière, de gros travaux de rénovation sont entrepris à l'ancien couvent des Ursulines (façade et intérieur), pour le bâtiment affecté à la mairie.

1887. À la Halle au blé de Maringues (Puy-de-Dôme), construction d'une marquise sur l'élévation ouest.

1889. De nombreux projets admis à l'Exposition Universelle de 1889.

1890. Réalisation d'un cimetière à la Bourboule, toujours dans le Puy-de-Dôme.

1891. Après l'incendie qui détruisit le théâtre-casino des Variétés de Clermont-Ferrand, le 8 décembre 1890, Ballière proposa les plans d'un nouveau bâtiment. Une nouvelle salle de spectacle fut alors édifiée sous l'enseigne de l'Éden-Concert-Théâtre et elle fut inaugurée le 8 septembre 1891. Elle présentait une façade néo-mauresque et comportait une ossature métallique. L'expansion coloniale explique l'engouement pour ce style architectural, alors en vogue également dans les stations thermales.

1892. Église de Bouzel, Puy-de-Dôme.

1892-1893. Travaux d'architecte à Nouméa ; la conduite d'eau de Dumbéa ; l'école de la vallée des Colons et une possible participation à la construction du Château Hagen[182].

---

182 Un panneau, placé par la Province Sud (« l'itinéraire du patrimoine, l'habitat ») devant le portail du « château Hagen », classé au titre des monuments historiques le 7 juin 1999, représente une photo de la demeure qui portait alors le nom de « Villa du banian ». On peut lire sur la légende de cette photo : « selon une tradition familiale, Achille Ballière, [ex-] déporté de la Commune de Paris et architecte reconnu, aurait aidé à la réalisation de la maison. »

Château Hagen – Photo A.B. Une certaine parenté avec la toiture
de l'hôtel Castel du Parc à Chamalières (voir ci-dessous).
peut suggérer un participation de Ballière
pour la construction de cette célèbre maison nouméenne.

Hôtel Castel du Parc à Chamalières – Photo M.S.

Une certaine parenté entre la toiture de l'hôtel Castel du Parc
à Chamalières et celle du Château Hagen peut suggérer un
participation de Ballière pour la construction de cette célèbre
maison nouméenne.

À **partir de 1900,** membre de la commission des travaux de la voirie au conseil municipal (XVIIIe arrondissement de Paris), rapporteur de l'éclairage électrique à Paris, membre de nombreuses commissions relatives au fonctionnement des écoles professionnelles, à la fumivorité, au Vieux Paris. Certains travaux ont été réalisés grâce l'action de Ballière, vice-président de la commission du budget depuis 1900 : l'achèvement de la mairie du XVIIIe arrondissement, l'établissement du tube Berlier de Montparnasse jusqu'à la place Constantin Pecqueur, l'ascenseur de la place du Marché à la place du Tertre, le percement de la rue Junot jusqu'à la rue Norvins pour permettre aux moyens de traction électrique de pénétrer jusqu'au centre de Montmartre et au sommet de la butte, et l'usage du gaz (proposition que la ville de Paris, propriétaire des usines et du matériel nécessaire, en afferme l'exploitation pour quelques années).

BIBLIOGRAPHIE

I. Ouvrages d'Achille Ballière

Ouvrages consultés

BALLIÈRE, Édouard, Achille,

—, 1869, *La Compagnie de Jésus*, avec avant-propos et notes, 48 pp., C. Hommais, Caen.

—, 1873, Journal manuscrit, CAOM, Aix-en-Provence, AP 21.

—, 1875, *Un voyage de circumnavigation. Histoire de la déportation par un des évadés de Nouméa*, King, London. Sur la couverture du livre est signalé l'éditeur anglais Henry S. King, 65, Cornhill & 12, Paternoster Row, London, mais à la page IV, sous la reproduction de la signature de Ballière, est écrit : Strasbourg, Hubert et Haberer, 1875. *Dans Les Aventures du marquis de Rochefort et de l'auteur*, p. 163-164, Ballière fait référence au Voyage de circumnavigation avec la mention Strasbourg, 1877. On peut penser que l'édition a bien été réalisée à Strasbourg, la couverture ayant été imprimée à Londres.

—, 1889, *La Déportation de 1871. Souvenirs d'un évadé de Nouméa*, Charpentier, Paris.

—, 1891, préface au livre de COURET, Émile, *Le Pavillon des princes. Histoire complète de la prison politique de Sainte-Pélagie depuis la fondation jusqu'à nos jours*, Flammarion, Paris.

—, Du 17 juin 1893 au 19 mai 1894, *La Bataille, journal des intérêts coloniaux*, 176 numéros, Nouméa.

—, [1905], *Les Aventures du marquis de Rochefort et de l'auteur, dans les prisons françaises, dans la presqu'île Ducos, durant l'évasion de Nouméa et pendant l'exil, avec suite en France*, Henri Jouve, Paris.

Ouvrages annoncés et (probablement) non publiés.

BALLIÈRE, Édouard, Achille,

—, *Deux heures dans la vie, (La conscription. Le mariage. Critiques des lois militaires et civiles)*, roman annoncé dans la lettre à É. Lockroy du 31 juillet 1874.

—, *Laure, roman sur l'éducation de la famille, l'éducation des filles, etc.* annoncé dans la lettre à É. Lockroy du 31 juillet 1874.

—, *Essai de grammaire anglaise*, divisé en quatre parties, ouvrage annoncé dans la lettre à É. Lockroy du 31 juillet 1874.

—, *Histoire de la Commune* annoncé dans *Les Aventures du marquis de Rochefort et de l'auteur*. C'est sans doute dans cet ouvrage que l'auteur envisageait de placer ce qu'il avait annoncé dans sa lettre à É. Lockroy du 31 juillet 1874 au sujet de son premier roman : « Les derniers chapitres contiennent les deux sièges de Paris et quelques renseignements, que je crois inédits, sur les meurtres commis dans Paris par les soldats de l'ordre. »

Documents sur Ballière

— Dossier du déporté Édouard Achille Ballière, CAOM Aix-en-Provence, FR ANOM COL/H 70.

— Dossier Édouard Achille Ballière, archives de la préfecture de police de Paris, BA 944.

— Dossier Édouard Achille Ballière, Service historique de la Défense, Vincennes, 8J289/36.

II. Bibliographie générale

ALLEMANE, Jean, 1843-1935. Nouvelle-Calédonie, 1873-80.

—, [1906], *Mémoires d'un communard. Des barricades au bagne*, Librairie socialiste, Paris. Réédition (partielle), *Mémoires d'un déporté de la Commune*, SÉHNC 15, Nouméa, 1977/1990.

AMMANN, Raymond,

—, 1997, *Danses et musiques kanak*, (mise au point du texte français par Bernard Gasser), ADCK, Nouméa.

Anonyme,

— 1890, *Lettre d'un électeur à Monsieur le Maire et Messieurs les Conseillers municipaux sur la nécessité de construire une nouvelle conduite d'eau*. 25 avril 1890, Imprimerie du « Colon », Nouméa. [Collection de M. G.-L. Viale].

AYMÉ Paul-Nicolas,

—, 1874, *Relation de l'épidémie de scorbut du transport* l'Orne *dans sa campagne en Nouvelle-Calédonie en 1873*, Parent, imprimeur de la faculté de médecine, Paris.

BARBANÇON Louis-José,

—, À paraître, *Entre les chaînes et la terres*.

—, avec SAND Christophe, 2013, *Caledoun, Histoire des Arabes et Berbères en Nouvelle-Calédonie*, Association des Arabes et amis des Arabes, Nouméa.

BARONNET, Jean et Chalou, Jean,

—, 1986, *Communards en Nouvelle-Calédonie, Histoire de la déportation*, Mercure de France, Paris.

BENCIVENGO, Yann,

—, 1999, *La Mine en Nouvelle-Calédonie*, G.R.H.O.C./Île de Lumière, 101 mots pour comprendre, 15, Nouméa. (Article « Contrats de chair humaine »).

—, 2014, *NICKEL, La naissance de l'industrie calédonienne*, Presses universitaires François Rabelais, Tours.

BOUIS, Casimir,

—, 1870, *Calottes et Soutanes – Jésuites et Jésuitesses*, Librairie internationale, Paris.

Brissac, Henry,

—, 1880, *Souvenirs de prison et de bagne*, Derveaux, Paris. Réédition dans *Le Bagne en Nouvelle-Calédonie… l'enfer au Paradis, 1872-1880* par Alain Brianchon, Éditions Footprint Pacifique, 2009.

Caton, Joannes,

—, [1871-1879], *Journal d'un déporté – 1871-1879, de la Commune à l'île des Pins*, Éditions France-empire, Paris, 1986.

Chevalier, Luc,

—, 1966, *Tablettes nouméennes. Port-de-France. Nouméa 1854-1899*, Imprimerie générale calédonienne, Motor Pool, Nouméa, 1966.

Clarke Marcus,

—, [1874], *L'histoire d'un communard*, La Petite Maison, ALFA, Atelier littéraire Franco-Australien, Boulogne-Billancourt, 2006. – ISBN : 2-907052-29-2. Récit traduit de l'anglais (Australie) par Jean-Paul Delamotte : «The Story of a Communist», *L'Argus*, journal de Melbourne, 24 avril 1874.

Collectif,

— *Centenaire des frères maristes en Nouvelle-Calédonie, 1873-1973*, Institut des frères maristes, Lille, 1974.

Collectif,

—, 1983, *Mille et un mots calédoniens*, FOL, Nouméa, 1983.

Coquilhat, Georges,

—, 1987, *La Presse en Nouvelle-Calédonie au XIXe siècle*, Nouméa, SÉHNC, version allégée d'une thèse de IIIe cycle, Histoire et Civilisations : *La Presse de Nouvelle-Calédonie au XIXe siècle (1859-1900)*, Paris, 1984.

—, 1997 juin, *Ultramarines*, La Bataille, *journal de combat d'un ancien déporté de la Commune en Nouvelle-Calédonie*, Bulletin semestriel AMAROM/IHCC (Amis des Archives d'outre-mer et Institut d'histoire et des civilisations comparées), n° 14, Aix-en-Provence.

Cordillot, Michel,

—, 2010, *Aux origines du socialisme moderne : La Première Internationale, la Commune de Paris, l'Exil*, L'atelier, Paris.

Coutaud, H.,

—, 1879, *Observations de sept cas d'empoisonnement par le foie de requin à l'île des Pins en 1873*, Thèse de médecine présentée à la faculté de médecine de Montpellier le 24 février 1879, Imprimerie Cristin et Cie, Montpellier. (Collection M. S.)

Cron, François Camille,

—, [xxx], *Souvenirs amers, Mémoires de François Camille Cron (1836-1902), déporté de la Commune en Nouvelle-Calédonie*, Mercure de France, Paris, 1999. ISBN 2-7152-1564-9.

da Costa, Gaston,

—, 1903-1905, *La Commune vécue (18 mars–28 mai 1871)*, 3 tomes, ancienne maison Quantin, Paris 1903-1905.

Dauphiné, Joël,

—, 2004a, *Henri Rochefort, Déportation et évasion d'un polémiste*, L'Harmattan, Paris.

—, 2004-1, *La franc-maçonnerie et l'évasion d'Henri Rochefort*, Journal de la Société des Océanistes, 118.

Delbos, Georges,

—, 1993, *L'Église catholique en Nouvelle-Calédonie – Un siècle et demi d'histoire*, Desclée. – ISBN 2-7189-0600-6.

Delfaut/Daufelt,

—, 1896/1996, *Nos criminels… Le bagne en Nouvelle-Calédonie*, édition établie par François Bogliolo, Grain de sable, Nouméa.

Dubois, R. P. Marie-Joseph,

—, 1953, *Calédoniens de Maré*, cahier ronéotypé. ANC 25J.

—, 1978, *Ethnobotanique de l'île des Pins*, Nouvelle Calédonie. ANC 25J.

du Camp, Maxime,

—, 1881, *Les Convulsions de Paris - Les Sauvetages pendant la Commune, tome troisième*, Librairie Hachette et Cie, Paris.

Fourmanoir, Maxime, et Laboute, Pierre,

—, 1976, *Poissons de Nouvelle-Calédonie et des Nouvelles-Hébrides*, Les éditions du Pacifique, Papeete.

Garnier, Jules,

—, 1868, *Voyage à la Nouvelle-Calédonie*, Le tour du Monde , XVI, 2ᵉ sem., Librairie Hachette et Cie, Paris.

—, 1901, *Voyage autour du monde. La Nouvelle-Calédonie (côte orientale)*, Plon, Paris.

Gascher, Pierre,

—, 1975, *La Belle au bois dormant. Regards sur l'administration coloniale en Nouvelle-Calédonie de 1874 à 1894*, SÉHNC, Nouméa.

Hollyman, Kenneth James (Jim),

—, 1971, *Observatoire du français dans le Pacifique*, Études et documents, n° 1 à 13, Didier-Érudition, Paris.

Joly, Bertrand,

—, *Dictionnaire biographique et géographique du nationalisme français (1880-1900)*, Champion, Paris, 1998.

Jourde, François (ou Francis),

—, 1877, *Souvenirs d'un membre de la Commune*, Librairie contemporaine de Henri Kistemaeckers, Bruxelles.

Jourde, François et Grousset, Paschal,

—, 1876, *Les condamnés politiques en Nouvelle-Calédonie. Récit de deux évadés*, Ziegler et Cᵒ, Genève, 1876. Réédition dans *Le Bagne en Nouvelle-Calédonie… l'enfer au Paradis, 1872-1880* par Alain Brianchon, Éditions Footprint Pacifique, 2009.

Julia, Alfred (Pseudonyme Praetor, Julius),

—, 1875, *Souvenirs d'un déporté en Nouvelle-Calédonie*, Fayard.

Leblic, Isabelle,

—, 2008, *Vivre de la mer, vivre avec la terre en pays kanak*, Société des Océanistes, Paris.

Leenhardt, Maurice,

—, 1978, *Notes sur le régime de l'engagement des indigènes en Nouvelle-Calédonie*, mars 1914, Journal de la Société des Océanistes, Musée de l'Homme, Paris.

Malato de Corné, dit Malato, Charles (1857-1938), fils d'Antoine Malato de Corné, île des Pins, août-sept. 1875. Rapatrié par la *Loire* en 1881.

—, 1894, *De la Commune à l'anarchie*, Paris, Stock, 296 p.

MESSAGER, Henri, 1850-1902. Île des Pins, 12 déc. 1873-1876. Rapatrié par la *Néréide*, 4 mai 1876.

—, [1871-1876], *Lettres de déportation, 1871-1876*, Paris, Le Sycomore. Préface et notes de Jean MAITRON, postface de son fils, Charles VILDRAC.

MIALARET, Théophile,

—, 1897, *L'île des Pins, son passé, son présent, son avenir : colonisation et ressources agricoles*, Librairie africaine et coloniale, Paris.

MICHEL, Louise/BOGLIOLO, François,

—, 1875/2006, *Légendes et chansons de gestes canaques (1875)* suivi de *légendes et chants de gestes canaques (1885)* et de *Civilisation*, Textes établis et présentés par François Bogliolo, Presses universitaires, Lyon (PUL).

MOLLIER, Jean-Yves,

—, 2010, *Dreyfus au bagne ou comment briser les prisonniers politiques ?*, Le Temps des médias, n° 15, Nouveau Monde éditions, Paris.

O'REILLY, R. P. Patrick,

—, 1953, *Calédoniens, répertoire bio-bibliographique de la Nouvelle-Calédonie*, Paris, Société des Océanistes, Musée de l'Homme. Réédition augmentée, 1980.

OZERÉ, Théodore, 1827-1879.

—, [1871-1879], *Carnets et lettres d'un déporté à l'île des Pins, 1871-1879*, SÉHNC, publication n° 50, Graphoprint, Nouméa, 1993. Introduction et notes de Georges Coquilhat.

PELTIER, Isabelle,

—, 1885-2010, *Du Conseil général au Congrès de la Nouvelle-Calédonie*, Édition Congrès de la Nouvelle-Calédonie, février 2011.

PÉRENNÈS, Roger,

—, 1991, *Déportés et forçats de la Commune – De Bellevue à Nouméa*, Ouest éditions, Université Inter-âges de Nantes. ISBN : 2-908261-80-4.

PISIER, Georges,

—, 1971, *Les déportés de la Commune à l'île des Pins, 1 872-1880*, Paris, *JSO*, 31, juin. Tiré à part, 47 p.

—, 1972/1985, *Kounié ou l'île des Pins, essai de monographie historique (1967-71)*, Nouméa, SÉHNC.

REDON, Louis, 1840-1876. Arrivé par *le Var*, (1875). Île des Pins, 1875-1876.

—, 1875-1876/1990, *Les Galères de la République*, Paris, Presses du CNRS, 272 p. Introduction et notes : Sylvie CLAIR.

ROCHEFORT, Henri, (Victor Henry, marquis de Rochefort-Luçay), 1830-1913.

—, 1874, *Conférence de Henri Rochefort, New York, juin 1874*, Imprimerie A. Veresoff, Genève.

—, 1874, *Un coin du voile – aperçu des événements de Paris*, Imprimerie du messager franco-américain, New York.

—, [1877], *Retour de la Nouvelle-Calédonie - De Nouméa en Europe*, Ancienne librairie Martinon, Jeanmaire, Paris. Réédition : *De Nouméa à Newcastle (Australie), récit de son évasion (1874)*, annoté par Jean-Paul Delamotte, La Petite Maison, ALFA, Atelier littéraire Franco-Australien, Boulogne-Billancourt, 1997.

—, 1880, *L'Évadé – Roman canaque*, Charpentier, Paris.

—, 1896-1898, *Les Aventures de ma vie*, 5 tomes, Paul Dupont, Éditeur, Paris.

ROUGERIE, Jacques,

—, 2012, *Paris insurgé : la Commune de 1871*, coll. Découvertes Gallimard - n° 263, Paris.

THOMPSON, Anne-Gabrielle,

—, 2000, *John Higginson, spéculateur-aventurier à l'assaut du Pacifique, Nouvelle-Calédonie / Nouvelle-Hébrides*, L'Harmattan, Paris.

WINOCK, Michel,

—, 1993, *Rochefort : la Commune contre Dreyfus*, Revue d'histoire intellectuelle n°11, Cahiers Georges Sorel, Paris.

ZAIDMAN, Pierre-Henri,

—, 2010, *Les condamnés de Nouvelle-Calédonie en Australie et en Nouvelle-Zélande*, Criminocorpus.
Article mis en ligne :
https://journals.openedition.org/criminocorpus/176

III. Documents divers et Presse

— *Annuaire de la Nouvelle-Calédonie et Dépendances*, Année 1892, Imprimerie Nouméenne, Nouméa, 1892.

— *Annuaire de la Nouvelle-Calédonie et Dépendances*, Année 1898, Imprimerie Calédonienne, Nouméa, 1898.

— Dossier du voyage de *l'Orne*, CAOM Aix-en-Provence : H 30.

— Dossier de certains déportés, CAOM Aix-en-Provence : Basuyau, H 71, Dautrevaux, H 77.

— *La Calédonie*, journaux des 9 et 11 octobre 1893 ; des12 et 22 mai 1894, des 7 et 12 juin 1894, Nouméa.

— *La Bataille*, collection complète, du numéro 1, 17 juin 1893 au numéro 176, 19 mai 1894, Nouméa.

— *La France Australe*, journaux du 17 juin 1893, des 21 et 22 mai 1894.

— *L'Illustration*, n° 2681, 14 juillet 1894, «Les fêtes de Nouméa (le *Kreiser* en rade de Nouméa)», article non signé. Quatre illustrations : Les fêtes de Nouméa, arrivée du *Kreiser* en rade de Nouméa ; l'arc de triomphe élevé devant l'hôtel de ville ; le *Kreiser* pavoisé ; Le maire de Nouméa offrant le pain et le sel au commandant russe.

— *Le Radical*, 7 mai 1904, Paris.

TABLE DES MATIÈRES